日本十进分类法
与中国图书馆分类法
转换研究

姜化林◎编著

北方联合出版传媒（集团）股份有限公司
万卷 万卷出版公司

图书在版编目(CIP)数据

日本十进分类法与中国图书馆分类法转换研究 / 姜
化林编著. -- 沈阳：万卷出版公司，2021.3
ISBN 978-7-5470-5574-8

Ⅰ. ①日… Ⅱ. ①姜… Ⅲ. ①十进分类法-研究②《
中国图书馆分类法》-研究 Ⅳ. ①G254.11②G254.122

中国版本图书馆 CIP 数据核字(2020)第 267760 号

出版发行：北方联合出版传媒(集团)股份有限公司
　　　　　万卷出版公司
　　　　　(地址:沈阳市和平区十一纬路 25 号　邮编:110003)
印　刷　者：长沙市精宏印务有限公司
经　销　者：全国新华书店
开本尺寸：185mm×260mm
字　　　数：420 千字
印　　　张：16
出版时间：2021 年 3 月第 1 版
印刷时间：2021 年 3 月第 1 次印刷
责任编辑：张冬梅
责任校对：高　辉
策　　　划：张立云
装帧设计：潇湘悦读
ISBN 978-7-5470-5574-8
定　　　价：88.00 元
联系电话：024-23284090
传　　　真：024-23284448

前　言

　　近年来,高校因评估、专业发展、读者需求等原因,对日文原版图书需求激增。对于地方二本院校来说,图书馆的购书经费有限,无力购买原版日文图书。在购买能力与需求之间,本馆寻找平衡点,着力发展赠送图书业务。2017 年湖南科技学院图书馆与日本科学协会取得联系,在学校支持和周甲辰馆长领导下,我们进行了一系列的衔接准备工作:对日文图书的馆藏情况进行摸底,制订日文书库 5 年建库计划,选送员工参加 CALIS 组织的日文图书编目培训,和日语系老师合作开展日文赠书相关事项。由于前期准备工作充分,本校顺利通过了日本科学协会考察团的实地考察,2018 年成功与协会签订协议,成为湖南省屈指可数的高校受赠馆。

　　日文图书的采选、书名翻译、意识形态审查、分类、编目、入库、上架等工作我们都是从零开始。没有日语专业人才,就请日语系老师负责选书、翻译、审读。没有日语编目员,就由参加过日文编目培训的中文编目员兼任。日文书目数据编制困难,我们向日本 NII 提交申请,利用日本书目数据源开展联机编目,下载 MARC 数据。下载下来的 MARC 数据只有日本十进分类号,JpCata 却要求提供中图分类号,对于没有日文编目员的图书馆来说,日文图书的分类成了工作难题。我们尝试请外国语学院师生帮忙,告诉我们每一种书的大概内容,再进行分类。这种工作模式存在两大弊端,一是必须两人合作完成,工作效率低;二是分类错误率高,不能正确反映图书的学科属性。我国图书馆界对日本十进分类法(Nippon Decimal Classification,简称 NDC)的研究大多停留在理论研究层面,对两种分类法的分类号进行分析、对比与转换研究很少,可以让编目员参照分类的论文及著作更是凤毛麟角。日本科学协会赠送的日文原版图书多采用新订 9 版的 NDC 进行分类,本人决心开展《日本十进分类法》(新订 9 版)和《中国图书馆分类法》(第五版)分类号转换工作,帮助编目员高效准确分类,为各馆的日文原版图书分类提供参考。

　　在领导和同事的帮助支持下,经过努力,历时 3 年,出版此书。书中对中日两种分类法进行详细的比较与分析,列出简明扼要的取号方法,辅以大量的实例说明,力求解决日文原版图书分类号转换难题。

　　受两国国情、学识水平、交叉学科等因素影响,NDC 类目名的翻译和分类号的转换难免有所疏漏,敬请各位同行批评指正。

目 录
CONTENTS

转换说明 ……………………………………………………………… 001

0 类（总论）………………………………………………………… 005

1 类（哲学）………………………………………………………… 014

2 类（历史）………………………………………………………… 028

3 类（社会科学）…………………………………………………… 047

4 类（自然科学）…………………………………………………… 080

5 类（技术）………………………………………………………… 128

6 类（产业）………………………………………………………… 169

7 类（艺术）………………………………………………………… 199

8 类（语言）………………………………………………………… 220

9 类（文学）………………………………………………………… 230

一般辅助表 ………………………………………………………… 238

　　一、形式区分表 ………………………………………………… 238

　　二、地理区分表 ………………………………………………… 239

　　三、海洋区分表 ………………………………………………… 243

　　四、语言区分表 ………………………………………………… 244

参考文献 …………………………………………………………… 246

转换说明 >>>

一、转换原则

(一)学科性原则。日本十进分类法(以下简称 NDC)和中国图书馆分类法(以下简称中图法)均是以学科分类为基础,分类号和类目的设置均是从总到分,从一般到具体。在转换时应遵循此原则。

(二)集中原则。NDC 将许多临近主题的类目归于同一分类号之下,中图法多将临近类目逐一列出,给出不同的分类号。为体现 NDC 的集中性原则,分类号转换时可通过取上位类分类号的方法,将主题临近的图书集中。

二、标记符号说明

(一)NDC

NDC 采用阿拉伯数字 0—9 为标记符号,每种数字代表一个大类,通过十进层累制展开。复分符号均沿袭杜威十进分类法,包括形式区分号、地理区分号、海洋区分号、语言区分号、语言通用区分号、文学通用区分号 6 种辅助标记符号。NDC 严格遵循 $10 \times 10 \times 10$ 的类、纲、目的十进层累原则,每个类下设 1 个总论和 9 个纲,每个纲下又设 1 个总论和 9 个目,依此类分,形成类、纲、目、分目、厘目、毛目等级体系。

例:9[00]　文学..................类(一次划分形成的表为类目表)

91[0]　日本文学..................纲(二次划分形成的表为纲目表)

911　诗歌..................目(三次划分形成的表为要目表)

911.1　和歌、短歌..................分目

911.12　万叶集..................厘目

911.122　歌人传记.研究......毛目

(二)中图法

采用汉语拼音字母与阿拉伯数字相结合的混合给号法,22 个字母代表 22 个大类,在字母后用数字表示大类下类目的划分。数字的编号制度,使用层累制,即首先顺序字母后的第一位数字,然后顺序第二位,以下类推,三位数字后以小圆点"."隔开。在上述基础上,还有总论复分符号、时代区分符号、国家地区符号、民族种族符号等 12 种辅助标记符号。

三、转换符号说明

文中用"→"符号代表转换,"→"符号左边为 NDC 分类号和类目名,"→"右边为与之对应的中图分类号。NDC 将许多临近的类目设置在同一分类号之下,中图法对类目设置更加细致,因此在转换过程中存在大量的一对多情况,即一个 NDC 分类号可对应多个中图分类号,转换时用圈码数字"①②③④"等来进行对应。

例:493.731⁺ ①骨髓炎. ②脊髓肿瘤→①R744.3 ②R739.42

＊说明:①骨髓炎对应的中图分类号为①R744.3。

四、NDC 一般辅助表通用说明

(一)各辅助表中的连字符"–"不能单独使用,仅表示附加在分类号中使用,并在附加时删除。

(二)分类号末尾为 0 时,以及前面数字为 0 时,去掉 0 后再附加。

＊说明:例 1 和例 2 分类号中列出的"[0]"和"[00]",目的是向馆员展示如何取号,实际应用中需要删除。

例 1:710 雕塑中有关雕塑理论性的著作需采用"–01"形式区分号

取号方法:71[0]+–01=710.1

例 2:600 产业有关产业史的著作需采用"–02"形式区分号

取号方法:6[00]+–02=602

(三)添加各区分号的分类号数字超过 4 位,在第 3 位和第 4 位中间用"."符号断开。

五、NDC 各类区分表使用说明

(一)形式区分表

1. 原则上所有 NDC 分类号均可使用,直接添加到分类号之后(不能使用形式区分表的情况见 3 下说明)。

例:音乐家列传 760.28(=76 音乐 +–028);物理丛书 420.8(=42 物理 +–08)

2. 文中凡是标识有"形式区分"的十进分类号,依 NDC 的形式区分表分。进行中图分类号转换时,可依总论复分表分。如中图法中已设置相关类目,直接入此号,不再依总论复分表分。

例:201.1 史学理论分类号转换时,依总论复分表分入 K–0,但 K 类下已经设置 K0 史学理论类目,因此直接入 K0,不入 K–0。

3. 不能使用形式区分表的情况说明

(1)无法使用

①如果细目表中已设置相同内容的类目,入其相关类,不再使用形式区分表进行分类。

例:有关贸易年度统计的著作不入 678.059(=678 贸易 +–059 年度统计),应该入 678.9 贸易统计。

②形式上可以使用,但并不符合分类的实际情况。

例:丛书的教育 080.7(=08 丛书 +–07 教育),丛书何来教育之说,不符合实际情况。

(2)不符合规则的使用方法

①210/270 中有关地域史、各国史的分类号,使用时需添加 0。如分类号已按时代细分,使用时无需加 0。

例:中国历史辞典 222.0033(=222 中国史 +0+–033 辞典)

②不属于地域史、各国史的分类号,根据时代来区分时,使用时需添加 0。(332、362、523、702、723、762、902 其他)

例：社会史辞典 362.0033（=362 社会史 +0+−033 辞典）

③附加地理区分号，处理两国关系的分类号（319、678.2）。

例：美国外交的评论集 319.53004（=319 外交问题 +−53 美国地区号 +0+−04 评论集）

（3）使用 −01 和 −02 时，如果细目表中有类似"[310.1 参见 311]"的地方，省略 0。

例：政治史 312

*说明：310.2 的位置有"[310.2 参见 312]"的指示，表示政治史不入分类号 310.2，按规则省略"0"后入 312。

4. 少部分分类号预先添加了形式区分号，不再使用此表复分，直接入相关分类号。

例：410.3 参考图书

410.38 数表.数学公式集

（二）地理区分表

本表在进行中图分类号转换时，依据世界地区表或中国地区表进行相应的转换。NDC 将地区细分到详细的行政区划，中图法只分到国家级；在转换时，国家之下的各行政区划均入各国地区号即可。

1. 文中标识有"地理区分"的 NDC 分类号，依地理区分表分，直接附加到该分类号之后。

例：与日本有关的政治、历史、传记、地理等各类，在分类号转换时只取到"313"日本地区号即可，不再按日本的都、道、府、县、市、町等行政区划进行细分。

2. 通过"−02"将地理区分号添加到该分类号。

例：706.90253 美国美术馆（=706.9 美术馆 +−02 地域形式区分号 +−53 美国地区号）

（三）海洋区分表

1. 文中标识有"海洋区分"的 NDC 分类号，依海洋区分表分，使用时直接附加到该分类号之后。进行中图分类号转换时，依据世界地区表中"18"海洋进行细分，或根据著作内容入相关各类。有关区域海洋学的著作转换时不依世界地区表分，直接入 P72 下相关各类。

例：太平洋的气象 451.241（=451.24 海洋气象 +−1 太平洋区分号）

北大西洋区域海洋学入 P725.1

2. 海洋区分不可与地理区分并用。

（四）语言区分表

文中标识有"语言区分"的 NDC 分类号，依语言区分表分。进行中图分类号转换时，参照 NDC 相关分类号下的说明入相关各类。

1. 使用此区分表的 NDC 分类号包括 030、040、050、080 和 9 类，十进分类号取号时，原则上在分类号后直接附加。

例：用葡萄牙语写的百科辞典 036.9（=03 百科全书 +−69 葡萄牙语区分号）。

2. 在 030、040 和 050 中，−9 以下在 0X8.99 上附加（X=3、4、5）。

例：用爱尔兰语写的论文集 048.99932（=048.99 其他各语言的论文集 +−932 爱尔兰语区分号）

3. 9 大类在分类号 900 上附加，形成各文学的分类号。

例：荷兰文学 949.3（=9 文学 +−493 荷兰语区分号）

六、其他说明

1. NDC 的时代史是依据日本历史年代进行取号，在进行中图分类号转换时，需根据国际时代表进行相应的转换。

2. 文中标识有"地理区分"的 NDC 分类号,中国略去不进行转换,只给出 3/7 各国的转换说明与取号方法。

3. 文中 NDC 分类号右上角标记"+",表示系新订 9 版 NDC 的新增类目,取号时需去掉"+";只有分类号被角括号"[ ]"括起来,表示此分类号和参见的分类号可以二选一;分类词条全部被角括号"[ ]"括起来,表示此分类号不使用,入参见分类号。

例 1:[337.29]世界货币.国际货币 参见 338.97

*说明:此处只有分类号被角括号"[ ]"括起来,表示根据著作内容,分类号可二选一,入 337.29 或 338.97。

例 2:[337.01 参见 337.1]

*说明:此处分类词条全部被角括号"[ ]"括起来,表示 337.01 不使用,入 337.1。

4. 文中标识为"参见"表明单向参见,标识为"参见:"表明双向参见(或称交叉参见)。

例 1:491.1 病理解剖学 参见 491.6(表明 491.1 可参见 491.6)

例 2:742.5 摄影机器 参见:535.85(表明 742.5 和 535.85 可以相互参见)

5. 文中给出的中图分类号,部分为基本大类分类号,部分为上位类分类号,如需细分,可参照给出的分类号,根据著作具体内容,自行查阅《中图法》入相关下位类分类号。

6. 文中列出的为不加"0"的取号方法。中图分类号在复分/仿分过程中涉及加"0"问题,可按《中国图书馆分类法》第五版使用手册说明(P93—104),先在主类号后加"0",再加复分号/仿分号。

0类(总论) >>>

　　0 大类为总论类,主要收录 1—9 大类主题划分之外的资料。包括综合性图书、图书馆学、文献学、目录、百科全书、论文集、讲演集、连续性出版物、团体、新闻学、报纸、丛书、全集、选集、珍贵图书、乡土资料等,主要对应中图法里的 G、Z、TP 三大类。

000　总论→入相关各类

002　知识.学问.学术→G3 或相关各类

　　*各国学术情况和人文科学 < 一般 > 入此。科学方法论参见 116.5;学术研究奖励参见 377.7;自然科学参见 400;社会科学参见 300;知识的分类参见 116.5。

002.7　研究法.调查法→G3-3 下相关各类

007　信息科学→①G20 ②TP　参见:010。

　　*说明:信息科学 < 一般 > 和软件设计入此,计算机硬件入 548。

　　*其他法:548.9;信息理论(007.1)入 548.1。

[007.02　参见 007.2]

007.1　信息理论→①G201(总论) ②O236(信息数学理论) ③TP14(自动控制信息理论)

　　　　参见:361.45;801.2。

　　*007.11⁺ 控制论中总论控制论的著作入 N94;专论控制论的著作入 O231;007.13⁺ 人工智能入
　　TP18;[007.15]专家组织参见 007.632。

007.2　①历史.②情况→①G20-09 ②G20-1

　　* 地理区分

007.3　信息与社会:信息政策→①G203 ②F49(信息产业.信息服务)

[007.4] 信息源→G201(特定的信息源入相关各类)　参见 007.1。

007.5　①文献管理.②信息管理→①G254 ②G203(总论),专论入相关各类。

007.6　①数据处理.②信息处理→①TP3 ②TP391　参见:013.8;336.57。

　　*说明:各学科、各领域的数据处理和软件设计入相关各类。

　　例:医疗关系的数据处理入 498;数据通信入 547.48。

007.609⁺ 数据管理→TP311.13

007.61 系统分析.系统规划→TP311.52

007.63 ①电脑系统.②软件设计→①TP316 ②TP311.5

　　*007.632⁺ 专家组织→TP31;007.634⁺ 操作系统→TP316 下相关各类;007.635⁺ 汉字处理系统→①TP391.12 ②TP317.2;007.636⁺ 机器翻译→TP391.2;007.637⁺ 图形处理软件→TP317.4;[007.638]文字处理应用软件→TP317.2,参见 582.33。

007.64 ①电脑程序设计.程序语言.②算法语言→①TP312 ②TP312.8

　　*007.642⁺ 电脑图形图像软件入 TP317.4,CAD 等设计、制图用途的著作入 501.8。

007.65 存贮器→TP333 下相关各类

[007.68] 信息检索.机械检查→①TP391.3 ②G254.9

007.7 信息系统:UNISIST、NATIS→TP311.13,MEDLARS 等特定数据处理系统入相关各类。

010 图书馆.图书馆学→G25 参见:007;020。

010.1 图书馆论.图书馆和自由→G250.1

　　*说明:图书馆的理论、理念等入此。理论图书馆学、比较图书馆学等均入 G250.1。

[010.13] 图书馆员职业道德→G251.6 参见 013.1。

010.7 ①研究法.指导法.②图书馆学教育.③职员培训→①G250.13 ②G250-4 ③G251.6

011 图书馆政策.行政和财政→①G251 ②G259 下相关各类

　　*说明:(1)有关普通图书馆和公共图书馆相关事宜入此。(2)各国图书馆政策、行政、财政入 G259.3/.7 下相关各类,分类号转换时先依世界地区表分,再仿 G259.2 分。

　　*取号方法:G259+3/7(世界地区号)+ 仿分号(仿 G259.2 分)

　　例:日本图书馆政策入 G259.313.0(=G259+313 日本地区号 +0 政策仿分号)

011.1 图书馆行政→G251

011.2 图书馆法→D9 下相关各类

　　*说明:部门法入 D912.16;各国图书馆法入 D93/97,分类号转换时先依世界地区表分,再依 D93/97 下的专类复分表分(《中图法》P53—P54)。

　　*取号方法:D9+3/7(世界地区号)+216(文教、卫生管理法复分号)

　　例:日本图书馆法入 D931.321.6(=D9+313 日本地区号 +216 复分号)

011.3 图书馆计划.图书馆协调与合作→G259 下相关各类

　　*说明:参照 011 下说明与取号方法取号。本类中有关图书馆网络的著作入 G250.7;有关图书馆管理系统的著作入 G250.71。

　　例:日本图书馆工作协调与合作入 G259.313.3(=G259+313 日本地区号 +3 事业协调和合作仿分号)

011.4 图书馆财政→G259 下相关各类

　　*说明:参照 011 下说明与取号方法取号。

011.5 对图书馆的优惠→G25

011.9 国际资料交换→G253.1

012 图书馆建筑和设备→G258.9

　　*说明:分类号转换时,有关图书馆建筑的一般要求、特点等著作入 G258.9 类下,图书馆建筑设计、构造等入 TU 下相关各类。

012.1 建筑计划:基础调查,建筑勘测→TU19

说明：工程和水文地质勘测入 P64 相关各类；土工试验、土力学、岩石力学及地基基础的勘测问题入 TU4 相关各类。

012.2 ①建筑材料.②建筑结构→①TU5 ②TU3

012.28 重建改建工程→①G258.91 ②TU242.3

012.29 维护管理.保护.防火.防水→TU234

012.3 建筑设计·绘图→TU242.3

012.4 书库.书架→G258.93

012.5/.7 阅览室.目录室.儿童房等各房间→G258.91

012.8 图书馆设备→G258.93

012.89 流动图书馆→G252.5

012.9 图书馆日常业务用品→G258.95

013 图书馆管理→G251

　　*普通图书馆和公共图书馆相关事宜入此。

013.1 图书馆职员.人事管理→G251.6

013.2 图书馆的组成→G251.2

013.3 图书馆协会→G259 下相关各类

　　说明：参照 011 下说明与取号方法取号。

　　例：日本有关图书馆学会、情报学会等入 G259.313.2（=G259+313 日本地区号 +2 组织与活动复分号）

013.4 图书馆的预算.经营管理.物品会计.设施管理→G251

013.5 图书馆调查.图书馆统计.评价方法→G251.4

013.6 图书馆用品和样式→G258.9

013.7 图书馆的宣传活动→G252.1

013.8 图书馆工作自动化→G250.7 参见：007.6。

　　说明：总论入 013.8，专论入相关各类。分类号转换时，总论入 G250.7；专论如图书馆采购工作自动化入 G253.1，编目工作自动化入 G254.36，图书馆外借工作自动化入 G252.3，图书馆自动化设备入 G258.94。

013.9 规章制度→G251.3

014 资料的收集.整理与保管→G253/255 参见：336.55。

014.1 图书馆资料.图书的选择.藏书构成→G253

014.2 收入与支出：①购入，赠送.②登记，③藏书用印→①G253.1 ②G253.4 ③G253.5

014.3 目录法→G254.3 参见：007.57。

　　*014.32 目录规则→G254.31；014.33 目录的构建与编制→G254.92；014.34 目录的种类.形态→G254.92；014.35 综合目录→G257.2；014.36 目录卡的复制.印刷卡→G257；014.37 机读目录→G254.364；014.38 特殊资料的目录法→G255 相关各类；014.39 目录用品→G258.95。

014.4 分类法.专门名词目录法.主题分析→G254 下相关各类

　　*各种分类表及其编制、使用、评论研究等入此。

014.45 一般分类表→G254.122

　　说明：国际十进分类法（UDC）、国立国会图书馆分类表（NDLC）、杜威十进分类法（DDC）、日本十进分类法（NDC）等均入此号。

014.46 专业分类表→G254.123

014.47 分类规则和方法→G254.11

014.48 特殊资料分类法→G255，专类文献分类宜入此。

014.49 专门名词目录→G254.2

014.495⁺ 综合性标题表→G254.222

　　　　＊说明：国立国会图书馆标题表（NDLSH）和美国国会图书馆标题表（LCSH）入此。

014.496⁺ 专业性标题表→G254.223

　　　　＊说明：大学图书馆、法律·医学·科学技术等各种研究组织的标题表入此。

014.5 图书排列法→G254.13，书次号、种次号、著者号等编号方法以及著者号码表入此。

014.6 资料保存.藏书管理→①G253.5 ②G253.6

014.61 资料保存→G253.5

014.63/.69 有关图书防虫、防潮、装订、修复、装订等各项工作→G253.6；专论入相关各类；014.67 藏书检查→G253.4。

　　　　例：古籍、善本的保护入 G255.1，盲文图书的保护入 G255.9。

014.7 非图书资料.特殊资料→G255 下相关各类

　　＊说明：分类号转换时，非图书资料的研究、采集、编目、保管、开发和利用等入 G255 下相关各类。

　　＊014.71 抄本.珍本→G255.1；014.72/.74→G255.9；014.75 连续性出版物→G255.2/.3；014.76 缩微照像资料→G255.72；014.77 视听资料→G255.73；014.78①地图.②乐谱.③照片→①G255.4 ②G255.6 ③G255.71；014.79 盲文书→G255.9。

014.8 政府刊物→G255.9

015 图书馆服务与活动→G252 下相关各类

　　＊说明：有关公共图书馆与普通图书馆的相关服务与活动入此。读者与信息用户的研究入 G252.0；图书馆利用法入 G252.65。

015.1 阅览方式.馆内服务→G252.2

015.2 参考业务→G252.6

　　＊参考书的使用方法入此（**其他法**：019.4）。

015.3 外借服务→G252.3

015.38 文献传递与馆际互借（ILL）→G252.4

015.4 出借书库.团体出借→G252

015.5 移动图书馆.流动图书馆→G252.5

015.6 读书会.读书活动→G252.17

015.7 图书馆与其他文化机关合作举办的活动→G252.9

015.8 图书馆主办活动→G252.1 下相关各类

　　＊展览会入 G252.12；报告会入 G252.13；座谈会入 G252.15；其他诸如地方研讨会，电影会，音乐鉴赏会等入 G252.9。

<016/018 各类图书馆 >

　　＊说明：（1）各类图书馆（含公共图书馆）的变迁、统计、报告等入 G259.3/.7 下相关各类。

（2）各类图书馆有关资料的收集、整理和保管均入 014。

（3）图书馆＜一般＞以及公共图书馆＜一般＞的内容中，有关政策·行政，财政入 011；建筑与设备入 012；管理入 013；服务与活动入 015。

*取号方法：参照 011 下说明和取号方法取号。

例 1：公共图书馆的财政入 011.4；大学图书馆的建筑计划入 012.1；图书馆的人事管理入 013.1；公共图书馆的参考业务入 015.2。

例 2：016.11（=016.1 国立图书馆 +-1 日本地区号）日本国立图书馆工作计划入 G259.313.5（=G259+313 日本地区号 +5 工作计划）

016 各类型图书馆→G258

*016.1 国立图书馆（地理区分）→G258.1；016.2 公共图书馆（地理区分）→G258.2；016.28 儿童图书馆→G258.7；016.29①地区图书馆．②私人图书馆→①G258.2 ②G258.83；016.3 行政机关图书馆．议会图书馆（地理区分）→G258.41；016.4 企业图书馆→G258.3；016.5 其他图书馆→G258.89，盲人图书馆入 G258.81；016.7 多媒体图书馆→G258.89；016.9 图书租赁店→G258.83。

017 学校图书馆→G258.6

*说明：017.2/.4 小学、中学图书馆均入 G258.69；017.6⁺ 短期大学图书馆和 017.7 大学图书馆（地理区分）均入 G258.6，参照 011 下说明与取号方法取号。

018 专业图书馆→G258.5

*说明：日本十进分类号取号时依照纲目表详细区分。

*取号方法：(1)各专业图书馆不区分，均入 G258.5；(2)采用组配编号法；(3)各专业图书馆入相关各学科，并附加总论复分号"-289"。各馆可根据需要，自由选择取号方法。

例：018.44（=018+44 纲目表中的天文学）天文图书馆可入 ①G258.5 ②G258.5:P1 ③P1-289

019 读书．读书方法→G79

*说明：019.1/.4 如不细分均入 G79。如需细分，读书方法、读书笔记入 G792；儿童和青少年的绘本、漫画、连环画等宜入 J2 下相关各类。书评研究入 G256.4，书评集入 G236。

020 ①文献学．②目录学→①G256 ②G257 参见：010。

020.2 ①文献学史．②目录学史→①G256 ②G257 参见：749.2。

*020.28 各学者＜列传＞宜入 K81 下相关各类。

＜021/024 文献学·目录学各论＞

021 著作．编辑技巧→入相关各类

021.2 著作权．著作权法→D9 下相关各类 参见：507.2。

*说明：021.23⁺/.27⁺ 不细分，均入 D913.4；各国著作权法入 D93/97 下相关各类，先依世界地区表分，再依 D93/97 下专类复分表分（《中图法》P53—P54）。

*取号方法：D9+3/7（世界地区号）+ 专类复分号

例：日本著作权法研究入 D931.334（=D9+313 日本地区号 +34 知识产权法复分号）

021.3 ①著作．②著作家→①宜入 H 类 ②著作家传记宜入 K81 下相关各类。

021.4 编辑．编纂→G232

*说明：新闻编辑入 G213；编辑者入 G214.1；出版编辑者入 G238。

021.5 伪造的作品．剽窃→宜入 021.2

021.6 笔祸→K 历史相关各类

    例：清代文字狱入 K249.05，禁书目录入 Z839.9。

022 抄本.刊本.制书→G256.2

    *说明：022.2/.4 抄本、刊本、影印等各种版本，中国版本入 G256.22；各国版本不再细分，均入 G256.23，022.5 装帧.装订入 G256.1；022.6 图书的材料入相关各类，例：纸入 TS7；墨入 TQ62；022.7 印刷 TS8；022.8 装订入 TS88。

023 出版→G23

    * 地理区分。分类号转换时，世界出版事业入 G239；各国出版事业入 G239.3/.7，先依世界地区表分，再仿 G239.2 分。

    *取号方法：G239+3/7（世界地区号）+ 仿分号（仿 G239.2 分）

    例：023.1（=023+-1 日本地区号）日本出版政策入 G239.313.0（=G239+313 日本地区号 +0 政策仿分号）

024 图书的销售→G235

    * 地理区分。参照 023 下说明和取号方法取号。

    *024.8 旧书.旧书店入 G239 下发行机构类下，旧书目录入 Z8 下相关各类；024.9 藏书记.藏书票.藏书印谱入 G262.1。

<025/029 各种图书目录 >

025 一般目录.国家总目录→Z81

    * 地理区分

    *说明：(1)各种全国性和地方性的图书总目录入 Z81；各国图书总目录入 Z813/817。025.9 书店出版目录.旧书销售目录入 Z85。

        (2)日本各类图书总目录不再细分，入 Z813.13。

    *取号方法：(1)Z81+3/7（世界地区号）；(2)Z85+3/7（世界地区号）

    例：025.1（=025+-1 日本地区号）日本图书国家总目录入 Z813.13（=Z81+313 日本地区号）

026 古籍目录.珍本目录→Z838

    *说明：026.2/.9⁺ 不再细分，均入 Z838。

027 特殊目录→Z8 下相关各类

    *说明：特定主题的目录入相关各类或 Z88。

027.1 勒版目录.官方出版的目录.藩版目录→Z85

027.2 政府及团体出版物目录→Z85

    *说明：地理区分。参照 025 下说明与取号方法取号。

027.3 百家著作目录→Z86

    *说明：参照 025 下说明与取号方法取号。027.32/.38 不再细分，均入 Z862/867。

027.4 丛书目录以及索引→①Z833（丛书目录）②Z89（索引）

027.5 连续出版物目录以及索引→①Z87（期刊、报纸目录）②Z89（索引）③Z6

    参见：050。

    *说明：有关连续出版物的出版发行目录入 Z85。

027.6 禁书目录.烧毁图书目录→Z839.9

027.7 图书展览目录→Z837

027.8 其他→Z83 下相关各类

027.9 非图书资料目录:视听资料目录,地图目录→Z839.3

　　*说明:027.92⁺/.93⁺ 有关中国盲人图书馆的各类目录均入 Z822.9;各国盲人图书馆的各类目录入 Z823/827,参照 025 下说明与取号方法取号。

028 ①推荐书目录.②参考书目录→①Z835 ②Z836

029 图书馆藏书目录.综合目录→Z82 下相关各类

　　*说明:(1)029.1/.8 各类图书馆的藏书目录,中国按其图书馆类型入 Z822 下相关各类;各国不再按图书馆类型细分,均入 Z823/827。029.9 私家藏书目录入 Z843/847。

　　　　(2)029.1/.8 有关日本各类图书馆的藏书目录均入 Z823.13。029.9 有关日本私家藏书目录入 Z843.13。

　　　　(3)参照 025 下说明与取号方法取号。

030 百科全书→Z2

　　*说明:NDC 按原著语言对百科全书进行划分,进行中图分类号转换时,先找到使用此语言的国家,再判断著作的国别属地,最后依世界地区表分,入 Z23/27 各国百科全书类下。

　　*取号方法:Z2+3/7(世界地区分)

　　例:日语百科全书入 Z231.3(=Z2+313 日本地区号)

<031/038 各语言的百科全书>

031 日语→Z231.3

　　*说明:031.2/.8⁺ 不再细分,均入 Z231.3。031.7⁺ 猜谜集.谜语集宜入 I313.78。

032 汉语→Z22 下相关各类

032.9 东方各语言→参照 030 下说明与取号方法取号

　　*说明:仿 829 进行语言划分。

　　*NDC 取号方法:032.9+ 仿分号(仿 829 分)

　　例:032.936(=032.9+36 泰语仿分号)泰语百科全书入 Z233.6(=Z2+336 泰国地区号)

033 英语→Z23/27

　　*说明:使用英语的国家有英国、美国、加拿大、新西兰、澳大利亚、爱尔兰等,在进行分类号转换时,需判断著作的国别属地,再依世界地区表分,入 Z23/27 下相关各类。

　　例:033 美国百科全书入 Z271.2(=Z2+712 美国地区号)

<034/038>

　　*说明:(1)034 德语、034.9 其他日耳曼各语言、035 法语、036 西班牙语、036.9 葡萄牙语、037 意大利语、038 俄语、038.9 其他斯拉夫各语、038.999⁺ 其他各语言均可参照 033 下说明取号。

　　　　(2)034.9 仿 849 进行语言划分;038.9 仿 889 进行语言划分;038.999⁺ 仿 891/899 进行语言划分。

　　例1:038.98(=038.9+8 波兰语仿分号)波兰语的百科全书入 Z251.3(=Z2+513 波兰地区号)

　　例2:038.99932(=038.999+[89]3 其他欧洲语系仿分号 +2 爱尔兰语仿分号)爱尔兰语的百科全书入 Z256.2(=Z2+562 爱尔兰地区号)

　　注:NDC 分类号取号时需去掉"[89]",保留仿分号"3"。

039 术语索引 < 一般 >→Z89

040 一般论文集.一般演说集→Z4

说明：(1)NDC 对论文集、演说集是根据原著语言进行分类。

(2)041 日语论文集、演说集不再细分，均入 Z431.3；042/048 仿 032/038 进行语言分类，分类号转换时参照 030 下说明与取号方法，入 Z43/47。

(3)049 中有关中文杂著入 Z429；各语言杂著可不细分，均入 Z43/47。

050 连续性出版物→Z6 参见：027.5。

说明：(1)NDC 对连续性出版物是根据原著语言进行分类。

(2)051 日语连续性出版物不再细分，均入 Z631.3；052/058 仿 032/038 进行语言分类，分类号转换时参照 030 下说明与取号方法，入 Z63/67。

(3)059 一般年鉴(地理区分)，分类号转换时参照 030 下说明与取号方法，入 Z53/57。

例：059.1(=059+-1 日本地区号)日本年鉴总览入 Z531.3(=Z5+313 日本地区号)

060 团体：学会,协会,会议→入相关各类

说明：(1)NDC 将有关学会、团体的历史、新闻、会议等集中入本类之下，中图法将团体、会议等根据各学科入相关各类。在进行分类号转换时，方法一根据著作内容入相关各类；方法二入各相关学科，并用总论复分号"-2"下相关各类进行区分。各国的团体可根据各类下的说明相应取号。

(2)061/065 各种团体：061 学术·研究机关(日本学术会议入此)；063 文化交流组织(国际交流基金等入此)；065 公共服务团体.其他团体(扶轮社入此)。

例1：061 日本的社会科学学术团体入 C263.13(=C26 学术团体+313 日本地区号)

例2：061 环境科学技术会议入 X-27(=X 环境科学+-27 学术会议总论复分号)

069 博物馆→G26 参见：406.9。

069.02 博物馆史.概况→G269 下相关各类

*地理区分。各国博物馆史.概况入 G269.3/.7,先依世界地区表分,再仿 G269.2 分。

*取号方法：G269+3/7(世界地区号)+仿分号(仿 G269.2 分)

例：069.021(=069.02+-1 日本地区号)日本博物馆史入 G269.313.9(=G269+313 日本地区号+9 博物馆事业史仿分号)

069.1 博物馆的行政.财政·法令→入相关各类

说明：博物馆的行政、财政入 G261,法令宜入 D9 下相关各类。

069.2 博物馆建筑.博物馆设备→G267 参见：526.06。

069.3 博物馆管理.博物馆职员→G261

069.4 ①藏的收集.②藏品的整理.资料的保管→①G262 ②G264

069.5 ①藏品的展出.藏品的利用.②藏品展出的宣传→①G265 ②G266

069.6 一般博物馆→G268

*地理区分。参照 069.02 下说明和取号方法取号。

069.7 学校博物馆→G268

069.8 专业博物馆→G268 下相关各类

说明：NDC 对各专业博物馆给出两种取号方法：一是入相关各学科专业,二是按纲目表区分,集中入 069.8 类下。进行中图分类号转换时,可参照 G258 下注释说明,各馆灵活取号。

例1：406.9 科学博物馆入①G268 ②G268：N28 ③N28

例2：069.868（=069.8+68 纲目表交通运输类）交通博物馆可入 U-28

069.9 博物馆收集品目录·图鉴→G264 参见：703.8。

070 新闻业.报纸→G21 参见：361.45。

　　*说明：(1)综合论述报纸、电视、广播等各类新闻媒体的著作入 G21。(2)有关各国报纸＜一般＞、报社的著作入 G219.3/.7，先依世界地区表分，再仿 G219.2 分。

　　*取号方法：(1)NDC 分类号：070.2+ 地区号

　　　　　　　(2)中图分类号：G219+3/7（世界地区号）+ 仿分号（仿 G219.2 分）

　　例：070.253（=070.2+-53 美国地区号）美国联合通讯社入 G219.712.2（=G219+712 美国地区号+2 通讯社仿分号）

070.1 新闻工作.新闻理论：新闻学→G210

070.12 报道·报纸的法令.审阅→①D9 下相关各类 ②G211

070.13 报道的自由.报纸与自由→G212 参见：316.1。

070.14 新闻工作与社会.报道.报纸与舆论.报纸与读者→G212.1

070.15 ①报道·报纸的伦理.②新闻编辑→①G210-05 ②G213

070.16 新闻工作者→G214

070.163⁺ 报纸的编辑·整理→G213

070.17 ①报道照片.报纸照片.②报纸印刷→①J419.1 ②TS892

　　*说明：报道·报纸照片的摄影技术入 743.8。

070.18 营业.广告.销售.报纸费用→G215

070.19 提供新闻的机构.公司→G219 下相关各类

　　*说明：参照 070 下说明取号。各国的各类新闻机构、公司、报社等入各国类下。

071/077 报纸

　　*说明：NDC 根据报纸的发行地进行地理区分，进行中图分类号转换时，均入 G219.3/.7 各国报纸类下。参照 070 下说明和取号方法取号。

080 ①丛书.②全集.选集→①Z1 ②Z4

　　*说明：(1)NDC 根据原著语言进行分类，分类号转换时可参照 030 下说明与取号方法取号。(2)综合性、成体系的丛书、全集、选集入此，分类号转换时丛书入 Z1 下相关各类；全集、选集入 Z4 下相关各类；非体系的涉及多个主题的论文集、演说集、随笔集等入 040；非体系的全集、选集根据著作内容，分类号转换时入相关各类，并用总论复分号"-52"区分。

081 日语→①Z131.3（丛书）②Z431.3（全集、选集）

　　*说明：081.2/.9 各类丛书、全集、选集均不再细分，入上述分类号。

082 汉语→①Z12（丛书）②Z42（全集、选集）

082.2 地方丛书→Z122

082.5 全集＜清朝以前＞和 082.6 全集＜民国以后＞→Z42

　　*说明：各时代的全集，依中国时代表分，入 Z42 下相关各类。

082.7 影印本的丛书.散失书的丛书→Z1 下相关各类

090⁺ 珍本.地方资料.其他的特藏品→入相关各类

1 类 (哲学)>>>

1 大类为哲学类,收录哲学、心理学、伦理学、宗教等方面著作,主要对应中图法的 B 大类。

100 哲学→B

    *说明:总论哲学的著作入此,专门科学的哲学理论入相关各类。

    例:161.1 宗教哲学→B920;201.1 历史哲学→K01;311.1 政治哲学→D0-02;321.1 法哲学→D903;331.1 经济哲学→F0-02;361.1 社会哲学→C91-02;371.1 教育哲学→G40-02;390.1 军事哲学→E0-02;401 科学哲学→N02;410.1 数理哲学 O1-0;490.1 医学哲学→R-02;701.1 艺术哲学→J0-02;761.1 音乐哲学→J60-02;801.01 语言哲学→H0-05;900 文学哲学 I0-02。

101 哲学理论→B0 哲学概论参见 100。

102 哲学史→B-09

    *说明:各国哲学史、哲学家的著作及其哲学思想研究入 120/139,分类号转换时入 B2/7 各国哲学。

102.8 哲学家列传→K81/83 下相关各类

    *说明:参照 280 下说明和取号方法取号。

103/108→可根据著作内容选取大类,依总论复分表分,入相关各类。

    *103 参考图书;104 论文集.评论集.讲演集;105 连续性出版物;106 团体:学会,协会,会议;107 研究法.指导法.哲学教育;108 丛书.全集.选集(各哲学家的全集、著作集入 121/139 各类,如柏拉图全集入 131.3)。

<110/130 哲学 >

110 哲学各论→B01 下相关各类

    * 总论哲学各论的著作、概论、历史等入 111/118,各哲学家和思想家的著作中有涉及 111/118 各主题的著作入 131/139。

    例:沙特著的《实际存在主义是什么》入 135.5。

111 ①形而上学.②本体论→①B081.1 ②B016

    *说明:一元论、二元论、多元论等入 B02 下相关各类;111.5 唯心论入 B081.2;111.6 唯物论入

B019.1。

112 ①自然哲学.②宇宙论→①N02 ②B016.8 参见：401。

113 人生观.世界观→B821

    *113.1/.7 如不细分，均入 B821。

114 哲学人类学→B089.3 参见：151；469。

    说明：人性论入 B82-061。

115 认识论→①B017 ②B023(唯物) ③B081.2(唯心)

115.1 观念论→①B017 ②B023

115.2 ①批判主义.②先验的观念论→①B082 ②B081.2

    * 康德哲学参见 134.2。

115.3 理性主义→B089

115.4 实在论.反映论→B023

115.5 经验论.感觉论→B085 英国经验论参见 133.1。

115.6 新实在论→B085

115.7 神秘主义.直观主义→B083 参见：151.3。

115.8 怀疑论.不可知论→B083

116 伦理学.辩证法[辩证法的伦理学].方法论→B81/82

116.1 形式逻辑学→B812

116.3 符号伦理学.伦理实证主义.分析哲学→O141 参见：410.96。

116.4 ①唯物辩证法.②马克思主义哲学→①B024 ②B0-0

116.5 科学方法论→G304

    * 知识的分类入此，学问论参见 002，自然科学方法论参见 401。

116.6/.8 各种方法论→B026

116.9 结构主义→B089 参见：135.5。

117 价值哲学→B018 参见：151.1；331.84。

118 ①文化哲学.②技术哲学→①G02 ②N02

[119] 美学→B83 参见 701.1。

<120/130 各国的哲学·思想 >

120 东方思想→B3 参见：150.22。

120.2 东方思想史 < 通史 >→B3

121 日本思想→B313 参见：150.21。

121.02 日本思想史 < 通史 >→B313

121.3 古代→B313.2

121.4/.5 中世、近世→B313.3

    说明：121.52/.59 有关国学、日本的儒学、朱子学派、阳明学派、古学派、折中学派等均入 B313.3。石田梅岩参见 157.9；二宫尊德参见 157.2。

121.6 近代→①I313.4(明治时代) ②B313.5(大正时代及其以后)

    说明：马克思主义哲学在日本的传播与发展入 B313.5，有关哲学家的生评传记入 K833. 135.1。

122 中国哲学→B2

    * **说明**：122.02 中国思想史＜通史＞入 B2，如中国哲学史、思想史入此号。各时代哲学史入有关各时代。如秦汉哲学史入 B232。

＜123/125 各时代中国思想·哲学＞

    * **说明**：如有必要，中国各时代哲学均可依 B21/26 下的专类复分表细分（《中图法》P9）。

123 经书→入相关各类 参见：121.53；124.1

    *123.01 经学→Z126（经学概论、国学概论入此）；123.1 易经.周易→B221（参见：148.4）；123.2 书经.尚书→K221.04（参见：222.03）；123.3 诗经→I222.2（参见：921.32）；123.4 礼类→①K892.9（仪礼、礼记、大戴礼记等古代礼制）②K224.06（周礼）；123.5 乐类→J6（参见：762.22）；123.6 春秋类→K225.04（参见：222.03）；123.7 孝经→B222.2；123.8 四书→B222.1（有关大学、中庸、论语、孟子等的经书入此；孔子、荀子的思想著作入 B222 各类。）

124 先秦思想.诸子百家→B22，古代思想史入 B21。

124.1 儒家.儒教→B222 参见：123。

    *124.12 孔子→B222.2；124.13 孔子弟子→B222.3；124.14 曾子→B222.3；124.15 子思→B222.4；124.16 孟子→B222.5；124.17 荀子[荀况]→B222.6。

124.2 道家.老庄思想→B223 参见：166.1。

    *124.22 老子→B223.1；124.23 列子→B223.2；124.24 杨朱→B223.3；124.25 庄子→B223.5。

124.3 墨家.墨子[墨翟]→B224

124.4 名家→B225

    *124.42 邓析→B225.1；124.43 尹文→B225.2；124.44 惠施→B225.3；124.45 公孙龙→B225.4。

124.5 法家→B226

    *124.52 管子 [管仲]→B226.1；124.53 商子→B226.2；124.54 申子→B226.4；124.55 慎子→B226.3；124.57①韩非.②李斯→①B226.5 ②B226.6。

124.6 ①阴阳家：邹衍②纵横家：苏秦、张仪→①B227 ②B228

124.7 杂家：尸佼、鬼谷子、晏婴、吕不韦等→B229

125 中世思想.近代思想→B232/25

    * 著名哲学家相关著作、研究、评论等入相关各类。如《周敦颐研究著作述要》入 B244.2。

125.1 两汉时期→B234（董仲舒、刘向、扬雄、桓谭、王充等均入此）

125.2 魏晋南北朝时期→B235

125.3 隋唐时期→B241

125.4 宋元时期→B244，朱子学与性理学入此。

125.5 明代：王守仁→B248，阳明学的著作入此。

125.6 清代→①B249（王夫之、顾炎武、黄宗羲等）②B25（龚自珍、康有为、魏源等）。

    * 有关考证学的著作入此。

125.9 中华民国时期以后：孙文→①B25 ②B26

    * 毛泽东传记·评传参见 289。

126 ①印度哲学.②婆罗门教→①B351 ②B982 参见：168；180；183.89。

126.2 吠陀→B982 参见：829.88。

126.3《奥义书》→B351.2 参见：829.88。

126.6 六派哲学→B351.3

    *说明:胜论派、吠檀多派、数论派、正理派、弥曼差派、瑜伽派均入此号。

[126.7] 耆那教→B982　参见 168。

126.8 顺世派→B351.2

126.9 近代→①B351.4（1757—1947）②B351.5（1948—）

    *说明:维韦卡南达、甘地、克里希那穆提、泰戈尔、拉杰尼希、罗摩克里希纳等入此号。

129　其他亚洲各国哲学→B31/39

    *说明:总论性著作入 B3,亚洲各国哲学依世界地区表分,可入上位类分类号。

129.1　朝鲜哲学→B312

129.3·　其他亚洲各国哲学→B31/39

    * 日本、中国、印度、朝鲜以外的亚洲各国的哲学家、思想家入此。

129.7·　阿拉伯近代哲学→B371

    * 近代以及伊斯兰哲学＜一般＞入此;阿拉伯中世哲学入 132.28。

[129.8] 犹太近代哲学→B382　参见 139.7。

    * 伊本·迈蒙尼德等的犹太中世哲学入 132.29。

130　西方哲学→B5　参见:150.23。

    *说明:分类号转换时,有关各哲学家的著作、全集、思想研究及评论入 B5 相关各类;有关哲学
    家的生评传记宜入 K833/837 各国人物传记。

130.2　西方哲学史＜通史＞→B5

[130.23] 古代→B502　参见 131。

[130.24] 中世→B503　参见 132。

[130.26] 近代→B504/506　参见 133。

131　古代哲学→B502

    * 有关希腊和罗马的哲学入此。**其他法:**130.23。

131.1　希腊初期哲学→B502.1/.2

    *说明:米利都学派、毕达哥拉斯学派、埃利亚学派、阿那克西美尼、赫拉克利特入 B502.1;恩
    培多克勒、德谟克利特入 B502.21。

131.2　诡辩学派.苏格拉底学派→B502.2 下相关各类

    *说明:诡辩学派代表人高尔吉亚、希皮亚斯、普罗塔哥拉、普罗迪科斯等有关哲学思想及著
    作入 B502.22;苏格拉底、小苏格拉底学派代表人埃利斯派、埃雷特里亚派入 B502.
    23;麦加拉学派入 B502.24;犬儒学派入 B502.25;昔勒尼学派入 B502.26。

131.3　柏拉图.古学园派→B502.232

131.4　亚里士多德.逍遥学派→B502.233

131.5　斯多亚派.斯多亚哲学→①B502.32 ②B502.43（新斯多亚派）

131.6　伊壁鸠鲁及其学派→B502.31

131.7　怀疑派→B502.33

131.8　折中学派:西塞罗→B502.42

131.9　毕达哥拉斯学派.新学园派:费隆→B502.14

    *说明:新柏拉图派诸如普罗提诺入 B502.44。

132 中世哲学→B503 参见:191。

　　*其他哲学参见:130.24。

132.1 教父哲学:奥古斯丁→B503.1

132.2 经院哲学→B503,2

　　说明:阿伯拉尔、安瑟伦、艾利基纳、阿尔伯特斯·马格努斯、爱克哈特、奥康、邓斯·司各脱、托马斯·阿·肯皮斯、托马斯·阿奎那入此。

132.3 文艺复兴哲学 < 一般 >→B503.9

132.4 神秘主义→B503.3(阿格里帕、魏格尔、尼古拉·库萨、波墨等入此)

132.5 自然哲学→B503.92(卡尔达诺、康帕内拉、泰莱西奥、布鲁诺等入此)

132.6 人文主义→B503.91(伊拉兹马斯入此)

132.7 怀疑思想→B503.915(蒙台涅入此)

　　*随想录参见 954.5。

<133/139 西方近代哲学 >

133 近代哲学→B504/506

　　*西方近代哲学 < 一般 > 入此,其他哲学参见:130.26,文艺复兴哲学参见 132.3。

133.1 英国哲学→B561

133.2 17 世纪→B561.2

　　说明:培根、霍布斯、洛克等哲学家入 B561.2 下相关各类。

133.3 18 世纪→B561.2

　　说明:贝克莱、休谟、苏格兰学派(李德)、道德哲学家(沙夫茨伯里、哈奇森)等哲学家入 B561.2 下相关各类。

133.4 19 世纪→B561.4

　　说明:格林、斯宾塞 、边沁、穆勒等哲学家入 B561.4 下相关各类。

133.5 20 世纪—→①B561.5(20 世纪)②B561.6(21 世纪)

　　说明:亚历山大、怀特海、穆尔、罗素等哲学家入 B561.5 下相关各类。

133.9 美洲哲学→B7 参见:113.6。

　　说明:依世界地区表分。桑塔亚那、詹姆斯、杜威、皮尔斯、罗伊斯、兰格等哲学家入 B712 下相关各类。

134 ①德国·②澳大利亚哲学→①B516 ②B611

134.1 ①启蒙期的哲学.②莱布尼兹派→①B516.2 ②B516.22

134.2 康德→B516.31

134.3 德国观念论→B516.3

　　说明:费希特入 B516.33;谢林入 B516.34;施莱艾尔马赫、洪堡入 B516.39。

134.4 黑格尔→B516.35

134.5 黑格尔派→B516.3

　　说明:施蒂纳、施特劳斯、费尔巴哈等哲学家入 B516.3 下相关各类。
　　马克思主义哲学在德国的产生与发展 < 一般 > 入 B516.4。

134.6 19 世纪→B516.3/.5

　　说明:倭铿、叔本华、赫尔巴特等哲学家著作入 B516.4/.5 下相关各类。

　　* 在黑格尔以后的各学派中，没被 134.7/.9 收纳的哲学家入此。尼采参见 134.94。

134.7　①唯物论者.②实证主义→①B516.4 ②B082

　　* 阿芬那留斯、冯德、杜林、哈特曼、费英格、费希纳、马赫、洛兹等哲学家入此。

134.8　新康德派→B516.4

　　* 文德尔班、卡西雷尔、柯亨、纳托尔普、哈特曼、朗格、李凯尔特、李普曼等哲学家入 B516.4。

134.9　生的哲学.现象学.实存主义→①B516.5（20 世纪）②B516.6（21 世纪）

　　　参见：114.3；114.5。

　　***说明**：134.94·/.97·以外的 20 世纪的哲学家入 B516.5/.6。

　　*134.94·尼采→B516.47；134.95·胡塞尔→B516.52；134.96·海德格尔→B516.54；134.97·维特根斯坦→B516.59。

135　①法国·②荷兰哲学→①B565 ②B563

135.2　17 世纪→B565.2

　　***说明**：135.23·/.25·以外的哲学家入 B565.2；斯宾诺莎入 B563.1。

135.23·　笛卡尔→B565.21

135.25·　帕斯卡→B565.23

135.3　18 世纪→B565.2

　　***说明**：伏尔泰、孔狄亚克、孔多塞、狄德罗、霍尔巴赫、拉·美特利等哲学家入 B565.2 下相关各类。135.34·卢梭入 B565.26。

135.4　19 世纪→B565.4

　　*库然、孔德、伯格森、曼恩·比朗、拉梅内等哲学家入 B565.4 下相关各类。

135.5　20 世纪哲学—→①B565.5（20 世纪）②B565.6（21 世纪）参见：114.5；116.9。

　　***说明**：柏格森入 B565.51、马利丹入 B565.52、萨特尔入 B565.53，其余的哲学家均入 B565.59。

136　①西班牙哲学·②葡萄牙哲学→①B551 ②B552

137　意大利哲学→B546

138　俄罗斯哲学→B512

　　* 有关列宁的经济学关系的著作参见 331.6；列宁的传记·评传参见 289。

139　其他哲学→B3/7 相关各类

140　心理学→B84

　　***说明**：普通心理学入此，专论心理学在某一学科应用的著作入该学科相关各类。

　　例：161.4 宗教心理学→B920；311.14 政治心理学→D0-05；321.4 法心理学→D90-054；326.34 犯罪心理学→D917.2；361.4 社会心理学→C912.6-0；371.4 教育心理学→G44；490.14 医学心理学→R395.1；701.4 艺术心理学→J0-05；740.1 摄影艺术心理学→J40-05；761.14 音乐心理学→J60-051；780.14 体育心理学→G804.8；801.04 语言心理学→H0-05。

140.1　①理论.②心理学体系[学派]→①B84-0 ②B84-06

140.16　心理学方法各论→B841

140.17　格式塔心理学→B84-064

140.18　①机能心理学.②行动心理学→①B84-062 ②B84-063

[140.19]　精神分析学→B84-065 参见 146.1。

140.7 研究法.指导法.心理学的检查→B841

　　* 心理测定、精神检查、罗沙哈检查入此;临床的精神检查入 146.3。

140.75 实验心理学→B841.4

<141/146 各种心理学 >

141 普通心理学.心理各论→B842

141.1 智能→B842 智力测验参见 371.7。

　　* 说明:智力及发展测验、能力倾向测验宜入 G449 下各类。141.18 天才入 G449.5。

141.2 感觉.知觉→B842.2 参见:491.37。

　　* 说明:感觉、知觉、生理学、心理学、精神物理学(韦伯定律和菲克那定律)入此。

　　　　视觉、听觉、嗅觉、味觉、皮肤感觉、运动感、直观像等入此。

　　* 知觉参见 141.27。

141.3 学习.记忆→B842.3

　　* 说明:学习、练习、记忆、记忆方法与遗忘等入此。

141.4 注意→B842.3

141.5 思考.想象.创造性→B842.4

141.51 认知.认识.认知心理学→B842.1 参见:141.27。

141.6 情绪与情感→B842.6,恋爱心理学入此。

141.7 行动.冲动→B842.9

141.8 意志→B848.4

141.9 个性心理学(人格心理学)→B848

141.92 遗传.环境→B848.9

141.93 人格.性格→B848.6,血型与性格入此。

141.94 气质→B848.1

141.97 类型学→B848.1

141.98 笔迹学.书相学→B848.6 参见:148.3;728。

　　　　* 笔迹与性格的关系入此。

143 发展心理学→B844,发生心理学入 B843。

　　* 不同人群的心理咨询与辅导入此。

143.1 两性心理学→B844

[143.2] 幼儿心理学→B844.12 参见 376.11。

[143.3] 儿童心理学→B844.1 参见 371.45。

[143.4] 青年心理学→B844.2 参见 371.47。

143.5 女性心理学→B844.5

143.6 成年人心理学→B844.3,男性心理学入 B844.6。

143.7 ①老年人心理学.②中年人心理学→①B844.4 ②B844.3 参见:367.7。

143.8 比较心理学→B843.1,动物心理学参见 481.78。

143.9 民族心理学→C955

145 病态心理学→B846 参见:493.7。

　　* 说明:潜意识入 B842.7;无意识、梦游病、催眠、幻觉、错觉、妄想症、健忘症、失误证、自杀、智

力异常、人格异常等入 B846。

　　* 自杀参见:368.3;智力异常:智力迟缓参见:378.6、493.77;变态儿童心理学入 B844.14。

146 ①临床心理学.②精神分析学→①R395.1 ②B84-065

　　* 精神分析学参见 146.1。

146.1 精神分析学.深层心理学→B84-065

　　* 弗洛伊德、荣格的精神分析学入此;特定主题的心理学研究入各主题之下。

　　例:《精神分裂症》入 R749.3。

146.2 适应.不适应→B84

146.3 临床诊断法→R749

　　* 作为临床的精神检查、诊断法入此,治疗法入 146.8/.82⁺。

146.8 心理疗法→R493

　　＊说明:医学的精神疗法入医学的各主题之下。如《精神分裂症的诊断与治疗》入 R749.3;教育沟通的咨询辅导入 371.43。

147 超意识心理学.心灵研究→B846 参见:387。

　　＊说明:141/146 以外的有关心理现象研究的著作入 B846;如超感觉的知觉、灵感、念力、心理感应、预知等入此。特异功能入 R339.1。

　　* 不明飞行物[UFO]参见 440.9。

148 看相法.占卜→B99 参见:176.8。

　　＊说明:(1)各国术数、占卜、命相、风水等著作,依世界地区表分,入 B993/997 下相关各类。

　　　　　　(2)148.1/.9 有关日本看相法、占卜、阴阳道、风水、天涯术、干枝术、占星术及其他的占卦等均入 B993.13,不需再进行细分。

　　＊取号方法:B99+3/7(世界地区号)

[149] 应用心理学→B849

　　* 总论入此,专论心理学在某一方面的应用的著作入相关各类。可参照 140 下说明取号。

　　例:犯罪心理学入 D917.2。

150 伦理学.道德哲学→B82

150.2 伦理学史.伦理思想史→B82-09 参见:110/159。

150.21 日本→B82-093.13 参见:121。

150.22 东方→B82-093 参见:120。

150.23 西方→B82-095 参见:130。

150.24⁺ 其他的地区、国家→B82-09 下相关各类 参见:139.4/.7。

　　＊取号方法:B82-09+3/7(世界地区号)

151 伦理各论→B82 下相关各类 参见:114。

151.1 价值论.德论.品性→B82-06 参见:117。

151.2 义务.意志的自由.行为.形式主义→B82-06

151.3 直观主义→B82-065 参见:115.7。

151.4 ①个人主义.利己主义.②人格主义→①B82-062 ②B82-063

151.5 人道主义→B82-061

151.6 幸福主义.快乐主义→B82-06

151.7 功利主义→B82-064

151.8 ①集体主义.②国家主义→①B822.2 ②B822.1

152 家庭伦理.性伦理→B823

152.1 性道德→B823.4 参见:367.9;384.7。

152.2 婚姻道德→B823.2 参见:367.4。

152.4 夫妇的伦理道德→B823.1

152.6 孝行→B823.1

153 职业伦理→B822.9 参见:335.15。

　　*说明:各专业工作伦理宜入相关各类。如愿集中在此,NDC 取号时可按纲目表分,分类号转换时,采用组配编号。

　　例:153.49(=153+49 纲目表医学类)医生的伦理入 B822.9:R192

154 社会伦理[社会道德]→B824

155 国体论.诏书→①B822 ②D731.3

　　* 有关日本皇室论、尊王论、国体论、教育诏书、戊申诏书等均入 D731.3 下专类复分表相关各类。

　　例:日本皇室论入 D731.321(=D7+313 日本地区号 +21 政治制度专类复分号)

155.9+ 外国的国体论→D73/77

　　*说明:先依世界地区表分,再依 D73/77 下专类复分表(《中图法》P43—P44)。

　　*取号方法:D7+3/7(世界地区号)+ 专类复分号

156 武士道→根据著作具体内容入以下①—⑤类 参见:399.1;789。

　　①C955.313 武士道中涉及日本民族传统、民族性格方面的著作入此。

　　②B82 下相关各类。武士道中涉及思想意识方面的著作入此;涉及武士对主人绝对忠诚等一些封建道德规范均入此。

　　③E893.13 武士道中涉及武士体能训练、兵法、战法等军事方面的著作入此。

　　④G853.13 武士道中涉及武术等体育方面的著作入此。

　　⑤K313 下各类。武士道中涉及武士道起源、历史方面的著作入此。

156.4 武士家的家规·家训→B823.1 参见:159.3。

156.9 骑士道→K503

157 报德教.石门心学→B313.3

157.2 二宫尊德→B313.3

157.9 心学→B313.3

158 其他的特定主题→B829

　　* 有关仁爱、信义、正义、节制、智慧、忍耐、勇气等各种伦理规范入此。

159 应用伦理学→B825

　　*说明:修身、处世方法、劝善、批评和自我批评、忠诚老实等个人修养入此;NDC 将哲学家、文学家的人生理论入相关各类,进行分类号转换时均入 B825。

159.2 美谈.事迹.德行录→B825 参见:280.8。

159.3 家规.家训→B823.1 参见:156.4;288.3。

159.4+ 经营训诫→B825

* **说明:** 经商者·商人的训诫均入此,经商论、经商者论参见335/336。

159.5 儿童的教训→B825

159.6 女性的人生训诫→B825.5

159.7 青年·学生的人生训诫→B825.4

159.79⁺ 中·老年人的人生训诫→B825

159.8 金言.格言.箴言→H033.3

* **说明:** 与文学相关的著作入9X7。

159.84⁺ 商务·经营的金言·格言→H033.3

159.89⁺ 中国的金言·格言→H136.33

159.9 道歌→B825

<160/190 宗教 >

160 宗教→B9

[160.1 参见161]

[160.2 参见162]

161 宗教学.宗教思想→B92

* **说明:** 分类号转换时,161 下有关无神论的著作入 B91;有关有神论、泛神论、超越神论、创世
论、自然神学等的著作均入 B921。

[161.02 参见161.2]

161.1 宗教哲学→B920

161.2 宗教学史.宗教思想史→B92-09

161.3 宗教社会学→B920,宗教民族学参见163。

161.4 宗教心理学→B920

162 宗教史→B929

* 地理区分

* **说明:** 分类号转换时,总论性的著作入 B929;有关某一种宗教史入相关各类。

* **取号方法:** B929+3/7(世界地区号)

例:162.1(=162+-1 日本地区号)日本宗教史入 B929.313(=B929+313 日本地区号)

162.8 宗教家 < 列传 >→B929.9

* **说明:** 各种宗教传记汇编入 B929.9,某一种宗教的人物传记入相关各类。

例:日本佛教家的相关传记均入 B949.931.3(=B949.9+313 日本地区号)

163 ①原始宗教.②宗教民族学→①B933 ②B920

163.1/.9 自然崇拜、图腾崇拜、物神崇拜、偶像崇拜、祠祀、诅咒、萨满教→B933

* 萨满教参见:147.3;民间信仰参见387。

164 神话.神话学→B932 参见:388

* 地理区分

* **说明:** 分类号转换时,有关神话研究、神话的流传及发展的著作入 B932;用神话写成的文学
作品宜入 I 类。如古罗马神话故事集入 I17(198.5),希腊神话研究入 B932.545。

* **取号方法:** B932+3/7(世界地区号)

164.31⁺ 希腊神话→B932.545;164.32⁺ 罗马神话→B932.546。

165　比较宗教学→B920

　　　　*165.1/.3 教义、教条、教典→B920；165.4 宗教生活→B923；165.5 宗教团体.宗教职务→B922；
165.6/.7 仪式.礼法、传教.传道→B923。

165.9　宗教政策.宗教行政.宗教法令→入相关各类　参见：316.2。

　　　　*说明：有关宗教政策、行政方面的著作入 D 类相关各类；有关宗教法律、法规、法令等方面
　　　　　　的著作入 D9 下相关各类。

　　　　*取号方法：见各相关类下说明取号。

　　　　例：中国宗教政策入 D635.0；日本宗教政策入 D731.363；日本宗教法入 D931.321.5。

<166/199　各宗教 >

166　道教→B95

[166.02 参见 166.2]

　　　　*166.1 教义.神仙思想→B95（参见：124.2；148.4）；166.2 道教史→B959；166.3 教典→B951；
166.5 道院.道士→B957；166.6 仪式.法术→B955；166.7 传教→B955；166.8 宗派→B956 下相
关各类。

　　　　例：日本道教史入 D959.313

167　伊斯兰教→B96

[167.02 参见 167.2]

　　　　*167.1 教义.神学→B963；167.2 伊斯兰教史→B969；167.3 教典→B961；167.4 信仰录.规劝
集→B964；167.5 寺院→B967；167.6 修行→B965；167.7 传教．传道→B965；167.8 教派→
B966；167.9 穆斯林教派[韦尔多教]→B966。

168　印度教.耆那教→B982，印度哲学，婆罗门教参见 126。

168.9　①波斯教.袄教.②摩尼教.密特拉教→①B983 ②B989.1

169　①其他宗教.②新兴宗教→①B98 下相关各类 ②B989.3

　　　　*说明：NDC 对其他宗教是用发祥地进行地理区分，分类号转换时均入 B98 下相关各类。

170　神道教→B981

　　　　*说明：中图法有关神道教的分类比较简单，只给出大类，未进行细分，因此 171/178 下有关神
　　　　　　道教的思想、学说、神道史、信仰录、训诫集、神社、神职、祭祀、传教、传道、神道各教派
　　　　　　等方面的著作均入 B981，可不再进行细分。有特殊分类要求的图书馆，可根据
　　　　　　B981/989.3 下专类复分表分（《中图法》P21），入各分类号下相关各类。

　　　　例：神道教教史入 B981.9（=B981+9 教史专类复分号）

180　佛教→B94　参见：126。

　　　　*180/187 中总论经、律、疏的著作入此。180.9 喇嘛教入 B946.6。

[180.1 参见 181]

[180.2 参见 182]

181　佛教教理.佛教哲学→B94

　　　　*181.1/.8 可不细分，均入 B94。

182　佛教史→B949

　　　　* 地理区分。取号方法：B949+3/7（世界地区号）。

　　　　例：日本佛教史入 B949.313（=B949+313 日本地区号）

182.8 释迦.佛教徒→B949

182.88⁺ 名僧传→B949.9

　　*说明:日本名僧传入 B949.931.3,各宗派的列传以及个人传记入各宗派之下。

182.9 佛教遗迹→K9 下相关各类。

　　*说明:参照 290.2 下说明及取号方法取号。

183 经典→B942/944

183.1 阿含部:阿含经,玉耶经,六方礼经→B942.2

183.2/.6 般若部、法华部、华严部、宝积部、经集部等大乘经典→B942.1

183.7 秘密部→B942.3

183.8 禁戒.律疏→B943 下相关各类

183.81 有部律→B943.2

183.83 四分律→B943.3

183.84 摩诃僧祇律→B943.9

183.85 五分律→B943.4

183.86 大乘律→B943.1

183.87/.88 璎珞律、杂律→B943.9

183.89 因明→B943.9 参见:126。

183.9 论部.论述和注解→B944 下相关各类

183.91 释经论部:大智度论→B944.2

183.92 毗昙部:俱舍论→B944.1

183.93 中观部:十二门论,中论,百论→B944.1

183.94 瑜伽部:摄大乘论,唯识论→B944.2

183.95 论集部:起信论,成实论→B944.3

184 法话·训诫集→B94

　　*说明:184.9 佛教神话根据著作内容入相关各类。参见:388;913.37;913.47。

　　例:佛教神话研究宜入 B948;佛教神话故事宜入 I 文学类。

185 寺院.僧职→B947 参见:521.818。

　　*说明:185.1/.7 可不细分,均入 B947。

185.9 寺院杂志.记载社寺传说的文献→B947

　　　*地理区分。转换时依世界地区表分,入 B947 下相关各类。

　　　*各个寺院杂志入各宗派之下。

186 佛会→B945

　　*说明:186.1/.6 有关行仪、发愿、讽诵、课仪、佛事用具等不细分,均入 B945。

186.7 佛教美术→J196.2 参见:702.098。

186.8 佛像.菩萨:观世音菩萨→宜入 J 类 参见:718。

186.9 朝拜圣地→K9 下相关各类

　　　*地理区分。参照 290.2 下说明和取号方法取号。

187 传教.传道→B945

188 各宗→B946

＊说明：中国与印度佛教各宗均入 188；不在 188 类下的各宗均入 182 佛教史下。188 下有关各宗的教义、宗史、宗典、法话、寺院、佛会、传教等著作，在分类号转换时不再细分，均入下述中图分类号。

例：188.3 华严宗圣典入 B946.4；188.8 南禅寺史入 B946.5。

＊188.1 律宗→B946.7；188.2 论宗→B946；188.21 法相宗[唯识宗]→B946.3；188.22 俱舍宗[昆昙宗]→B946.9；188.23 三论宗→B946.2；188.24 成实宗→B946.9；188.3 华严宗→B946.4；188.4 天台宗→B946.1；188.5 真言宗[密教]→B946.6；188.6 净土宗.净土教→B946.8；188.7 真宗[净土真宗]→B946.8；188.8 禅宗：临济宗，曹洞宗，黄檗宗→B946.5；188.9 日莲宗→B946.1。

190　基督教→B97

[190.1 参见 191]

[190.2 参见 192]

190.6　团体：学会，协会，会议→B97-2 下相关各类

190.9　自然神学→B921　参见：161。

191　教义.基督教神学→B972　参见：132。

　　＊说明：神学的著作入此，各宗派教义入各宗派之下。

191.1　神.三位一体→B972.2

191.2　基督论→B972.3　参见：192.8。

191.3　人类.基督教人类学.原罪→B972

191.4　救世论→B972.5

191.5　天使.恶魔.圣人→B972.7

191.6　末世论与来生论→B972.6

191.7/.9　基督教道德、信条、辩证法神学→B972

192　基督教史.迫害史→B979

　　＊ 地理区分

　　＊取号方法：B979+3/7（世界地区号）

193　圣经→B971

193.01/.09　圣经神学、圣经史、圣经语言学等→B971

193.1　旧约圣经→B971.1

193.2/.4　旧约圣经各类书籍→B971.1

　　＊说明：193.2/.4 下各类分别属于旧约历史书（193.22/.29）、律法书（193.211/.216）、智慧书（193.32/.37）、先知书（193.41/.46），因中图法对旧约不细分，因此均入 B971.1。

193.5　新约圣经→B971.2

193.6/.8　新约圣经各类书籍→B971.2

　　＊说明：193.6/.8 下各类分别属于新约福音书（193.61/.64）、使徒行传（193.69）、使徒书信（193.71/.79）、启示录（193.8），因中图法对新约不细分，因此均入 B971.2。

193.9　圣经以外的书籍.伪经→B97

194　信仰录.训诫集→B97，忏悔录、福音录、冥想录等均入此。

195　教会.神职→B977

195.7　主教.司祭.牧师→B975.2

196 典礼.祭祀仪式.礼拜→B975.1

    说明：196 下有关圣礼、主日、祈祷、诵读、祭器等相关各类可均入 B975.1，其中 196.5 圣歌宜入 J652.8；196.7 基督教艺术宜入 J 类。

197 传教.传道→B975.2

197.7 基督教教育→B977

198 ①各教派.②教会史→①B976 ②B976 下相关各类

    说明：198.1/.7 基督教各宗派下分别列出有关本宗派的教义、教史、信仰录、教会组织、仪注、传道等，在进行分类号转换时，可不细分，均入 B976.1/.3 各宗派类下。各馆如有需要，可仿 B981/989.3 下专类复分表分（《中图法》P21）。

198.1 原始基督教会.使徒教会→B976

198.19 正教会→B976.2

198.2 天主教→B976.1

198.3 新教徒.新教→B976.3

198.4/.7 有关圣公会、长老宗、清教徒、浸礼会、卫斯理宗等→B976.3

198.8/.9 唯一神教派和其他教派→B976

199 犹太教→B985

2 类(历史)>>>

2 大类包含历史、传记、地理,对应中图法里的 K 大类,传记入 K81/K83,地理入 K9。NDC 历史类的时代史是依据日本历史年代进行取号,在进行中图法分类号转换时,需根据国际时代表进行相应的转换;标识有"地理区分"的十进分类号则依据世界地区表和中国地区表进行相应的转换;与日本有关的历史、传记和地理在分类号转换时只取到"313"即可,不再按日本的都、道、府、县、市、町等行政区划进行细分。有关日本人的列传、传记等均入 K833.13 下相关各类。

200 历史→K

<201/208 总论>

201 历史学→K0

201.1 ①历史理论.②历史哲学→①K0 ②K01

201.16 史学方法论→K061

201.2 史学史→K09

201.28 史学家.历史学者<列传>→参照 280 下说明和取号方法取号

　　　*个人传记参见 289。

202 历史辅助学→入相关各类

[202.2] 历史地理学→K901.9 参见 290.18。

202.3 年代学.纪年法→K04 参见:449.4。

202.5 考古学→K851 参见:209.2;751.4;756.5。

202.7 古钱学→K875.6 参见:337.2;739.9。

202.8 金石学→K870.5 参见:728。

202.9 古文书学→K877 参见:022.2。

<203/208>

　　　* 说明:203/208 根据著作内容,可取上位类分类号后,再依总论复分表分,入相关各类。

　　　例:日本史论文集入 K313-53;日本历史文化词典入 K313-61。

　　　*203 参考图书;204 论文集.评论集.讲演集;205 连续性出版物;206 团体:学会,协会,会议;207 研究法.指导法.历史教育(小·中·高等学校的历史教育参见 375.32);208 丛书.全

集.选集。

209 ①世界史.②文化史→①K1 ②K103 参见:230;312。

209.2 先史时代:石器时代,金属器时代→K11 参见:202.5。

209.3 古代 —476→K12 参见 476。

209.4 中世 476—1453→K13,拜占庭帝国入 K134。

209.5 近世 1453—→K13/14

209.6 19 世纪→K14

209.7 20 世纪—→K15

209.71 第一次世界大战 1914—1918→K143

209.74 第二次世界大战 1939—1945→K152 参见:210.75。

209.75 1945—①K153(1945—1999)②K16(2000—)

<210/270 世界各国·各地区历史 > 参见:291/297;302;312。

    *说明:210/270 分类号转换时依世界地区表分,如有需要,可依 K3/7 下的专类复分表分
        (《中图法》P206)。取号方法见 K3/7 下注释说明。

210 日本史→K313,日本学入此。

210.01 国史学.日本史观→K313.0 参见:121.52。

210.02 历史辅助学→K0

    * 系谱参见 288.2;纹章参见 288.6。

210.023⁺ 年代学.纪年法→K04

210.025⁺ 考古学→①K851(理论)②K883.13(有关日本考古)

210.027⁺ 古钱学→K883.135.6

210.028⁺ 金石学→K883.130.5

210.029⁺ 古文书学.花押→K883.137 参见:210.088。

<210.03/.08>

    *说明:210.03 参考图书和 210.08 丛书.全集.选集在进行分类号转换时,可取上位类分
        类号后再依总论复分表分,入相关各类。

    *取号方法:K313+ 总论复分号

      例:210.08 日本史研究论文集入 K313—53

210.09 有职故实.仪式典例→K893.13 参见:288.4;322.1;385/386。

    *说明:210.091/.099 均涉及日本相关礼仪、礼制、风俗习惯等,在进行分类号转换时,不论
        时代,不论何种风俗习惯,不再细分均入 K893.13。如有特殊分类要求的图书馆,可
        仿 K892 分(《中图法》P232—P233),详细对各种礼仪、礼制、风俗习惯等进行分类。

210.1 通史→K313.0 法制史参见 322.1。

210.12⁺ 文化史→K313.03

210.17 灾害史→K313.05

210.18 对外交涉史→K313.0

210.19 战争史→K313.0

<210.2/.7 时代史 >

210.2 原始时代→K313.1

210.23⁺/.273⁺→K313.1

210.3 古代 4世纪—1192→K313.2

210.32 大和时代 4世纪—645→K313.21

210.33 飞鸟时代 592—645→K313.22

210.34 大化革新时代 646—710.近江时代→K313.23

210.35 奈良时代 710—784.天平时代 729—790→K313.24

210.36 平安时代 784—1192→K313.25

210.37/.39 藤原时代.平安中期.源平时代.平安后期.平氏时代→K313.25

210.4 中世 1192—1600→K313.3

210.42 镰仓时代 1192—1333→K313.31

210.43/.45 建武中兴和南北朝时代 1334—1392→K313.32

210.46 室町时代 1392—1573→K313.33

210.47 战国时代 1467—1568→K313.34

210.48 安土桃山时代 1573—1600→K313.35

210.49 朝鲜战役:文禄·庆长之战 1592—1593,1597—1598→K313.35

210.5 近世 1600—1868.江户时代.幕藩体制→K313.36

210.52/.59 江户初期.中期.末期和幕末的对外关系→K313.36

210.6 近代 1868—.明治时代 1868—1912→K313.4

210.61/.66⁺→K313.41

210.67 日俄战争前后 1902—1908.日英同盟缔结 1902→①K313.43 ②K313.44

210.68 韩国合并前后 1908—1912.大逆事件 1910→K313.44

210.69 大正时代 1912—1926→K313.44

210.7 昭和·平成时代 1927—→K313.45

210.74⁺ 日中战争 1937—1945→K313.46

210.75 太平洋战争 1941—1945→K313.46 参见:209.74。

210.76 太平洋战争后 1945—→①K313.5(1945—1999) ②K313.6(2000—)

<211/219 日本各地史 >→K313.9

  *** 说明**:《中图法》的世界地区表只分到国家级,不再细分到国家以下的行政区划;因此,
    211/219 日本各地历史(北海道地方、东北地方、关东地方、北陆地方、中部地方、
    近畿地方、中国地方、四国地方和九州地方)均入 K313.9 地方史志类下。

  例:213.6 东京百年史入 K313.9

220 亚洲史.东洋史→K3

  * 东洋学入此;东亚、欧洲大陆、丝绸之路整个区域入此。

220.6⁺ 19世纪→K304;220.7⁺ 20世纪—→K305。

221 朝鲜→K312

221.01⁺ 通史→K312.0

<221.02/.07 时代史 >

221.02 原始时代→K312.1

221.03 古代 —918→K312.2

221.031/.034→K312.2

221.035/.036→K312.31

221.04 高丽时代 918—1392→K312.33

221.05 李朝时代 1392—1910→K312.34

221.06 日本统治时代 1910—1945→K312.42

221.07 独立以后 1945—→K312.49/.6

  * 大韩民国史入 K312.6；朝鲜民主主义人民共和国史入 K312.5；朝鲜战争入 K312.62。

<221.1/.9 朝鲜各地史 >→K312.9

222 中国→K2

222.01 通史→K20

<222.02/.07 时代史 >

222.02 原始时代→K21

222.03 殷[商]·周·春秋战国时代→K22 参见：123.2；123.6。

222.04 ①秦汉·②魏晋南北朝·③隋唐时代→①K232 ②K235 ③K241（隋）；K242（唐）

222.041 秦时代 221—206BC.秦汉时代→K232/233

222.042 汉时代 202BC—220AD→K234

222.043 三国时代 220—280→K236

222.044 晋时代 265—420→K237

222.045 十六国时代 304—439→K238

222.046 南北朝时代 439—589→K239

222.047 隋时代 581—618→K241

  * 隋唐时代入此。

222.048 唐时代 618—907→K242

222.05 五代·宋元明时代 907—1644→K243/248

222.051 五代十国 907—960→K243

222.052 辽.契丹 916—1125→K246 参见：222.5。

222.053 宋时代 960—1279：北宋 960—1127→K244

222.054 南宋 1127—1279→K245

222.055 西夏[大夏]1038—1227→K246.3

222.056 金[女真] 1115—1234→K246.4 参见：222.5。

222.057 元时代 1279—1368.蒙古时代→K247 参见：222.6。

222.058 明时代 1368—1644→K248

222.06 清时代 1616—1912→K249/256

222.065 鸦片战争 1840—1842.回匪之乱 1847→K253

222.066 太平天国 1850—1864.阿罗号事件 1856→K254

222.068 ①清法战争 1884—1885.②日清战争 1894—1895.③义和团之乱 1899—1900→①K256.2
  ②K256.3 ③K256.7

222.07 中华民国时代 1911—1949→K257/27

222.071 辛亥革命.二次革命.帝制.广东军政府.南北战争→K257

222.072 五四运动 1919—1923→K261

222.073 第一次国内战争 1924—1927→K262

222.074 第二次国内战争 1927—1936→K263

222.075 抗日战争期 1936—1945→①K264 ②K265

222.076 国共内战期 1945—1949→K266

222.077 中华人民共和国时代 1949——→K27

   * 文化大革命 1966—1977 入 K273。

<222.1/.9 中国各地史 >→K291/297

  * 说明:转换时依中国地区表分,入 K291/297 各省、地区史志类下。

  * 取号方法:K29+1/7(中国地区号)

222.1 华北.黄河流域→K292

222.11 ①河北省.②北京市→①K292.2 ②K291

222.12 山东省→K295.2

222.13 山西省→K292.5

222.14 河南省→K296.1

222.15 西北地区→K294

222.16 陕西省→K294.1

222.17 甘肃省→K294.2,宁夏回族自治区入 K294.3。

222.18 青海省→K294.4

222.2 华中.长江流域→K295/296

222.21 ①江苏省.②上海市→①K295.3 ②K295.1

222.22 浙江省→K295.5

222.23 安徽省→K295.4

222.24 江西省→K295.6

222.25 湖北省→K296.3 ·

222.26 湖南省→K296.4

222.3 华南.珠江流域→K296

222.31 福建省→K295.7

222.32 ①广东省.②海南省→①K296.5 ②K296.6

222.33 广西省→K296.7

222.34 西南地区→K297

222.35 四川省→K297.1

222.36 贵州省→K297.3

222.37 云南省→K297.4

222.38 澳门→K296.59

222.39 香港→K296.58

222.4 台湾→K295.8

  *222.406/.48 台湾各时代、各县史均入 K295.8。

222.5 东北地区→K293 参见:222.052;222.056。

222.53 黑龙江省→K293.5

222.55 吉林省→K293.4

222.57 辽宁省→K293.1

222.6 蒙古:内蒙古自治区→K292.6 参见:222.057。

　　　　* 兴安省、热河省、蒙古帝国入此。

222.7 外蒙古→K292.8

222.8 新疆→K294.5,丝绸之路参见 220。

222.9 西藏→K297.5

<223/224 东南亚 >

223 东南亚→K33

223.1 越南→K333

223.107⁺ 20 世纪——→K333.4/.7

223.5 柬埔寨→K335

223.6 老挝→K334

223.7 泰国→K336

223.8 缅甸→K337

223.806 英国统治时期 1885—1947→K337.42

223.807 独立以后 1948——→K337.5

223.9 马来西亚.马来半岛→K338

223.99 新加坡→K339

224 印度尼西亚→K342

　　　* 南洋、马来群岛入此。内南洋参见 274。

224.1/.7 印度尼西亚各州、各地区史→K342.9

224.37⁺ 文莱→K344

224.8 菲律宾→K341

224.81/.85 菲律宾各地区史→K341.9

225 印度→K351,南亚入 K35。

<225.02/.06 时代史 >

225.02 原始时代→K351.1

225.03 古代. —13 世纪初期→K351.2/.3

225.04 中世. 13 世纪初期—18 世纪中期→K351.3

　　　* 伊斯兰文化入 K351.31;莫卧儿帝国 K351.32。

225.05 近代→K351.4

225.06 独立以后 1947——→K351.5

<225.1/.6 印度各地区史 >→K351.9

225.7 巴基斯坦→K353

225.76 孟加拉→K354

225.8 喜马拉雅地区→K35,锡金入 K356。

225.87⁺ 尼泊尔→K355

225.88⁺ 不丹→K357

225.9 斯里兰卡.印度洋诸岛→K358

225.97⁺ 马尔代夫→K359

<226/228 西南亚.中东.近东 >→K37

[226] 西南亚.中东[近东]→K37 参见 227。

[226.1] 俾路支州→K353 参见 225.7。

[226.2] 阿富汗→K372 参见 227.1。

[226.3] 伊朗[波斯]→K373 参见 227.2。

[226.6] 土耳其→K374 参见 227.4。

[226.7] 塞浦路斯.罗兹岛→K375 参见 227.47。

227⁺ 西南亚.中东[近东]→K37

<227.1/.8 阿拉伯各国 >

227.1⁺ 阿富汗→K372

227.2⁺ 伊朗[波斯]→K373

227.3⁺ 伊拉克[美索布达米亚]→K377,美索不达米亚文明入此。

227.4⁺ 土耳其→K374

227.47⁺ 塞浦路斯.罗兹岛→K375

227.5⁺ 叙利亚→K376

227.6⁺ 黎巴嫩→K378

227.7⁺ 约旦→K379

227.8⁺ 阿拉伯半岛→K38

227.81⁺ 沙特阿拉伯→K384

227.82⁺ 科威特→K383

227.83⁺ 卡塔尔→K385

227.84⁺ 阿拉伯联合酋长国→K387

227.85⁺ 阿曼→K388

227.86⁺ 也门.亚丁→K393（1990—）

　　＊说明：也门民主共和国（1970—1990）入 K391；阿拉伯也门共和国（1962—1990）入 K392。

227.89⁺ 巴林→K386

227.9⁺ 以色列→K382,巴勒斯坦入 K381

[228] 阿拉伯各国→K37/38 参见 227.1/.8。

[228.1] 伊拉克[美索布达米亚]→K377 参见 227.3。

[228.2] 叙利亚→K376 参见 227.5。

[228.3] 黎巴嫩→K378 参见 227.6。

[228.4] 约旦→K379 参见 227.7。

[228.5] 以色列→K382 参见 227.9。

[228.6] 阿拉伯半岛→K38 参见 227.8。

[228.61] 沙特阿拉伯→K384 参见 227.81。

[228.62] 科威特→K383 参见 227.82。

[228.63] ①卡塔尔.②阿拉伯联合酋长国→ ①K385 ②K387 参见 227.83/.84。

[228.64] 阿曼→K388 参见 227.85。

[228.65] 也门.亚丁→①K391 ②K392 ③K393 参见 227.86。

[228.9] 巴林→K386 参见 227.89。

229 亚洲·俄罗斯→K512

229.1/.5 北亚.西伯利亚、极东地方、东.西西伯利亚地方、乌拉尔地区→K512

229.6 中亚→K36

229.61 哈萨克斯坦→K361

229.62 吉尔吉斯斯坦→K364

229.63 塔吉克斯坦→K365

229.64 乌兹别克斯坦→K362

229.65 土库曼斯坦→K363

229.7 高加索→K512.95

229.8 北高加索→K512.95

229.9 南加高索[外加高索]→K36

229.91 格鲁吉亚→K367

229.92 亚美尼亚→K369

229.93 阿塞拜疆→K368

230 欧洲史.西洋史→K5 参见：209。

230.2 原始时代→K501

230.3 古代—476→K502

230.4 中世 476—1453→K503

230.5 近代 1453——→①K503(1453—1639) ②K504(1460—18 世纪末)

230.6 19 世纪→K504

230.7 20 世纪——→K505

231 古希腊→K125 参见：239.5。

　　 * 克里特文明[米诺斯文明],迈锡尼文明参见 209.36。

231.1/.9 古希腊各时代历史→K125

232 古罗马→K126 参见：237。

232.3/.8 古罗马各时代历史→K126

233 英国→K561

　　 * 英国联邦入此。

<233.03/.07 时代史 >→K561.1/.5

233.03 古代 —1066→①K561.1(上古) ②K561.2(—450) ③K561.3(451—1066)

233.04 中世 1066—1485→K561.3

233.05 近代 1485——→①K561.3(1485—1639) ②K561.4(1640—17 世纪末)

233.06 18—19 世纪→K561.4

233.07 20 世纪——→①K561.45(1918—1939) ②K561.46(1939—1945) ③K561.5(1945—)

<233.2/.8 英国各地史 >→K561.9

233.9 爱尔兰→K562

234 ①德国. ②中欧→①K516 ②K51

    ＊东欧参见239。

<234.03/.07 时代史>

234.03 古代 —843→①K516.2（—481）②K516.3（482—843）

    ＊说明：墨洛温王朝（481—751）、加洛林王朝（751—843）、法兰克王国根据时间入相应的中图法分类号。

234.04 中世 843—1519→K516.3

234.05 近代 1519—→①K516.32（1519—1525）②K516.33（1525—1848）

    ＊宗教改革时代、农民战争入 K516.32；三十年战争、七年战争入 K516.33。

234.06 19 世纪→K516.4

234.061/.063 拿破仑战争、莱茵联邦、德国统一、三月革命等→K516.41

234.065 德意志帝国 1871—1918→K516.42

234.07 20 世纪—→K516.4/.7

234.071+ 第一次世界大战 1914—1918→K516.42

234.072 德国革命.魏玛共和国 1918—1933→K516.43

234.074 纳粹·德国[第三帝国] 1933—1945.第二次世界大战 1939—1945→K516.44

234.075 第二次世界大战后→K516.5

    ＊说明：德国民主共和国（1949—1990）入 K517；德意志联邦共和国（1949—）入 K518。

234.076+ 统一以后 1990—→K516.7

<234.5/.9 中欧各国>

234.5 瑞士→K522

234.6 奥地利→K521，奥地利·匈牙利帝国入此。

234.69 列支敦士登→K523

234.7 匈牙利→K515，捷克斯洛伐克入 K514。

234.8 捷克→K524

234.83+ 斯洛伐克→K525，捷克斯洛伐克参见 234.8。

234.9 波兰→K513

235 法国→K565，通史入 K565.0。

<235.03/.07 时代史>

235.03 古代 —987→①K565.2（—486）②K565.3（487—987）

235.04 中世 987—1515→K565.3

235.05 近代 1515—→①K565.3（1515—1789）②K565.4（1789—）

235.06 法国大革命 1789—1799.第一共和国 1792—1804→K565.4

235.064+/.066 第一帝国、王朝复辟、七月革命、二月革命、第二共和国、第二帝国→K565.41

235.067 普法战争 1870—1871→K565.43

235.068 第三共和国 1870—1940.维希政府 1940—1944.临时政府 1944—1946→K565.45/.46

    ＊巴黎公社入 K565.44。

235.07 第二次世界大战后 1945—→①K565.5（1945—1999）②K565.6（2000—）

235.3⁺ 巴黎→K565.9

235.78 摩纳哥→K566

235.8 比荷卢·比利时→K564

235.89 卢森堡→K519

235.9 荷兰→K563

236 西班牙→K551,南欧入 K54。

<236.03/.07 时代史 >

236.03 古代 —711→K551.2

236.04 中世 711—1516→K551.3

236.05 近代 1516——①K551.33(1516—1700)②K551.4(1700—)

236.06 18—19 世纪→K551.4

236.07 20 世纪——→K551.5

236.8 安道尔→K553

236.9 葡萄牙→K552

237 意大利→K546

<237.03/.07 时代史 >

237.03 古意大利→K546.1

237.04 社区时代.专制时代 1100—1492→K546.3

237.05 近代 1492——→K546.3

237.06 统一的意大利 1870—1946→K546.4

237.07 第二次世界大战 1945——→K546.5,意大利共和国入此。

237.7 圣马力诺→K548

237.8 梵蒂冈→K547

237.9 马耳他→K549

238 俄罗斯→K512

　　　* 苏维埃社会主义共和国联盟、独联体、新独立国家均入此。

<238.03/.07 时代史 >

238.03 古代 —1240→①K512.2(—882)②K512.3(882—1240)

　　　* 基辅罗斯入 K512.31。

238.04 ①鞑靼时代 1240—1462.②莫斯科时代 1462—1613→①K512.32 ②K512.33

238.05 圣彼得堡时代.罗马诺夫王朝 1613—1917→K512.33/.46

238.07 俄罗斯革命以后 1917——→K512.5/.6

238.075⁺ 第二次世界大战后 1945——→①K512.55(1945—1956)②K512.56(1956—1991)

238.076⁺ 苏维埃社会主义共和国联盟瓦解以后 1991→K512.6

238.1 欧洲·俄罗斯→K512

238.5 白俄罗斯→K511.4

238.6 乌克兰→K511.3

238.7 摩尔多瓦→K511.5

238.8 波罗的海国家→K51

238.82 爱沙尼亚→K511.6

238.83 拉脱维亚→K511.7

238.84 立陶宛→K511.8

238.9 北欧→K53

238.92 芬兰→K531

238.93 瑞典→K532

238.94 挪威→K533

238.95 丹麦→K534

238.97 冰岛→K535

239 巴尔干各国→K54/55,东欧入 K51。

239.1 罗马尼亚→K542

239.2 保加利亚→K544

239.3 南斯拉夫→K543,旧南斯拉夫入此。

239.31 塞尔维亚→K543.51

239.32 黑山共和国→K555.2

239.33 马其顿→K555.6

239.34 波斯尼亚·黑塞哥维那→K555.5

239.35 克罗地亚→K555.3

239.36 斯洛文尼亚→K555.4

239.4 阿尔巴尼亚→K541

239.5 希腊→K545 古希腊参见 231。

[239.6] 欧洲·土耳其→K374 参见 227.4。

240 非洲史→K4

<241/243 北非 >

241 北非→K41

242 埃及→K411

<242.03/.07 时代史 >

242.03⁺ 古代→K411.1/.3,埃及学入此。

242.06⁺ 19 世纪→K411.4

242.07 20 世纪— →K411.4/.5

242.8 苏伊士运河→K411.9

242.9 苏丹→K412

243 北非伊斯兰教各国→K41 下相关各类

243.1 利比亚→K413

243.2 突尼斯→K414

243.3 阿尔及利亚→K415

243.4 摩洛哥→K416

243.5 西撒哈拉[旧西班牙领土撒哈拉]→K432

243.6 加那利群岛→K433

244 西非→K43

244.1 [旧西班牙领土西非]→K43 下相关各类

244.12 尼日尔→K436

244.13 布基纳法索[旧上沃尔特]→K442

244.14 马里[旧西班牙领土苏丹]→K448

244.15 毛里塔尼亚→K431

244.16 塞内加尔→K434

244.18 佛得角→K453

244.2 上几内亚→K43 下相关各类

244.21 冈比亚→K435

244.22 几内亚比绍→K452

244.23 几内亚→K451

244.24 塞拉利昂→K449

244.3 利比里亚→K447

244.35 科特迪瓦[象牙海岸]→K446

244.4 加纳[黄金海岸]→K445

244.45 多哥→K444

244.47 贝宁[达荷美]→K443

244.5 尼日利亚→K437

244.6 喀麦隆→K438

244.69 赤道几内亚→K439

244.7 [旧法国领土赤道非洲]→K46

244.72 乍得→K461

244.73 非洲中部[乌班吉沙里]→K462

244.74 刚果[旧法国领土刚果]→K463

244.75 加蓬→K465

244.76⁺ 圣多美·普林西比→K441

244.8 扎伊尔[旧比利时领土刚果]→K463

244.9 安哥拉→K474

　　* 卡宾达入 K474.9；圣赫勒拿岛入 K486。

245 东非→K42

245.1 埃塞俄比亚→K421

245.13⁺ 厄立特里亚→K421.9

245.2 吉布提[阿法尔·伊萨]→K423

245.3 索马里→K422

245.4 肯尼亚→K424

245.5 乌干达→K426

245.55 卢旺达→K427

245.56 布隆迪→K428

245.6 坦桑尼亚→K425

245.8 莫桑比克→K471

248 南非→K47

248.1 马拉维→K472

248.2 赞比亚→K473

248.3 津巴布韦→K475

248.4 博茨瓦纳→K476

248.6 纳米比亚→K477

248.7 南非共和国→K478

248.8 斯威士兰→K479

248.9 莱索托→K481

249 印度洋的非洲诸岛→K4

249.1 马达加斯加→K482

249.2 毛里求斯→K484

249.3 塞舌尔→K429

249.4 科摩罗→K483

<250/260 美洲大陆 >→K7

　　　　＊说明：分类号转换时，美洲通史入 K700；古代史入 K702；殖民史入 K703（1492—1774）；美
　　　　国独立战争至第二次世界大战入 K704（1775—1945）；二战后入 K705（1945—）；民
　　　　族史志入 K708。

250 北美史→K71

　　＊说明：分类号转换时，有关美洲大陆方面的著作均入此号。

251 加拿大→K711

　　＊说明：分类号转换时，加拿大通史入 K711.0；早期史入 K711.3；近代史入 K711.4（1763—
　　　　1914）；现代史入 K711.5；二战后入 K711.52（1945—）。

251.1/.7 加拿大各地史→K711.9

253 美利坚合众国→K712

253.01⁺ 通史→K712.0

<253.03/.07 时代史 >

253.03 ①美洲的发现 —1607.②殖民地时代 1607—1775→①K703 ②K712.3

253.04 美国独立战争→K712.4

253.05 19 世纪前半期 1809—1861→K712.42

253.06 南北战争 1861—1865→K712.43

253.065 19 世纪后半期 1865—1901→K712.44/.5

　　　　＊美西战争入 K712.5。

253.07 20 世纪—→①K712.5（1898—1999）②K712.6（2000—）

<253.1/.9 美国各地史 >→K712.9

[253.96] 夏威夷→K712 参见 276。

<255/268 拉丁美洲 >

255 拉丁美洲[中南美]→K73

256 墨西哥→K731

256.03⁺/.04⁺ 玛雅文明、阿兹特克文明→K731.2

256.05⁺ 殖民地时期 1521—1821→K731.3

256.06⁺ 19 世纪——→①K731.4（1810—1917）②K731.5（1917—）

257 中美洲[中美洲各国]→K73

257.1 危地马拉→K741

257.2 萨尔瓦多→K744

257.3 洪都拉斯→K742

257.4 伯利兹→K743

257.5 尼加拉瓜→K745

257.6 哥斯达黎加→K746

257.8 巴拿马→K747

259 西印度群岛→K75

259.1 古巴→K751

259.2 牙买加→K754

259.3 海地→K752

259.4 多米尼加共和国→K753

259.6 波多黎各→K755

259.63⁺ 巴哈马→K768

259.7 小安的列斯群岛→K75

259.72⁺ 圣克里斯托弗·尼维斯→K769.5

259.73⁺ 安提瓜·巴布达→K769.4

259.74⁺ 多米尼克国[旧英国领土多米尼克]→K769.2

259.76⁺ 圣卢西亚→K766

259.77⁺ 圣文森特·格林纳丁斯→K769.3

259.78⁺ 巴巴多斯→K762

259.8 格林纳达→K769.1

259.9⁺ 特立尼达·多巴哥→K767

260 南美洲史→K77

261 北部各国[加勒比沿海各国]→K77

261.2 圭亚那→K771

　　*说明：英属圭亚那入 K771.3；法属圭那亚入 K773；苏里南入 K772。

261.3 委内瑞拉→K774

261.4 哥伦比亚→K775

261.5 厄瓜多尔→K776

262 巴西→K777

263 巴拉圭→K781

264 乌拉圭→K782

265 阿根廷→K783

266 智利→K784

267 玻利维亚→K779

268 秘鲁→K778

268.04⁺ 印加文明→K778.2/.3

268.06⁺ 19 世纪→K778.4

268.07⁺ 20 世纪→K778.5

270 大洋洲史.两极地区史→K6

<271/276 大洋洲 >

271 澳大利亚→K611

271.1/.8 澳大利亚各地史→K611.9

272 新西兰→K612

273 美拉尼西亚→K66

273.2 所罗门群岛→K662

273.3 瓦努阿图→K663

273.4 斐济→K661

273.5 新喀里多尼亚.洛亚蒂群岛→K664

273.6 巴布亚新几内亚→K613

274 密克罗尼西亚→K65,内南洋入此。

274.1 北马里亚纳群岛→K651

274.2 关岛→K654

274.3 密克罗尼西亚联邦→K657

274.4 帕劳→K652

274.5 马绍尔群岛→K653,威克岛入 K632。

274.6⁺ 瑙鲁→K655

274.7⁺ 基里巴斯→K656

275 波利尼西亚→K63

　　*说明：分类号转换时,托克劳群岛入 K636;萨摩亚入 K638;库克群岛入 K641;汤加入 K639;
　　　　纽埃岛入 K642;皮特克恩岛入 K643;波利尼西亚(法属)入 K644;图瓦卢入 K646;瓦利
　　　　斯和富图纳群岛入 K648。

276 夏威夷→K712

　　*其他法：253.96。

276.9 中途岛→K631

<277/279 两极地区 >→P94

277 两极地区→P941.6

278 北极.北极地区→P941.62

　　*格陵兰入 K534;斯瓦尔巴群岛入 K533。

279 南极.南极地区→P941.61

280 传记→K81

* 地理区分

* 取号方法:

(1)世界人物传总传(按学科分):K815(仿 K825.1/828 分)。

例:历史学家总传入 K815.81(=K81+581 历史仿分号)

(2)各国人物传记(按学科分):K83+3/7(世界地区号)+ 仿分号(仿 K82 分)。

中国人物传记入 K82 下相关各类。

例:日本历史人物传记入 K833.135.81(=K83+313 日本地区号 +581 历史类人物仿分号)

280.2 墓志铭→K81

　　* 说明:有关墓志铭书法研究的著作宜入 J 类。

280.3 参考图书→K811-6 下相关各类

280.7 ①研究法.指导法.②传记写作法→K81-3 ②K810.1

280.8 ①丛书.②全集.选集.轶事集→K81-51 ②K81-52 参见:159.2。

<281/287 各国·各地域的列传 >

　　* 说明:281/287 各国、各地域列传,中图法分类号的获取参照 280 下说明,宜入 K833/837。

　　　　　　一般图书馆取到上位类分类号即可,有特殊分类要求的图书馆,可根据著作具体

　　　　　　内容进行仿分,入各分类号下相关各类。

　　例:日本地区的列传入 K833.13(=K83+313 日本地区号)

*281 日本;282 亚洲;283 欧洲;284 非洲;285 北非;286 南非;287 太平洋.两极地区。

288 家谱.家史.皇室→K819

　　* 说明:288.1/.6 均入 K819 或各国氏族谱系类下,中图法分类号的获取参照 280 下说明;288.9

　　　　　　入 D 类各国国家表征类下。

　　例1:日本氏族谱系均入 K833.130.9(=K83+313 日本地区号 +[K82]0.9 氏族谱系仿分号)

　　注:类号中列出"[K82]",目的是向馆员展示如何取号,实际应用中需要去掉。

　　例2:日本国旗 D731.325(=D7+313 日本地区号 +25 国家表征专类复分号)

289 个人传记→K81

　　* 说明:NDC 将个人传记(含 2 人)入 289,哲学家、宗教家、艺术家等特定人物传记入相关各学

　　　　　　科。在分类号转换时,均入 K81 类下,并依世界地区表分,根据国籍入相关各类。

　　* 取号方法:参照 280 下说明取号。

　　* 个人著作的目录、年谱参见 027.38;列传、丛传参见 280/287。

　　例:762.346 舒伯特传记入 K835.215.76(=K83+521 奥地利地区号 +576 音乐仿分号)

290 地理.地志.游记→K9 参见:382。

　　* 地理区分

　　* 说明:本类下有关各国、各地域的地理、地志、游记等著作,分类号转换时,依世界地区表分。

290.1 ①地理学.②人文地理学.③地志学→①K90 ②K901 ③P9

　　* 自然地理参见 450。

290.12 地理学史→K90-09

290.13 环境论.景观地理学→K901.7 参见:629.1。

290.14 民族地理学→K18

[290.15] 政治地理学.地政学→K901.4 参见 312.9。

[290.16] 经济地理学.产业地理学→F119.9 参见 332.9。

290.17 群落地理学→K901.8

290.18 历史地理学→K901.9

    * 说明：各地域·各时代的历史地理入与之相关的历史类；290.189⁺ 地名宜入历史地理类下。

    例：日本地名研究入 K931.36(=K9+313 日本地区号 +6 历史地理专类复分号)

290.2 古迹·名胜.景观→①K917 ②K93/97 相关各类。

    * 天然纪念物参见 462.9；文化遗产参见 709。

    * 取号方法：

    (1)世界名胜古迹：K917+ 仿分号 (仿 K928.7 分)

    * 说明：一般图书馆取到上位类分类号即可，有特殊分类要求的图书馆，可根据著作具体内
        容进行仿分，入各分类号下相关各类。

    例：世界皇宫 K917.4(=K917+4 宫殿、楼阁仿分号)

    (2)各国名胜古迹：K9+3/7(世界地区号)+ 专类复分号(K93/97 下专类复分表，《中图法》P234)

    例：日本古寺 K931.37(=K9+313 日本地区号 +7 名胜古迹复分号)

290.3 参考图书→K9-6 下相关各类

290.38 地图→K99 下相关各类 地图学参见 448.9。

    * 说明：一般地图入此，特殊地图入相关各类。世界地图入 K991，中图地图入 K992，各国地
        图入 K993/997。

    * 取号方法：K99+3/7(世界地区号)+ 仿分号(仿 K992 分)。

    例 1：日本旅行图册 K993.139(=K99+313 日本地区号 +9 浏览图仿分号)

    例 2：454.9 日本地形图入 P983.13

290.87⁺ 照片集→入相关各类

290.9 游记→①K919 ②K93/97 相关各类。

    * 说明：290.91⁺/.93⁺ 关于探险记、漂流记和旅行指南不再细分，均入上述分类号。

    * 取号方法：参照 209.2 进行，取专类复分号"9"。

    例：日本游记入 K931.39(=K9+313 日本地区号 +9 旅游地理、游记专类复分号)

<291/297 各国·各地域的地理·地志·游记> 参见：210/270；302。

---

* 说明：NDC 分类号取号时可依下方的共同区分表分，进行中图分类号转换时，各国地理入 K93/97，
取号方法参照 290.2 和 290.9 进行。

-017 群落地理	-087 照片集
-0173 都市地理	-09 游记
-0176 村落地理	-091 探险记
-0189 地名	-092 漂流记
-02 古迹.名胜.景观	-093 指南

例 1：291.09(=29+-1 日本地区号 +09 游记共同区分号)日本游记入 K931.39(=K9+313 日本地区号
    +9 旅游地理、游记专类复分号)。

例 2：293.30189(=29+-33 英国地区号 +-0189 地名复分号)英国地名入 K956.16(=K9+561 英国地区

号 +6 历史地理复分号）

291 日本

292 亚洲

293 欧洲

294 非洲

295 北美

296 南美

297 太平洋.两极地方

299 海洋→①K918.4 ②K93/97 ③P72

　　*说明：分类号转换时，需根据著作具体内容入相关各类。专类地理中的海洋入 K918.4，各国海洋入 K93/97，区域海洋学入 P72 下相关各类。下面列出的中图分类号为区域海洋转换号。

　　*取号方法：K9+3/7（世界地区号）+4（水专类复分号）

　　*海洋志参见 452.2。

299.1 太平洋→P721

299.2 北太平洋→P722

299.21 白令海→P722.1

299.22 鄂霍次克海→P722.2

299.23 日本海→P722.3

299.24 黄海→P722.5

299.25 东海→P722.6

299.26 南海→P722.7

299.28 加利福尼亚湾→P722.8

299.3 南太平洋→P723

299.31 苏禄海→P723.1

299.32 西里伯斯海→P723.2

299.33 爪哇海→P723.3

299.34 班达海→P723.4

299.35 阿拉弗拉海→P723.5

299.36 珊瑚海→P723.6

299.37 塔斯曼海→P723.7

299.4 印度洋→P724

299.41 孟加拉海→P724.1

299.42 阿拉伯海→P724.3

299.45 波斯湾→P724

299.46 红海→P724.7

299.5 大西洋→P725

299.51 北大西洋→P725.1

299.52 北海→P725.2

299.53　波罗的海→P725.3

299.55　哈得孙湾→P725.5

299.56　①墨西哥湾.②加勒比海→①P725.7　②P725.8

299.57　南大西洋：几内亚湾→P725.9

299.6　地中海→P726

299.61　利古里亚海→P726.1

299.62　第勒尼安海→P726.2

299.63　爱奥尼亚海→P726.3

299.64　亚德里亚海→P726.4

299.65　爱琴海→P726.5

299.67　黑海→P726.7

299.68　里海→P726

299.69　咸海→P726

299.7　北极海[北冰洋]→P727

　　　＊格陵兰海→P727.1；巴伦支海→P727.2；白海→P727.3；喀拉海→P727.4；巴芬湾→P727.5。

299.8　南极海[南冰洋]→P728

299.9　地球以外的世界→K8

3 类 (社会科学) >>>

3 大类主要收录社会科学的著作,包括政治、法律、经济、统计、社会、教育、风俗习惯、国防等,主要对应《中图法》里的 C、D、E、F、G、K 类。

300 社会科学→入相关各类
* **说明:**(1)NDC 的社会科学包括政治学、法律学、经济学、社会学、教育学等学科,对 301/307 进行分类号转换时,需根据著作内容取相应的中图法分类号;如有需要,可再依总论复分表或世界地区表分。
(2)社会科学总论性的著作入 C 类。
例:301.2 社会学史入 C91–09;日本社会学史入 C91–093.13。

301 理论.方法论→C0 下相关各类
*301.2 社会科学史→C09;301.6 社会科学方法论→C03。

302 政治·经济·社会·文化情况→入相关各类 参见:210/270;291/297。
* 地理区分
* **说明:**NDC 将有关各国政治、经济、文化、教育、国民性、风俗等国情的著作入此。分类号转换时,总论性的著作入 C1,专论性的著作需根据著作内容,入各国相关学科类下。

303 参考图书→C6 下相关各类

304 论文集.评论集.讲演集→C53

305 连续性出版物→①C54 ②C55

306 团体:学会,协会,会议→C2 下相关各类

307 ①研究法.指导法.②社会科学教育→①C3 下相关各类 ②C4 下相关各类
* 社会科教育参见 375.3。

307.8 就业考试问题集 <一般>→C975
* 特定的就业考试问题集入相关各类。
* **其他法:**336.42 和 366.29。

308 ①丛书.②全集.选集→①C51 ②C52

309 社会思想→C91–0

　　* 各国社会思想可依世界地区表分，入 D093/097 下相关各类。

　　例：日本社会思想史入 D093.13。

309.02　社会思想·运动史→C91-09

　　　* 地理区分

　　　* 社会主义运动参见 309.3。

309.028　社会思想家 < 列传 >→K81 下相关各类

309.1　①自由主义.②民主主义→①D091.5 ②D082　参见：311.7；313.7。

309.2　空想社会主义→D091.6

　　　* 欧文、圣西门、傅立叶、莫尔等空想家的思想入此。

309.3　社会主义.共产主义→D091.6

[309.301]　唯物史观[史的唯物论]→B03　参见 201.1。

309.4　社会民主主义.社会改良主义.费边社会主义→D091.6

　　　* 韦伯、考茨基、希法亭、拉萨尔等入此。

309.49　修正主义→入相关各类

　　　* 修正主义入 D091.6；对伯恩斯坦、考茨基等的批判入 D142；第二国际时期的修正主义理论入
　　　　D143。

309.5　工团主义→D091.6

　　　* 基尔特社会主义入此。

309.6　国家社会主义→D091.6

309.7　无政府主义→D091.6

　　　* 大杉荣、克鲁泡特金、幸德秋水、巴枯宁等入此。

[309.8]　全体主义.法西斯主义.纳粹主义→D033.3　参见 311.8。

[309.9]　国粹主义.国家主义.民族主义→D091.5　参见 311.3。

310　政治→D

[310.1 参见 311]

[310.2 参见 312]

310.4　政治论集.政治评论集.政治演说·讲演集→D 类下相关各类。

　　　例：全球展望与国家愿景：林嘉诚政治评论集入 D675.809(=D675.8 台湾省地方政治 +09 政论仿
　　　　分号）

311　政治学.政治思想→D0 下相关各类

　　 * 国家学、国家理论入 D03 下相关各类。

311.1　政治哲学→D0-02

　　 *311.13/.19⁺ 政治学与其他学科的关系均入 D0-05，311.16 政治学方法论入 D0-03。

311.2　政治学史.政治思想史→D09 下相关各类

　　　* 地理区分。世界政治思想史入 D091 下相关各类，各国政治思想史入 D093/097 下相关各类。

　　　* 取号方法：D09+3/7(世界地区号)

　　　例：311.21(=311.2+-1 日本地区号)日本政治思想史入 D093.13(=D09+313 日本地区号)

<311.3/.9 各种政治思想 >

　　　* 说明：各种政治思想可参考 309，入相关各类。

*311.3 国粹主义.国家主义.民族主义;311.4 保守主义;311.5 绝对主义;311.6 立宪君主主义;311.7 民主主义,参见:309.1;313.7;311.8 全体主义.法西斯主义,参见:313.8;311.9 社会主义.共产主义,参见:309.3;313.9。

例:日本的保守主义入 D093.13;社会主义入 D091.6。

312 政治史·情况→D 下相关各类 参见:209/270。

　*地理区分

　*说明:各国的政治史、政治概况、政治体制、政治机构均入此,分类号转换时先依世界地区表分,再依 D73/77 下的专类复分表分(《中图法》P43—P44)。选取复分号时需根据著作内容选择相应的复分号。

　*取号方法:D7+3/7(世界地区号)+ 专类复分号

　例1:312.1(=312+-1 日本地区号)日本政治制度史入 D731.39(=D7+313 日本地区号 +9 政治制度史复分号)

　例2:312.1(=312+-1 日本地区号)日本政治概况入 D731.30(= D7+313 日本地区号 +0 政治概况复分号)

312.8 政治家＜列传＞→K81 下相关各类

312.9 政治地理.地政学→K901.4

　*各国的政治地理参见 312.1/.7。

313 国家的形态.政治体制→D03 参见:329.1。

　*总论国家的历史、国体、政体入此,各国的政治体制入 312.1/.7。

313.1 国家的形态:单一国家,联邦制,国家联合,附庸国→D033

313.2 国家的历史→D031

313.4/.6 贵族政治.封建制.君主制→D033.2

313.61+ 天皇制→D731.321 参见:323.131。

313.7 民主制:共和制,议会制→D034 参见:309.1;311.7。

313.8 独裁政治.法西斯国家→D033.3 参见:311.8。

313.9 社会主义国家.苏维埃国家→D033.4 参见:309.3;311.9。

314 议会→D 下相关各类

　*地理区分

　*说明:本类进行分类号转换时,有关议会、选举、直接参政制度等理论著作入 D034.3/.5;各国的议会、选举、直接参政制度入 D73/77 下相关各类,先依世界地区表分,再依 D73/77 下专类复分表分(《中图法》P43–P44)。

　*取号方法:D7+3/7(世界地区号)+ 专类复分号

　例:314.1 日本议会入 D731.323(=D7+313 日本地区号 +23 国家权力机构复分号)

314.1 日本的议会:帝国议会,国会→D731.323 参见:323.144。

　*说明:314.12 国会的历史·情况入 D731.39;314.13 国会法以及相关法令入 D931.31;314.14/.19 可不再细分,均入 D731.323。

314.2/.7 各国议会→参照 314 下说明和取号方法取号。

314.8 选举.选举制度→参照 314 下说明和取号方法取号。

314.89 外国的选举·选举制度→参照 314 下说明和取号方法取号。

* 地理区分

314.9 直接参政制度:创制权,罢免,国民投票→参照314下说明和取号方法取号。

315 政党→①D05 ②入相关各类

* 地理区分

*说明:取号方法参照314下说明进行。一般性论述政党的著作入D05下相关各类,专论某一政党或某一国政党的著作入相关各类。共产党入D1/3,各国政党入D73/77。

例:315.1(=315+-1日本地区号)日本政党入D731.364(=D7+313日本地区号+64政党复分号)

316 国家和个人·宗教·民族→D06/08

316.1 国家和个人:人权,自由,平等,知情权,隐私,思想·信仰自由,言论·出版自由,集会·结社自由→D08 参见:070.13。

* 宪法参见323;人权保护参见327.7。

316.2 国家和宗教→D08 参见:165.9;195.1。

316.4 政治斗争:恐怖主义.政治罢工.联合抵制→D类下相关各类

* 和平运动参见:319.8。

*说明:取号方法参照314下说明进行。

例:日本国内政治斗争入D731.31(=D7+313日本地区号+1国内政治矛盾与斗争复分号)

316.5 革命.反革命→D类下相关各类

*说明:各国的革命史入各国历史类下,分类号转换时宜入K相关类下。

例:德国的革命与反革命入K516.41;无产阶级革命入D04。

316.8 民族·人种问题.民族运动.民族政策→D06或相关各类

*说明:NDC取号时,根据发生了问题的国家进行地理区分。

例:316.8487(=316.8+-487南非地区号)南非的种族隔离政策入D747.862(=D7+478南非地区号+62民族问题复分号)

317 行政→D035 参见:318;行政法参见323.9。

*说明:(1)317.2/.8类目设置均为日本国家行政管理相关事宜,317.9为各国国家行政管理相关事宜,分类号转换时,需根据著作具体内容取号。理论性著作入D035/035.4下相关各类;各国行政入D73/77下相关各类,先依世界地区表分,再依D73/77下专类复分表分(《中图法》P43-44)。

(2)各国行政如需细分,依世界地区表分后,入D73/77下专类复分号"3"下相关各类。日本行政如不需细分,均入D731.33。

(3)本类下"→"后的圈码数字①和②分别代表国家行政管理理论和日本国家行政管理转换号。

*取号方法:D7+3/7(世界地区号)+3X(国家行政复分号,X代表复分号3下各类)

例:317.73日本交通警察入D731.335(=D7+313日本地区号+35公安、警察复分号)

317.1 行政学.行政管理→D035-0

317.2 行政组织.行政机构→①D035 ②D731.33 参见:323.145。

*说明:317.21/.29有关日本行政组织与机构可不再细分,均入D731.33。

317.3/.4 公务员.国家公务员.人事行政.国家考试→①D035.2 ②D731.333

*说明:317.32/.39不再细分,均入上述分类号。

317.5 荣典制度:位阶,勋章,褒章,国葬→①D035 ②D731.33

317.6 监察.监督→①D035.4 ②D731.334 参见:318.5;816.4;836.4。

317.7 警察.公安→①D035.3 ②D731.335

    *说明:317.72/.79 可不再细分,均入上述分类号。理论著作如需细分,可入 D035.3 下相关
        各类。

317.72 警察法.警察制度→①D912.14;D035.31 ②D931.321.4;D731.335

317.73 交通警察→D035.37 参见:498.1;681.3。

317.74 保安警察→D035.34

317.75/.76 司法警察.犯罪抽查.指纹鉴定等→D918 下相关各类

317.77/.78 水上警察.治安警察→D035.34

317.79 防灾行政→D035.36 参见:524.94;528.6。

317.8 殖民地行政→D035.5 参见:334.5。

317.9 各国的国家行政→参照 317 下说明取号

    * 地理区分

    *说明:各国的国家行政 NDC 没有细分,进行分类号转换时,一般图书馆取到上位类分类号即
        可;有特殊分类要求的图书馆,可根据著作具体内容进行细分。

    例:317.935(=317.9+−35 法国地区号)法国的公务员制度入
        ①D756.53(=D7+565 法国地区号 +3 国家行政管理复分号)
        ②D756.533(=D7+565 法国地区号 +33 人事制度复分号)

318 地方自治.地方行政→①D035.5 ②D731.332 参见:317;323.148;349。

    *说明:参照 317 下说明取号。318.1/.8 日本的地方行政不细分,均入 D731.332。

318.9 各国的地方行政→参照 317.9 下说明取号

319 外交.国际问题→D8 参见:329。

    * 地理区分

    *说明:分类号转换时,本类下有关外交、国际关系理论性著作入 D80 下相关各类;国际关系入
        D81 下相关各类;各国外交入 D83/87,先依世界地区表分,再依 D83/87 下专类复分表分
        (《中图法》P45)。

    *取号方法:(1)NDC 无地理区分的两国外交分类号:319+ 第一个国家地区号 +0+ 第二个国家地
        区号
        (2)D8+3/7(世界地区号)+ 专类复分号

    例1:319.1053(=319+−1 第一个国家日本地区号 +0+−53 第二个国家美国地区号)日美关系入
        D831.32(=D8+313 日本地区号 +2 对外关系复分号)

    例2:319.33038 英苏关系(=319+−33 第一个国家英国地区号 +0+−38 第二个国家苏联地区号)入
        D856.12(=D8+561 英国地区号 +2 对外关系复分号)

319.8 战争与和平→D80/81 参见:329.48;391.1;393.1;395.39。

    *说明:战争与和平问题理论入 D068,专论和平问题、裁军问题、反战运动、核问题、原子爆禁止
        运动、安全保障等入 D80/81。

319.9 国际合作.国际联盟.国际会议→①D813 ②D814.2 参见:329.3。

319.99 同盟.协商→D814.1 参见:329.4。

320 法律→D9

　　*说明:(1)本类下法律理论性著作入 D90 下相关类;法学各部门入 D91 下相关各类;各国法律综合汇编 D910.9;各国法律入 D93/97 下相关各类,先依世界地区表分,再依 D93/97 下专类复分表分(《中图法》P53—P54)。

　　(2)32X 类下"→"后的圈码数字"①"代表法学各部门转换号,"②"代表日本相关法转换号,其他各国相关法不再一一列出转换后的中图分类号,可参考本类下说明和取号方法取号。

　　*取号方法:D9+3/7(世界地区号)+ 专类复分号

　　例1:320.91(=320.9+-1 日本地区号)日本法令汇编入 D931.309(=D9+313 日本地区号 +09 法律汇编复分号)

　　例2:320.98 琉球下级法院裁判案例集入 D931.3

　　例3:326 最高大审院刑法案例集入 D931.34

[320.1 参见 321]

[320.2 参见 322]

320.9 法令汇编→①D910.9 ②D931.309 ③D93/97

　　*地理区分

320.98⁺ 案例集→①D910.5 ②D931.3 ③D93/97

　　*地理区分。解释和案例入此,特定主题的案例集入相关各类。

321 法学→D90

321.1 法律哲学[法律理学].自然法学→D903

321.16 法学方法论→D90-03

321.2 法学史.法律思想史→D909 下相关各类

　　*地理区分

　　*取号方法:D909+3/7(世界地区号)

　　例:321.21(=321.2+-1 日本地区号)日本法学史入 D909.313(=D909+313 日本地区号)

321.3 法律社会学→D902

321.4 法律心理学→D90-054

321.9 比较法学→D908

322 法制史→①D909.9 ②D93/97 参见:611.22。

　　*说明:参照 320 下说明取号。

　　*取号方法:D9+3/7(世界地区号)+9(法制史专类复分号)

　　例:322.21(=322+-21 朝鲜地区号)朝鲜法制史入 D931.29(=D9+312 朝鲜地区号 +9 法制史复分号)

322.1 日本法制史→D931.39

　　*说明:322.13/.19 日本各时代法制史、地方法制史不再细分,均入 D931.39。

322.2/.7 各国法制史→参照 322 下说明和取号方法取号

322.2 东洋法制史→D93/97

　　*322.21 朝鲜→D931.29;322.22 中国→D929;322.23 中南半岛→①D933.39 ②D933.49 ③D933.59 ④D933.79 ⑤D933.69 ⑥D933.89;322.24 印度尼西亚→D934.29;322.25 印度→D935.19;

322.27 伊朗.伊拉克→①D937.39 ②D937.79;322.28 阿拉伯→D937/938;322.29 亚洲.俄罗斯→D931/937

322.3 西洋法制史→D951/956

    *322.32 罗马法→D904.1;322.33 英国→D956.19;322.34 德国→D951.69;322.35 法国→D956.59;322.36 西班牙.葡萄牙→①D955.19 ②D955.29;322.37 意大利→D954.69;322.38 俄罗斯.斯拉夫→D951.29;322.39 巴尔干→D954 下相关各类

322.4 非洲→D940.9

322.5 北非→D941.09

322.6 南非→D947.09

322.7 大洋洲→D960.9

322.8 法律家＜列传＞→K81 下相关各类

322.9 外国法→参照 320 下说明取号

    * 地理区分

    *说明:各国的法律＜一般＞入此,国家法令入 320.9,各国的各种法律入相关各类。

323 宪法→①D911 ②D931.31

    * 地理区分。参照 320 下说明与取号方法取号。

323.01 宪法学.国法学.比较宪法→D911.01

323.1 日本宪法→D931.31

    *说明:323.12/.15 不再细分,均入 D931.31。

323.2/.7 各国的宪法→参照 320 下说明与取号方法取号

323.9 行政法→①D912.1 ②D931.321

    *说明:323.92/.97 可不再细分,入上述分类号即可。如有需要,可根据著作具体内容进行细分,入各分类号下相关各类。

323.99 各国的行政法→参照 320 下说明与取号方法取号

    * 地理区分

    *说明:NDC 对各国的行政法没有进行细分,分类号转换时,一般图书馆取到上位类分类号即可;如有需要,可根据著作具体内容进行细分。

    例:323.99346(=323.99+-346 奥地利地区号)奥地利的损害赔偿法入 D952.121(=D9+521 奥地利地区号 +21 行政法复分号)

324 民法→①D913 ②D931.33 参见:329.84。

    *说明:参照 320 下说明与取号方法取号。

324.01 民法理论.民法学.私法学→D913.01

324.02 ①民法史.②立法资料→①D913.02 ②D913.04

324.1 民法总则→①D913.1 ②D931.331

    *说明:324.11/.16 可不再细分入上述分类号即可。

324.2/.3 物权法.财产法.担保物权法→①D913.2 ②D931.332

    *说明:324.22/.35 可不再细分,入上述分类号即可。

324.4 债权法.债权总论→①D913.3 ②D931.333

324.5 债权各论→①D913.6 ②D931.336

* **说明**：324.52/.54 可不再细分,入上述分类号即可;324.55 入 D913.7 或 D931.337。

324.6 亲属法.家族法.身份法→①D913.9 ②D931.339 参见:361.63。

　　 * **说明**：324.61/.69 可不再细分入上述分类号即可。

324.7 继承法→①D913.5 ②D931.335

324.8 民事特别法→入相关各类

324.81 租地法.租房法→①D912.3 ②D931.323 参见:365.34。

324.82 信托法→①D912.282 ②D931.322.8 参见:338.8。

324.83 财团抵押法→①D913.2 ②D931.332

324.84 信息限制法→①D912.8 ②D931.328

324.85 供托法→①D913.8 ②D931.338

324.86 登记法.不动产登记法→①D912.3 ②D931.323 参见:325.13。

324.87 户籍法→①D912.14 ②D931.321.4

324.88 身份保证法→①D912.7 ②D931.327

324.89 遗失物法→①D913.2 ②D931.332

324.9 外国的民法→参照 323.99 下说明及取号方法取号

　　 * **地理区分**

　　 例：324.933(=324.9+-33 英国地区号)英国婚姻法入 D956.139(=D9+561 英国地区号 +39 亲属法复分号)

325 商法→①D913.99 ②D931.339.9

　　 * **说明**：参照 320 下说明与取号方法取号。

325.01 商法理论.商法学→D913.990.1

325.02 ①商法史.②立法资料→①D913.990.2 ②D913.990.4

325.1 商法总则→①D913.99 ②D931.339.9

　　 * **说明**：325.11/.17 可不再细分,入上述分类号即可。

325.2 公司法→①D913.991 ②D931.339.91 参见:335.4。

　　 * **说明**：325.21/.28 可不再细分,入上述分类号即可。

325.3 商业行为法→①D913.99 ②D931.339.9

　　 * **说明**：325.32/.39 可不再细分, 入上述分类号即可。325.37 运输营业入①D912.296 ②D931.322.96。325.4 保险法→①D912.284 ②D931.322.8 参见:339.3。

　　 * **说明**：325.41/.46 可不再细分,入上述分类号即可。

325.5 海商法.海洋法→①D913.993 ②D931.339.93 参见:329.85;550.92;683.1。

　　 * **说明**：325.51/.57 可不再细分,入上述分类号即可。

325.6 证券法→①D912.287 ②D931.322.8 参见:338.15。

　　 * **说明**：325.61/.62 可不再细分,入上述分类号即可。票据管理法入此号。

325.8 商事特别法→①D913.99 ②D931.339.9

　　 * **说明**：商事特别法中属于中图法商法范围的入上述分类号。如不是,根据著作内容入相关各类。

325.9 外国的商法→参照 323.99 下说明及取号方法取号

　　 * **地理区分**

例:325.933(=325.9+-33 英国地区号)英国票据法入 D956.122.8(=D9+561 英国地区号 +228 金融法复分号)

326 刑事.刑事法→①D914 ②D931.34 参见:327.6;329.7。

　*说明:参照 320 下说明与取号方法取号。

326.01 刑法理论→D914.01

326.02 ①刑法史.②立法资料→①D914.02 ②D914.04

326.1 刑法总论→①D914.1 ②D931.34

　*说明:326.12/.17 可不再细分,入上述分类号即可。

326.2 刑法各论→①D914.3 ②D931.34 下相关各类

326.21 危害国家法益的罪行→①D914.31 ②D931.341

　　*说明:有关藏匿犯人、毁灭凭证、妨碍公务执行、伪证、诬告等罪行入①D914.36 ②D931.346;贿赂罪入①D914.392 ②D931.348

326.22 危害公共法益的罪行→①D914.32 ②D931.342

　　*说明:有关妨碍工作罪入①D914.36 ②D931.346。

326.23/.25 危害生命身体、自由、名誉·信用以及秘密的罪行→①D914.34 ②D931.344

326.26 危害财产的罪行→①D914.35 ②D931.345

　　* 有关渎职罪入①D914.393 ②D931.349.1;网络犯罪入①D914.36 ②D931.346。

326.3 刑事政策.犯罪学→D917 参见:368.6。

326.33 犯罪人类学.犯罪生物学→D917.9

326.34 犯罪心理学→D917.2

[326.35] 犯罪社会学→D917.3 参见 368.6。

[326.36] 犯罪现象→D917 参见 368.6。

326.39 犯罪统计→D917.9

326.4 刑法:刑的定量,减刑,刑期→①D914.1 ②D931.34

　　*326.41/.48 死刑、拘役、罚金、剥夺公民权利等各类刑罚种类均入此号。

326.5 行刑.矫正→①D916.7 ②D931.367

　　*326.52/.56 均入此号。

[326.7] 法医学.裁判医学→D919 参见 498.9。

326.8 刑事特别法→①D914.399 ②D931.349.9

　*说明:刑事特别法中属于中图法刑法范围的入上述分类号。如不是,根据著作内容入相关各类。326.89 军刑法宜入 E266。

326.9 外国的刑法→参照 323.99 下说明及取号方法取号

　　* 地理区分

　例:326.962(=326.9+-62 巴西地区号)巴西的监狱法入 D977.767(=D9+777 巴西地区号 +67 监狱制度复分号)

327 司法.诉讼程序法→①D915(诉讼法)/D916(司法)②D931.35(诉讼法)/D931.36(司法)

327.01 司法·审判·诉讼理论→①D915.01(诉讼法)②D916.01(司法)

327.02 司法史·事情.法律界→①D915.02(诉讼法)②D916.02(司法)

327.03 公文格式集→D916.13

327.07 研究法.指导法.司法教育→①D915-3(诉讼法)②D916-3(司法)③D916.15(司法教育)

327.079 司法考试→D9 或相关各种法类下

327.1 司法制度.司法行政→①D916(司法制度)/D916.1(司法行政)②D931.36(司法制度)/D931.361(司法行政) 参见:323.146。

327.12 法院法.法院制度→①D916.2 ②D931.362

　　*说明:327.122/.125 不再细分,均入上述分类号。

327.13 检察厅法.监察制度→①D916.3(检察厅)/D916.4(监察制度)②D931.363(检察厅)/D931.364(监察制度)

327.14 律师法.律师制度→①D916.5 ②D931.365

327.15 公证人法.公证事务.公证证书→①D916.6 ②D931.366

327.16/.17 执行官.司法代书人→D916.17,行政代书人入此号。

327.19 诉讼程序<一般>→①D915.18②D931.35

327.2 民事诉讼法→①D915.2 ②D931.351

　　*说明:327.21/.26 可不再细分,入上述分类号即可。如有需要,D915.2 可仿 D915.1/.18 分。

327.3 强制执行法→①D915.18 ②D931.35

　　*说明:327.34/.39 可不再细分,入上述分类号即可。

327.4 家事审判法.人事诉讼.人事调停→①D915.1 ②D931.35 参见:367.4。

327.5 民事调停法:调停制度→①D915.2 ②D931.35

　　* 金钱债务调停法、租地租房调停法、商事调停法、农事调停法等均入此号。

327.6 刑事诉讼法→①D915.3 ②D931.352 参见:317.75;326。

　　*说明:327.61/.67 可不再细分,入上述分类号即可。如有需要,D915.3 可仿 D915.1/.18 分。

327.7/.8 人权拥护.少年法.少年审判法.少年犯罪→①D912.7 ②D931.327 参见:367.6;368.7。

　　　*说明:327.85 少年矫正·保护:少年院.少年鉴别所入①D916.7 ②D931.367。

327.9 外国的司法制度·诉讼制度→参照 323.99 下说明及取号方法取号

　　* 地理区分

　　例:327.953(=327.9+-53 美国地区号)美国的司法制度入 D971.26

[328] 诸法→入相关各类

　　*说明:NDC 对诸法给出三种取号方法:

　　　(1)诸法中专论各主题的法律入相关各类。

　　例:劳动法入 366.1;矿业法入 560.91

　　　(2)可按纲目表或要目表所列主题入相关各类。

　　例:教育法入 328.37(=328+37 纲目表教育类)

　　　劳动法入 328.366(=328+366 要目表劳动经济.劳动问题类)

　　　(3)根据相关主题,入下面列出的[328.1/.9]相关各类。

　　*转换说明:根据著作内容涉及的法律门类入中图法 D9 相关各类。

[328.1] 经济产业法:经济,企业,金融,财政,商业→D9 相关各类

　　*说明:财政法→①D912.2 ②D931.322;金融法→①D912.28 ②D931.322.8;经济法→①D912.29 ②D931.322.9;商业法→①D913.99 ②D931.339.9;企业法→①D913.991 ②D931.339.91

[328.2] 农林水产法→D9 相关各类

    *说明：农业经济管理法→①D912.4 ②D931.324；林业、水产业法→①D912.6 ②D931.326

[328.3] 矿工业法→①D912.6 ②D931.326

[328.4] 交通·通信法→①D912.296 ②D931.322.96

[328.5] 无形财产法→①D913.4 ②D931.334

[328.6] 劳动法→①D912.5 ②D931.325

[328.7] 社会·福利法→①D912.182 ②D931.321.82

    *说明：医药卫生法→①D912.16 ②D931.321.6

[328.8] 文化·教育法→①D912.16 ②D931.321.6

    *说明：宗教管理法→①D912.15 ②D931.321.5

[328.9] 国防法→①D912.12 ②D931.321.2

329 国际法→D99 参见：319。

329.01 基础理论：法源，和国内法的关系→D990

329.09 条约集.国际判例集→D993.8

    * 特定的条约入相关各类。**例**：渔业条例入 661.12。

329.1 国际法的主体.国家.国际人格法→D992 参见：313。

    *329.11/.19 均入 D992；329.16 入 D995.9；329.19 国旗入①D034 ②D7+7/3（世界地区号）+25。

329.2 国际法的客体.人.领域.公海.国际管辖法→D993 下相关各类。

    *329.21/.28 分类号转换时如有需要，可根据著作内容入 D993 下相关各类。

    例：329.23 领空法入 D993.4；329.24 国际河川和国际运河入 D993.3；329.26 公海. 海洋法入 D993.5。

329.3 国际团体法.国际机关法→D933.9 参见：319.9。

    *329.32/.39 不再细分，均入 D993.9；329.39 中有关国家经济合作相关法律入 D996。

329.4 国际条约→D993.8 参见：319.99。

329.5 国际纷争的处理：交涉，周旋，国际调停→D994

329.6 战时国际法.战争法→D995 参见：391.1。

    *329.61/.67 不再细分，均入 D995；329.69 中立法入 D995.9。

329.7 国际刑法.国际警察→D997.9 参见：326。

329.8 国际私法→D997

    *329.81/.846→D997.1；329.85 国际商法→D996.1，海商法入 D996.19，329.856 票据. 支票法→D996.2；329.86 无形财产法：国际商标法→D997.1；329.87 国际民事诉讼法→D997.3；329.9 国籍法.外国人法→D998；329.91 国籍法→D998.8。

330 经济→F

    *说明：NDC 将特定产业的生产·流通经济入相关各类。

    例：564.09 钢铁经济、611 农业经济，进行中图分类号转换时，此类产业经济宜入 F 下相关各类。

[330.1 参见 331]

[330.2 参见 332]

330.6 团体：学会，协会，会议→F-2 下相关各类

331 经济学.经济思想→F0，劳动经济参见 366。

331.1 经济哲学→F0-02

331.16 经济学方法论→F0-03

331.19 ①经济数学.②经济统计.③计量经济学→①F22 ②F222 ③F224.0 参见:417。

331.2 经济学说史.经济思想史→F09 下相关各类

　　* 地理区分

　　* 说明:世界经济思想史入 F091 下相关各类;各国经济思想史入 F093/097,依世界地区表分,如
　　　　有必要,再依国际时代表分。

　　* 取号方法:F09+3/7(世界地区号)

　　例:331.21(=331.2+-1 日本地区号)日本经济思想史入 F093.13(=F09+313 日本地区号)

<331.3/.7 学派区别 >

331.3 古典学派史前→F091

331.33 ①古代.②中世→①F091.1 ②F091.2

331.34 重商主义→F091.31,代表人物:托马斯。

331.35 重农主义→F091.32,代表人物:魁奈、坎蒂隆、奈穆尔等。

331.4 古典学派[正统学派]→F091.33

　　* 说明:331.42/.46 亚当·斯密、李嘉图、米尔及其他古典学派学家(凯里、西斯蒙蒂、西尼尔、萨
　　　　伊、杜能、麦克库洛赫、杰罗姆等)入 F091.33;331.43 马尔萨斯入 F091.341。

331.5 历史学派→F091.342

　　* 说明:李斯特、罗雪尔、施穆勒、瓦格纳、韦伯、克纳普、克尼斯、罗塞尔、布连塔诺、希尔德布兰
　　　　德等入此。

331.6 社会主义学派.马克思经济学派→F091.9

　　* 说明:恩格斯、列宁、马克思、考茨基、斯威齐、杜勃、希法亭、卢森堡等入此。

331.7 近代经济学派.近代理论→F091.34/.355

331.71 边际效用学派→F091.34

　　* 说明:维塞尔、戈森、杰文斯、博姆－巴维克、门格尔等入此。

331.72 维也纳学派→F091.343

　　* 说明:熊彼特、哈耶克、哈贝勒、米塞斯等入此。

331.73 洛桑学派[数理学派.均衡学派]→F091.345

　　* 说明:库尔诺、帕累托、巴伦、潘塔莱奥尼、瓦尔拉等入此。

331.74 ①剑桥学派[新古典学派].凯恩斯学派.③伦敦学派→①F091.347 ②F091.348 ③F091.352.1

　　* 说明:分类号转换时,庇古、马歇尔、罗伯逊等入 F091.347;凯恩斯、罗宾逊等入 F091.348;萨
　　　　缪尔逊、罗宾斯、希克斯、勒纳等入 F091.352.1。

331.75 北欧学派[斯德哥尔摩学派]→F091.346

　　* 说明:维克赛尔、卡塞尔、缪尔达尔、林达尔等入此。

331.76 制度学派→F091.349

　　* 说明:凡勃伦、克拉克、康蒙斯、米契尔等入此。

331.77 计量经济学派→F091.353

　　* 说明:卡莱茨基、克莱因、费雪等入此。

331.8 经济各论→F01 下相关各类

* **说明**：经济各论所包括的著作、概论、历史等均入 331.8 下相关各类；形成各个经济学派、体系、
学说的著作入 331.3/.7；专论入相关各类，如货币理论入 337.1；金融理论入 338.01。分类
号转换时有关经济学基本理论的著作入 F0 下相关各类。

331.81 生产理论→F014.1

331.82 资本理论→F014.39

331.83 自然力→F014.1 参见：611.2。

331.84 交换的理论：流通，价值，价格→F014.3 下相关各类
参见：117；337.8；673；675。

331.85 分配理论→F014.4 参见：338.12；366.4；611.21。

331.86 国家财富.国民所得[国民经济计算].公司会计.GNP→F014.41

331.87 消费.积蓄.投资.奢侈.贫困→F014.5 参见：338.12。

331.88 雇用理论→F033 参见：336.42；366.2。

332 经济史·概况.经济体制→F1 下相关各类

* 地理区分

* **说明**：世界经济史·概况、经济体制入 F11；中国经济史入 F129；各国经济入 F13/17，先依世界地
区表分，再依 F13/17 下的专类复分表分(《中图法》P84—P85)。

* **取号方法**：F1+3/7(世界地区号)+ 专类复分号

例 1：332.53(=332+-53 美国地区号)美国经济史入 F171.29(=F1+712 美国地区号 +9 经济史复
分号)

例 2：332.1(=332+-1 日本地区号)日本经济政策入 F131.30(=F1+313 日本地区号 +0 政策复
分号)

例 3：332.35(=332+-35 法国地区号)法国经济地理入 F156.599(=F1+565 法国地区号 +99 经济地
理复分号)

*332.01 经济史学→F119；332.02 原始经济史→F119.1；332.03 古代经济史→F119.2；332.04 中世经济
史→F119.3；332.06 近代经济史→F119.4；332.07 社会主义经济→F04。

332.1 日本经济史·状况→F131.39

* **说明**：332.102/.107 日本各时代经济史和 332.11/.19 日本各地经济史不再细分，均入 F131.39。

332.2/.7 各国经济史·状况→F13/17

* **说明**：参照 332 下说明及取号方法取号。

332.8 经济人.实业家.财政人＜列传＞→K81 下相关各类

332.9 经济地理→F119.9 参见：335.29；509.29。

* **说明**：各国家、各地域的经济地理入 332.1/.7。参照 332 下说明及取号方法取号。

333 经济政策.国际经济→F2 下相关各类

* **说明**：参照 332 下说明及取号方法取号。各国家、各地域的经济政策入 332.1/.7。
参见 332.1/.7。

333.09 ①经济法.②经济行政→①D912.29 ②F20

＜333.1/.5 经济政策·理论＞

333.1 经济计划.计划经济→F21

333.2 统治经济.管理经济→F20

333.3 战争经济:战时经济,赔偿,战争债务→F11

333.4 自给自足的经济→F1

333.5 国土企划.地域企划[综合开发]→F29 参见:601。

333.6 国际经济→F114

333.7 经济综合.经济地段→F1

333.8 经济合作.经济援助→F114.4

　　* 地理区分

[333.9] 贸易→F7 参见 678。

334 人口.土地.资源→入相关各类

[334.01 参见 334.1]

[334.02 参见 334.2]

<334.1/.5 人口 >→C92 下相关各类

　　　* 说明:分类号转换时,人口一般性的问题入 C92 下相关各类;各国的人口统计、人口问题、
　　　　移民政策等著作入各国相关各类。

334.1 人口理论→C92-0,马克思的人口理论入 A811.64。

334.2 人口史.人口统计.人口构成.人口密度→C924,人口史入 C924.1。

334.3 人口问题.人口政策→C924 下相关各类

　　* 地理区分

　　* 说明:分类号转换时,世界人口调查及研究入 C924.1;中国人口入 C924.2;各国人口入 C924.
　　　　3/.7,先依世界地区表分,如有需要,可再仿 C924.2 分。

　　* 取号方法:C924+3/7(世界地区号)+ 仿分号(仿 C924.2 分)

　　例 1:334.31(=334.3+−1 日本地区号)日本人口问题研究入 C924.313.4(=C924+313 日本地区号
　　　+4 人口问题研究仿分号)

　　例 2:334.335(=334.3+−35 法国地区号)法国人口政策入 C924.565.1(=C924+565 法国地区号 +1
　　　人口政策仿分号)

334.4 移民[来居住人民]·难民问题.难民政策→入相关各类

　　　* 说明:NDC 取号根据接受的国家进行地理区分,在进行中图分类号转换时,有关世界移民的
　　　　行政管理入 D523.8;各国移民、难民入 D73/77 下相关各类;难民的保护与法律地位入
　　　　D998.1;有关世界性的难民问题与政策入 D815.6,各国难民问题入各国类下。

　　　* 取号方法:D7+3/7(世界地区号)+38(移民)/391(难民)

334.5 移民[流出民]·殖民问题.殖民政策→入相关各类 参见:317.8。

　　　* 说明:NDC 取号根据殖民国进行地理区分,在分类号转换时,取号方法参照 334.4 下说明进
　　　　行,入各国政策或移民类目之下;有关殖民地问题理论性著作入 D066。

　　　例:日本在台殖民政策入 D731.322。

334.6 土地.土地经济.地价.土地行政.土地法→①F301 ②F29 下相关各类 ③D912.3 参见:611.2。
　　* 住宅地参见 365.33。

334.7 ①资源.资源行政.②资源法→①F205 ②D912.6

<335/336 企业.经营 >

335 企业.经营→F27

[335.01 参见 335.1]

[335.02 参见 335.2]

335.1 经济学→①F0 ②F270,经济学史入 F0-09。

335.2 经营史·状况→F279 下相关各类

　　* 地理区分

　　说明:335.202/.207 各行业的经营史不再细分。世界经营史入 F279.19;各国企业史入 F279.3/7,
　　　　先依世界地区表分,如有必要可再仿 F279.2 分。335.29 经营选定地点入 F273。

　　取号方法:F279+3/7(世界地区号)+ 仿分号(仿 F279.2 分)

　　例:335.21(=335.2+-1 日本地区号)日本企业经营史入 F279.313.9(=F279+313 日本地区号 +9 企
　　　　业史仿分号)

335.3 企业构造.产业组织.企业形态→F276

335.33 企业政策.企业整顿→F27

335.35 中小企业→F276.3

335.36 合资企业→F276.4

335.4 ①私营企业.②公司→①F276.5 ②F276.6 参见:325.2。

　　说明:335.43/.49 不再细分,均入上述分类号。

335.5 ①企业集中[企业结合].②垄断→①F276.7 ②F276.8

　　说明:335.53/.58 不再细分,均入上述分类号。

　　* 世界企业、跨国企业入此。

335.6 合作社.产业组合→F276.2 参见:509.16;611.6。

　　说明:总论入此,专论某一种合作社相关各类。例:信用合作社入 338.73。

335.7 国营企业→F276.1

　　* 地理区分

　　说明:国营企业民营化入 F271.1;各国的国营企业入 F279.3/.7。

　　* 取号方法参照 335.2 下说明进行。

335.8 公益企业→F276

335.9⁺ 社会主义企业→F276

336 经营管理→F272/275

　　* 各种团体的经营管理入相关各类。例:498.16 医院经营入 R197.32。

336.1 经营政策.经营企划→F272

336.2 合理化.生产性.能率→F272.5

　　* 科学的管理方法收入在此。

336.3 经营组织.管理组织→①F272.3 ②F272.9

336.4 人事管理.劳务管理.人际关系.经营管理.提案制度→F272.92/.93

　　参见:335.14;366.94。

　　说明:336.41/.48 不再细分,均入上述分类号。336.49 职场人际关系宜入 C912.15,生意礼仪宜
　　　　入 C912.12。

336.5 事务管理→F272.7

　　说明:336.51/.57 不再细分,均入上述分类号。

[336.6] 生产管理.生产工学.管理工学→F273 参见 509.6

　　说明:[336.61]/[.69]可不再细分,均入上位类分类号 F273。

[336.7] 商业管理[业务管理].商业经营.商店→F274 参见 673/676。

　　说明:[336.71]/[.79]不再细分,均入上述分类号。

<336.8/.9 企业会计 >

　　　*企业会计 < 一般 > 入 336.9。

336.8 财务管理.经营财务→F275

336.82 资金管理→F275.1

336.83 经营比较.经营分析→F275.5

336.84 管理会计.内部统治→F275.2

336.85 原价管理.原价计算.标准原价计算→F275.3

336.86 预算统计.损益分歧点→F275

336.87 利益企划.利益管理→F275.4

336.9 ①财务会计[企业会计].②会计学→①F23,企业会计 F275.2 ②F230

　　　参见:325.244。

336.901 会计数理→F230.9

336.91 簿记→F234/235

336.918 各种簿记:①银行簿记,②工业簿记→F234/235,①F830.42 ②F406.72

336.919 ①会计传票.②机械化会计→①F231.3 ②F232

336.92 ①企业会计制度.②财务诸表→①F275.2 ②F231.5

336.93 损益计算:费用,收益→F234.2

336.94 资产评价.借贷对照表.资产会计→①F231.1 ②F231.3

336.95 折旧.耐用年数→F231.3

336.97 会计监察.公认会计师→F231.6

336.98 ①税务会计.②申告纳税.③注册会计师→①F810.62 ②F810.42 ③F23

　　　参见:345。

　　说明:336.982⁺/.989⁺ 不再细分,均入 F810.42 税收类下。

[336.99] 各种会计·簿记→F234/235

　　*特定的会计簿记入相关各类。例:铁道会计入 686.34。

337 货币→F82

[337.01 参见 337.1]

[337.02 参见 337.2]

337.1 货币理论·学说·思想→F820

337.2 货币史·情况.货币制度.各国的货币→F82 相关各类 参见:202.7;739.9。

　　* 地理区分

　　说明:(1)世界货币史入 F821.9;中国货币史入 F822.9;各国货币史入 F823/827,先依世界地区表分,再依 F823/827 下专类复分表分(《中图法》P114)。

　　　　(2)货币制度参照货币史取号方法入相关各类。

　　取号方法:F82+3/7(世界地区号)+ 专类复分号

例1：337.21(=337.2+-1 日本地区号)日本货币史入 F823.139(=F82+313 日本地区号 +9 货币史复分号)

例2：337.21(=337.2+-1 日本地区号)日本货币制度入 F823.131(=F82+313 日本地区号 +1 货币制度复分号)

例3：337.253(=337.2+-53 美国地区号)美国通货膨胀入 F827.125(=F82+712 美国地区号 +5 通货膨胀复分号)

[337.29] 世界货币.国际货币.国际货币体制→F821 参见 338.97。

337.3 货币政策.货币问题.货币改革→F82 下相关各类 参见：338.3。

　　*说明：理论性著作如货币政策入 F820.1；货币改革入 F820.2；货币问题入 F820.5。世界和各国的货币政策、问题、改革等参照 337.2 下说明和取号方法取号。

　　*337.31/.37 不再细分，均入上述分类号。

337.4 纸币.银行券：发行·准备·兑换制度→F820.3

337.8 物价→F714 参见：331.84。

[337.801 参见 337.81]

[337.802 参见 337.82]

337.81 物价理论→F714.1

337.82 物价史·状况→F72/73 下相关各类

　　* 地理区分

　　*说明：各国物价史入 F733/737，如有必要，再仿 F72 分，入"物价"类目下相关各类。

　　*取号方法：F73+3/7(世界地区号)+ 仿分号(仿 F72 分)

　　例：337.821(=337.82+-1 日本地区号)日本物价史入 F733.136(=F73+313 日本地区号 +6 物价仿分号)

337.83/.85 物价政策·问题和物价指数.物价统计→F72/73 下相关各类

　　*说明：参照 337.82 下说明和取号方法取号。

337.9 经济波动：通货膨胀，通货紧缩→F820.5

　　* 地理区分。参照 337.2 下说明和取号方法取号。

338 金融.银行.信托→F83

338.01 金融理论.信用理论→F830

[338.02 参见 338.2]

338.1 金融市场.资金→F830.9

338.11 国家资金企划.政府资金.财政资金→F830.44 参见：343.7。

338.12 利息.收益率→F830.48 参见：331.85；331.87。

338.13/.14 货币市场,资本市场→F830.9

338.15 证券市场.股票市场.有价证券.金融证券→F830.91 参见：325.6。

338.154 国债→F810.5

338.155 股票理论→F830.91

338.156 票据.支票→F830.46

338.16/.17 证券交易所.股票交易所→F830.39 参见：676.7。

338.18⁺ 运用资金→F830.59

338.19 金融危机[信用危机].银行危机.延缓偿付→F830.99

338.2 金融史·状况.银行史·状况→F831 下相关各类

　　* 地理区分

　　*说明：世界金融史、银行史入 F831.9；各国金融史、银行史入 F833/837 下，先依世界地区表分，

　　　　再依 F833/837 下专类复分表分（《中图法》P116）。

　　*取号方法：F83+3/7（世界地区号）+ 专类复分号

　　例：338.21（=338.2+−1 日本地区号）日本金融史入 F833.139（=F83+313 日本地区号 +9 金融、银

　　　　行史复分号）

338.3 金融·银行政策.金融统治→F831 下相关各类　参见：337.3。

　　*说明：参照 338.2 下说明和取号方法取号。

338.4 发行银行.中央银行→F830.31

338.5 银行经营.银行业务→F830.4

　　*说明：338.51/.58 可不再细分，均入上位类分类号 F830.4；其中 338.55 信用调查.担保问题入

　　　　F830.5；338.56 信托业务入 F830.8。

<338.6/.8 各种金融机关、银行 >→F830.3

　　　*说明：338.61/.77 可不再细分，均入上位类分类号 F830.3。有关信用贷款入 F830.5。

338.7 平民金融.消费金融.消费者金融.信用贷款→F830.589

338.8 信托业.信托银行→F830.8　参见：324.82。

338.9 国际金融→F831 下相关各类

338.92 国际投资.国际资本移动.外资输入→F831.6

338.93 国际收支[国际借贷]→F831.6

338.95 国际汇兑→F830.7　参见：678.1。

338.97 国际货币→F821 下相关各类

　　*说明：有关国际货币体制的著作入 F821.1；有关货币协定的著作入 F821.6。

338.98 国际裁决银行.国际复兴开发银行[世界银行]→F831.2

[338.99] 赔偿参见 333.3。

339 保险→F84

[339.01 参见 339.1]

[339.02 参见 339.2]

339.1 ①保险理论.保险数学.②精算师→①F840 ②F840.48

339.2 保险业史·状况→①F841.9 ②F843/847

　　* 地理区分

　　*说明：世界保险业史入 F841.9；各国保险业史入 F843/847，先依世界地区表分，再仿 F842 分。

　　*取号方法：F84+3/7（世界地区号）+ 仿分号（仿 F842 分）

　　例：339.21（=339.2+−1 日本地区号）日本保险业史入 F843.139（=F84+313 日本地区号 +9 保险业

　　　　史仿分号）

339.3 保险政策·行政→F841 下相关各类　参见：325.4。

　　*说明：参照 339.2 下说明与取号方法取号。

339.32⁺ 保险法令→D912.284

　　*说明:各国保险法令入 D93/97 下相关各类。

　　例:日本保险法入 D931.322.8(=D9+313 日本地区号 +228 金融法复分号)

339.35 保险经营·业务→F840.4

<339.4/.9 各种保险 >→F840.6 下相关各类

339.4 生命保险→F840.62

　　*说明:339.43/.47 不再细分,均入上位类分类号 F840.62。

339.5 损害保险→F840.65

339.6 火灾保险→F840.66(森林火灾保险入此号)

339.7 运送保险→F840.63

339.8 海上保险:船险,货物保险→F840.63 参见:325.56。

339.9 其他的保险→F840.6 下相关各类

　　*说明:有关交通运输保险如航空保险、汽车保险、玻璃险等入 F840.63;有关信用保险、保证保险(如住宅资金借贷险、身份信用保险等)入 F840.682;有关工商企业、工程保险如土木工程险、建设工程保险等入 F840.681;有关国际保险、外贸保险入 F840.685;有关责任保险入 F840.686;其他保险入 F840.69。

340 财政→F81

[340.1 参见 341]

[340.2 参见 342]

341 财政学.财政思想→F810

[341.02 参见 341.2]

341.2 财政学说史.财政思想史→F810-09

341.7 收入论→F810.41

342 财政史·状况→F811 下相关各类

　　*地理区分

　　*说明:世界财政史入 F811.9;各国财政史入 F813/817,先依世界地区表分,再依 F813/817 下专类复分表分(《中图法》P114 页)。

　　*取号方法:F81+3/7(世界地区号)+ 专类复分号

　　例:342.1(=342+-1 日本地区号)日本财政史入 F813.139(=F81+313 日本地区号 +9 财政史复分号)

343 财政政策.财务行政→F81 下相关各类 参见:323.147。

　　*说明:各国财政政策、行政、预决算等参照 342 下说明与取号方法取号。

343.2 财政法.会计法→①D912.2(法学各部门) ②D93/97 下相关各类(各国)

　　*说明:各国财政法先依世界地区表分,再依 D93/97 下专类复分表分(《中图法》P53)。

　　*取号方法:D9+3/7(世界地区号)+ 专类复分号

　　例:日本财政法入 D931.322(=D9+313 日本地区号 +22 财政法复分号)

343.7 经费.财政支出→F810.45 参见:338.11。

343.8 会计检查→F231.6

343.9 ①会计制度.②政府机关会计·簿记→①F233 ②F810.6

344 预算.决算→F810.3

  * 地理区分。参照 342 下说明与取号方法取号。

  例：344.1(=344+-1 日本地区号)日本国家财政预算入 F813.132(=F81+313 日本地区号 +2 预算、决算复分号)

345 租税→F810.4 参见：678.3。

  * 税务会计参见 336.98;地方税参见 349.5。

[345.02 参见 345.2]

345.1 租税政策·行政.税制改革→F810.422

  *345.12⁺ 税法入 D912.2(法学各部门);345.19 税务诉讼,税务判例入 D915.4;各国的税法与税务诉讼入 D93/97 下相关各类。

  * 说明:参照 342.2 下说明与取号方法取号。

345.2 租税历史·情况→F811

  * 地理区分

<345.3/.7 各种租税 >→F810.42

  * 说明:参照 342 下说明与取号方法取号。各种租税不再细分,均入 F810.424;日本各种租税均入 F813.133.2(=F81+313 日本地区号 +32 税收复分号)

347 公债.国债→F810.5 参见：338.154。

  * 说明:参照 342 下说明和取号方法取号。347.1/.7 不再细分,均入上述分类号,各国公债.国债入 F813/817 下内债、外债类目下。

348 专卖.国有财产→F810.4

  * 说明:参照 342 下说明和取号方法取号。348.3/.4 不再细分,均入上述分类号,各国专卖.国有财产入 F813/817 下财政收入和支出类目下。

349 地方财政→①F810.7 ②F813/817 参见：318。

  * 说明:参照 342 下说明和取号方法取号。地方财政理论入 F810.7;349.2 地方财政史入 342 财政史类下;349.3/.9 可不再细分,均入各国财政的地方财政类目下。

  例:日本地方财政入 F813.137(=F81+313 日本地区号 +7 地方财政复分号)

350 统计→C8

  * 地理区分。分类号转换时,有关统计方法等理论性的著作入 C8 或 C81 下相关各类;世界各国统计工作入 C829 下相关各类;世界各国统计资料入 C83 下相关各类。

350.1 统计理论.统计学.制表→①C8 ②C81

  * 概率论、数理统计学参见 417。

350.12 统计学史→C8-09

350.19 ①统计行政.②法令→①C829 ②D912.291

350.2 统计史·情况→C829 下相关各类

  * 地理区分。各国统计史入 C829.3/.7,依世界地区表分,如有必要再仿 C829.2 分。

  * 取号方法:C829+3/7(世界地区号)+ 仿分号(仿 C829.2 分)

  例:350.21(=350.2+-1 日本地区号)日本统计事业史入 C829.313.9(=C829+313 日本地区号 +9 统计事业史仿分号)

350.28 统计学者 <列传 >→K81 下相关各类

350.9 世界统计书→C83

*说明:各国统计资料汇编入 C83 下相关各类,各部门统计资料入相关各类,并用总论复分号"-66"以示区别。

例:日本教育事业统计资料入 G531.3-66

351/357 一般统计书→①C833/837 ②相关各类

358 人口统计.国势调查→C92

*地理区分。各国人口统计入 C924.3/.7,先依世界地区表分,再仿 C924.2 分。

取号方法: C924+3/7(世界地区号)+ 仿分号(仿 C924.2 分)

例:358.1(=358+-1 日本地区号)日本人口调查资料入 C924.313.5(=C924+313 日本地区号 +5 人口调查仿分号)

358.01 人口统计学→C921 参见:334.2。

[359] 各种统计书→C83 或相关各类

*说明:NDC 取号方法有两种。(1)统计书入相关主题类下,并附加形式区分号;(2)依纲目表或要目表所列主题进行取号。进行中图分类号转换时,各学科、各领域的专类统计书宜入相关各类,并用总论复分号"-66"以示区别。

例1:338.059(=338 金融 +-059 年度统计形式区分号)金融统计资料入 F83-66

例2:359.338(=359+338 要目表金融类)金融统计资料入 F83-66

360 社会→C91 下相关各类

*说明:有关 364/369 的社会问题 <一般> 入此。

[360.1 参见 361]

[360.2 参见 362]

361 社会学→C91

*说明:特定主题的社会学入相关各类,分类号转换时宜入相关各类。宗教社会学入 161.3;法社会学入 321.3。

361.1 社会哲学→C91-02

361.16 社会学方法论→C91-03

361.2 社会学史→C91-09

*地理区分。社会思想史、各学者的社会学说体系及相关著作、著作集均入此。分类号转换时,依世界地区表分。

取号方法: C91-09+3/7(世界地区号)

例:361.21(=361.2+-1 日本地区号)日本社会学史入 C91-093.13(=C91-09+313 日本地区号)

361.21 日本社会学→C91-093.13

361.233 英国社会学→C91-095.61

361.234 德国社会学→C91-095.16

361.235 法国社会学→C91-095.65

361.253 美国社会学→C91-097.12

361.3 社会关系.社会过程→C912.3

361.4 社会心理学→C912.6-0 参见:140。

361.5 文化.文化社会学→G05

361.6 社会集团→C912.2

361.7 地域社会→C912.8

    * 人类生态学入 Q988；人口学参见 334.1。

361.8 社会的成层：阶级，阶层，身份→D013

361.9 社会测定.社会调查.社会统计→C915

    * 地理区分。一般论述入 C915，世界各国社会调查宜入 D5/7 相关各类。

361.98 社会计划[社会工学].社会开发→C916

362 社会史.社会体制→入相关各类

    * 地理区分

    * 说明：分类号转换时，一般社会史入 K 历史类下，社会体制史、社会构造、组织史等入 C912.2；
        362.02/.07 各时代社会史.社会体制不再细分，均入上述分类号。

364 社会保障→C913.7 参见：366.11。

    * 说明：福利国家论入此；社会福利参见 369。

*364.1⁺ 社会政策入 C913.7；364.3⁺/.7 各种社会保险可均入上位类分类号 F840.61。

365 生活·消费问题→C913.3 参见：519；611.98。

    * 说明：[365.1]/[.2]衣料与粮食问题入 C913.33；365.3 下各类住宅问题均入 C913.31；365.4/.8 均入
        上位类分类号 C913.3。

366 劳动经济.劳动问题→F24

366.1 劳动政策·行政·法令→①F249 ②D912.5

    * 说明：366.11/.12 劳动政策.行政入 F249.3/.7 各国劳动经济类下，先依世界地区表分，如有必
        要，再仿 F249.2 分；366.14/.18 劳动法不再细分均入 D912.5；366.19 各国劳动法（地理区
        分）入 D93/97 类下。

    * 取号方法：F249+3/7（世界地区号）+ 仿分号（仿 F249.2 分）
                 D9+3/7（世界地区号）+ 专类复分号

    例 1：日本劳动政策入 F249.313.0（=F249+313 日本地区号 +0 政策仿分号）

    例 2：日本劳动法入 D931.325（=D9+313 日本地区号 +25 劳动法复分号）

366.2 劳动力.雇佣.劳动市场：就业人口，劳动移动→F241 参见：331.88；336.42。

    * 地理区分

    * 说明：各国劳动力与劳动市场入 F249.3/.7，参照 366.1 下说明与取号方法取号。

366.28 失业.失业对策.残疾人以及中老年雇佣问题→F241.4

366.29 职业种类.职业介绍.职业训练.就职→①C975 ②C913.2 参见：307.8。

    * 说明：就职试验问题集＜一般＞入 307.8 收录（**其他法**：336.42）。

366.3 劳动条件.劳动者的保护→①F241.3 ②X9 参见：367.93。

    * 说明：职场性骚扰宜入 D9 下相关各类。

366.4 工资→F244 参见：331.85；336.45。

    *366.42 工资形式→F244.1；366.44 最低工资制→F244.2；366.45 津贴奖金→F244.3；366.46 退休
    金→F84 相关各类，退休制度→F241.34。

366.5 劳资关系.劳资协调→F246 参见：336.46。

    * 说明：366.51/.57 不再细分均入上述分类号。

366.6 劳动组合.劳动运动→F24

366.7 劳动者生活·教育.技能者养成→C975 参见:336.47。

366.8 各种劳动·劳动者→F243

　　* 说明:家庭劳动、季节性劳动[外出务工者]、强制劳动、熟练工、徒弟制度、派遣工、零时工、见习工、临时职员等各种劳动和劳动者均入此。

366.9 劳动科学.产业社会学→F24

366.94 劳动心理学.产业心理学→F240 参见:335.14;336.4。

366.99 劳动卫生.产业卫生→R13 参见:336.48;366.34;492.995;498.8;509.8。

　　* 职业病参见 498.87。

367 家族问题.男性·女性问题.老人问题→C913 下相关各类

367.1+ 女性.女性论→①C913.68 ②D44 下相关各类

　　* 说明:女性运动、女性解放、女权运动、男女同权等著作入 D44 下相关各类。

367.2 女性史·事件→D44 下相关各类

　　* 地理区分。世界女性史入 D441.9,各国女性史入 D443/447,先依世界地区表分,再仿 D442 分。

　　* 取号方法:D44+3/7(世界地区号)+9(妇女运动史、妇女社会生活史仿分号)

　　例:367.21(=367.2+-1 日本地区号)日本女性社会生活史入 D443.139(=D44+313 日本地区号 +9 仿分号)

367.3 家.家族关系→C913.11 参见:324.6;361.63;591。

367.4 婚姻·离婚问题→C913.13 参见:152.2;324.62;327.4。

367.5+ 男性.男性论→C913

367.6 儿童·青少年问题→C913.5 参见:327.8;368.7;369.4。

　　* 地理区分

367.7 老人.老人问题→C913.6 参见:143.7;369.26。

367.9 性问题.性教育→C913.14 参见:152.1;384.7;491.35;598.2。

　　* 说明:367.99+ 性教育入相关各类:综合性青春期性教育入 G479,专论各级各类学校性教育入相关各类。

368 社会病理→C913.7/.9

　　*368.2 贫困→C913.7;368.3 自杀→C913.9,参见:145.7;368.4/.6 贩卖人口、黑社会、拐骗、赌博等有关社会特殊问题→C913.8;368.7 青少年犯罪→C913.5;368.8 吸毒→C913.8,参见:493.78。

369 社会福利→C913.7 参见:187.6;197.6。

　　* 说明:369.1/.9 可均入 C913.7;369.3 灾害.灾害救助如需细分,可入相关各类。

　　例:地震救灾入 P315.9,火山救灾入 P317.9,国际难民救济入 D815.6。

370 教育→G4/79

[370.1 参见 371]

[370.2 参见 372]

370.8 ①丛书.②全集.选集→①G4/79-51 ②G4/79-52

371 教育学.教育思想→G40

371.1 教育哲学→G40-02

371.16 教育学方法论→G40-032

371.2 教育学史.教育思想史→G40-09

    * 地理区分。各教育学者的教育思想入此号,教育学派均入 G40-06。

    * 取号方法:G40-09+3/7(世界地区号)

    *371.21 日本→G40-093.13;371.233 英国→G40-095.61;371.234 德国→G40-095.16;371.2345 瑞士→G40-095.22;371.2348 捷克→G40-095.24;371.235 法国→G40-095.65;371.237 意大利→G40-095.46;371.238 俄罗斯→G40-095.12;371.253 美国→G40-097.12。

371.3 ①教育社会学.②教育和文化→①G40-052 ②G40-055

371.4 ①教育心理学.②教育的环境学→①G44 ②G40-052.4

371.41⁺ 学习心理学→G442

371.42⁺ 问题行为举动如罢课、自闭、校园暴力等→G444

371.43 教育诊断.辅导→G448

[371.44] 幼儿心理学→B844.12

371.45 儿童心理学→B844.1

371.47 青少年心理学→B844.2

371.5 各种教育论·类型→G40 参见:141.18。

    * 说明:各种教育论如英才教育、开放式教育、个性化教育、自由教育、创造教育、劳作教育等均入此。

371.6 道德教育.宗教教育.情操教育.公民教育→G41 参见:375.35。

371.7 教育测验.教育评价→G449 参见:375.17。

    * 说明:能力测验、性格测验、智力测验等均入此号。

371.8 教育调查法.教育统计法→G40-03

372 教育史·情况→G51/57 下相关各类

    * 地理区分

    * 说明:(1)世界教育史入 G519;各国教育史入 G53/57 下相关各类,先依世界地区表分,再依 G53/57 下专类复分表分(《中图法》P137);如有必要,教育史可再依国际时代表分。

        (2)372.1 日本各时代教育史可不细分,均入 G531.39;372.8 教育家传记均入 K81 下相关各类。如日本教育家传记均入 K833.135.46。

    * 取号方法:G5+3/7(世界地区号)+ 专类复分号

    例:372.1(=372+-1 日本地区号)日本教育史入 G531.39(=G5+313 日本地区号 +9 教育史复分号)

373 教育政策.教育制度.教育行财政→①G51/53 下相关各类 ②G40-011.8 ③G46

    * 说明:(1)教育立法与教育政策研究入 G40-011.8;教育行政理论、教育行政管理学及总论各国行财政的著作入 G46 下相关各类;教师的资格、职责、培养等入 G45 下相关各类。世界和具体各国的教育政策.教育制度.教育行财政、教师与学生等入 G53/57 相关类下。

        (2)373.1/.7 不再一一列出相应转换号,可参照上述说明取号,根据著作内容入相关各类。

    * 取号方法:参照 372 下说明和取号方法取号。

    例1:373.1 日本教育政策入 G531.30(=G5+313 日本地区号 +0 政策复分号)

    例2:373.1 日本教育制度与学校制度入 G531.32(=G5+313 日本地区号 +2 教育制度复分号)

    例3:373.7 日本教师资格入 G531.35(=G5+313 日本地区号 +5 教师与学生复分号)

373.1 教育政策.教育制度.学校制度→入相关各类

　　*说明:有关比较教育总论的著作入 G40–059.3;具体的比较教育入相关各类;各国的教育制度史及情况入 372.1/.7 教育史类下。

　　例:中日高等教育比较入 G64

373.2 教育行政.教育委员会.教育视察→G46

373.22+ 教育法令.设置基准→D912.16

373.4 教育财政.教育费.私立学校推动.奖学金制度.育英会→G467

373.7 教职员工的养成及资格·教职员工的检定→G451 参见:374.3。

373.78 人事行政.勤务评判→G472.3

374 ①学校经营·管理.②学校保健→①G47 ②G478.2

　　* 与小、中、高等学校相关的文件入此,与大学相关的文件入 377.1。

374.1 学历经营·编成.成绩管理→①G424.7 ②G622.471 ③G632.471

　　*说明:分类号转换时,有关学绩管理理论性著作入 G424.7;374.12 小学入 G622.471;374.13/.14 初中、高中入 G632.471。

374.2 学生论→G455,各国学生参照 373 下说明取号。

374.3 教职员→G451,各国教职员参照 373 下说明取号。 参见:373.7。

374.4 学校活动:学校仪式→入相关各类

　　*说明:各类学校活动根据著作内容入相关各类,如世界中学生运动会入 G811.227;学校有关教育讲话入 G41。

374.5 学校事务.学校会计→G47 下相关各类

　　例:学校行政工作入 G472;学校财务管理入 G475。

374.6 家庭与学校→G459

374.7 学校设施·设备→G48 参见:526.37。

374.8 校外教育→G77

374.9 学校保健→G478

　　*374.91 环境卫生→G478.1,幼儿园、托儿所卫生宜入 R175;374.92 安全教育和 374.98 学校体育需根据著作内容入各级学校相关类下。374.93 身体检查.健康管理.健康咨询→G478.2,参见:492.994;374.94 学校供餐→G478.5;374.96 学校疾病对策→G478;374.97 健康教育→G479;374.98 学校体育→入各级各类学校体育类下。

375 教育课程.学习指导.教学课程教育→G42 或各级教育相关各类

　　*说明:(1)日本小、中、高等学校课程教育相关文件入此,幼儿园入 376.15,大学入 377.15。

　　　　(2)375.08 丛书.全集.选集可依总论复分表,入相关各类。

　　　　(3)375.3/.8 NDC 有关课程、教学理论、教学法先按学科分,再按各级学校分;375.9 教科书 NDC 不再按学科和各级学校细分,全部集中入此号。进行中图分类号转换时,需分散入各级学校类下的相关各学科。为体现二者的对应关系和方便编目员查看取号,将 375.9 下有关各级学校、各学科教材的中图转换号在 375.3/.8 中一一列出,并用圈码数字①代表教学理论和教学法,②代表课程,③代表各科教学法,④代表教材。

375.1 学习指导＜一般＞.学习指导要领→G42 下相关各类

　　*有关教学设计、评价分析、课程改革、教学方式、学习方法、授学方法等均入此。

375.11⁺ 教育工学→G420

375.12⁺ 教材研究.教材选择→G423.3

<375.13/.16 学习形态 >

　　　　* 具体各科教材相关的文件入375.3/.8。

375.13 小组学习→G424.23

375.14 校外研究.参观学习.调查→G424.29

375.16 作业.预习与复习→G424.6

375.17 学习评价.学习能力调查.测试[考查.考试]→G424.7 参见:371.7。

375.18 特别活动:班会·社团活动,交流会→G455

　　　　说明:375.182 小学入G625.5;375.183/.184 初中、高中入G635.5。

375.19 视听教育→G43 参见:014.77;374.79;779.8。

　　　　说明:分类号转换时,需根据著作具体内容入相关各类。视听教学入G431;广播、电视教学入G432;广播、电视教育入G728;特定学科的视听教育入相关各类。

375.2 生活指导.学生指导→G424.2

375.23⁺ 教育协商.个别指导→G424.22

375.25⁺ 发展方向指导.职业指导→G647.38(大学)

375.27⁺ 校外指导.课余指导→G424.29

<375.3/.8 各学科 >→入相关各类

　　　　说明:参照375下说明相应取号。各科教学法汇编入G427;中小学各科教学法入G62/63下相关各类。

375.3 社会学科教育

375.31 社会:伦理,社会,政治,经济

375.312 小学→①G622 ②G622.3 ③G623.1 ④G624.1

　　　　说明:(1)①小学教学理论与教学法入G622;②小学课程入G622.3;③社会学科教学法入G623.1;④社会学科教材、课本、学生参考书入G624.1(可仿G623分)。

　　　　(2)375.9 教科书对应的中图转换号用圈码数字④表示,在375.3/.8 一并列出375.9的中图转换号,仅为方便编目员对应查看学校类型及学科类型。

　　　　(3)④取号方法:G624+ 学科仿分号。

　　　　例:小学政治教材入G624.1(=624+1 政治学科仿分号)

<375.313/.898⁺>→参照375.312下说明及取号方法取号

375.313/.314 初中、高中→①G632 ②G632.3 ③G633.2 ④G634.2

375.32 历史 参见:207。

375.322 小学→①G622 ②G622.3 ③G623.41 ④G624.41

375.323/.324 初中、高中→①G632 ②G632.3 ③G633.51 ④G634.51

375.33 地理

375.332 小学→①G622 ②G622.3 ③G623.45 ④G624.45

375.333/.334 初中、高中→①G632 ②G632.3 ③G633.55 ④G634.55

375.35 道德 参见:371.6。

375.352 小学→①G622 ②G622.3 ③G623.15 ④G624.15

375.353 初中→①G632 ②G632.3 ③G633.25 ④G634.25

375.4 科学教育 参见:407。

375.41 数学 参见:410.7。

375.412 小学→①G622 ②G622.3 ③G623.5 ④G624.5

375.413/.414 初中、高中→①G632 ②G632.3 ③G633.6 ④G634.6

375.42 理科教育

375.422 小学理科→①G622 ②G622.3 ③G623.6 ④G624.6

375.423/.424 初中理科、高中物理→①G632 ②G632.3 ③G633.7 ④G634.7

375.434 高中化学→①G632 ②G632.3 ③G633.8 ④G634.8

375.454 高中地理→①G632 ②G632.3 ③G633.55 ④G634.55

375.464 高中生物→①G632 ②G632.3 ③G633.91 ④G634.91

375.49 保健.体育科 参见:367.99;374.98;498;780.7。

375.492 小学→①G622 ②G622.3 ③G623.8 ④G624.8

375.493/.494 初中、高中→①G632 ②G632.3 ③G633.96 ④G634.96

375.5 技术·家事科

375.52 小学→①G622 ②G622.3 ③G623.9 ④G624.9

375.53/.54 初中、高中→①G632 ②G632.3 ③G633.93 ④G634.93

375.6 职业科.高中职业课程.职业教育.产业教育→①入相关各类 ②G71 参见:507.7;607。

　　*说明:职业教育入 G71;职业高中入 G718.2;职业文化课教材宜入 G634;技术技能入相关各
　　　　类,采用总论复分号"-4"区别。

375.7 表演科 参见:707。

375.72/.73 美术、书法→小学入①G622 ②G622.3 ③G623.75 ④G624.75;初中、高中入①G632 ②G632.3
　　　　③G633.955 ④G634.955

375.76 音乐 参见:760.7。

375.762 小学→①G622 ②G622.3 ③G623.71 ④G624.71

375.763/.764 初中、高中→①G622 ②G632.3 ③G633.951 ④G634.951

375.8 国语学科.国语教育 参见:810.7;817.5;817.7。

　　*说明:(1)国语学科按各国使用的母语语种分。例:中国的国语学科入汉语,日本的国语学科入
　　　　日语。
　　　　(2)375.82/.84 所列均为日语学科的中图分类号。375.83/.88 均不再细分,根据著作内容
　　　　直接按小、中、高学校入下列分类号。

375.82 小学→①G622 ②G622.3 ③G623.36 ④G624.36

375.83/.84 初中、高中→①G632 ②G632.3 ③G633.46 ④G634.46

375.89 外语教育

375.892 中文→小学入①G622 ②G622.3 ③G623.2 ④G624.2;初中、高中入①G632 ②G632.3 ③G633.3
　　　　④G634.3

375.893 英语→小学入①G622 ②G622.3 ③G623.31 ④G624.31;初中、高中入①G632 ②G632.3 ③G633.
　　　　41 ④G634.41

375.894 德语→小学入①G622 ②G622.3 ③G623.33 ④G624.33;初中、高中入①G632 ②G632.3 ③G633.

43 ④G634.43

375.895 法语→小学入①G622 ②G622.3 ③G623.32 ④G624.32;初中、高中入①G632 ②G632.3 ③G633.
42 ④G634.42

375.898⁺ 其他的外语→小学入①G622 ②G622.3 ③G623.3 下相关各类 ④G624.3 下相关各类;初中、高
中入①G632 ②G632.3 ③G633.4 下相关各类 ④G634.4 下相关各类

375.9 教科书→①G624 ②G634

　　　* 各科、各类学校通行的教科书＜一般＞入此。参照 375.3/.8 的转换号④取号。

376 ①幼儿・②初等・③中等教育→①G61 ②G62 ③G63

376.1 幼儿教育.学前教育→G61

[376.101 参见 376.11]

[376.102 参见 376.12]

376.11 理论.方法.幼儿心理→G610

　　　*** 其他法**:幼儿心理 143.2;371.44。

376.12 幼儿教育史・状况→G619 下相关各类

　　　* 地理区分。先依世界地区表分,再仿 G619.2 分。

　　　取号方法:G619+3/7(世界地区号)+ 仿分号(仿 G619.2 分)

　　例 1:376.121(=376.12+-1 日本地区号)日本幼儿园概况入 G619.313.8(=G619+313 日本地区
　　　号 +8 幼儿园概况仿分号)

　　例 2:376.121(=376.12+-1 日本地区号)日本幼儿教育史入 G619.313.9(=G619+313 日本地区
　　　号 +9 幼儿教育史仿分号)

376.14 经营.管理→G617

376.15 教育课程→G613 下相关各类

376.2 初等教育.小学→G62

　　　* 地理区分。先依世界地区表分,再仿 G629.2 分,入 G629 下相关各类。

　　　取号方法:G629+3/7(世界地区号)+ 仿分号(仿 G629.2 分)

376.3/.4 中等教育.初中和高等学校.高中生活→G63

　　　* 地理区分。先依世界地区表分,再仿 G639.2 分,入 G639 下相关各类。

　　　取号方法:G639+3/7(世界地区号)+ 仿分号(仿 G639.2 分)

376.7 各种学校.专修学校.专门学校→G638

376.8 预备教育.私塾教育.入学考试.报考→G647.32

　　　* 大学入学资格检定考试入此。

376.9 外国大学.国外日侨学校→G649.3/.7

377 大学.高等教育・专门教育.学术教育→G64

　　　说明:广播电视大学入 G728.8。

[377.02 参见 377.2]

377.1 大学的管理组织・运营.法令.基准.大学的自治→G647

377.13 大学的教职员工→G645

377.15 教育课程.讲座.教授理论[教授学]→G642

377.17 大学的设施・设备→G647.6

377.2 大学的历史·情况→G649 下相关各类

    * 地理区分。先依世界地区表分,再仿 G649.2 分,入 G649 下相关各类。

    取号方法:G649+3/7(世界地区号)+ 仿分号(仿 G649.2 分)

    例:377.21(=377.2+−1 日本地区号)日本大学校史入 G649.313.8(=649+313 日本地区号 +8 学校
        概况、校史仿分号)

377.3 ①短期大学.②高等专门大学→①G648.6 ②G648.2

377.5 学位→G643.7,学位论文入 G643.8。

377.6 海外留学.交换教授.国际学术交流→G648.9 参见:376.489。

377.7 学术研究奖励→G644

377.9 学生.学生生活.学生问题→G645。如有必要,可仿 G451/456 分。

378 残疾儿童教育→G76 参见:369.49。

    说明:有关残疾儿童心理、残障儿童保育、身心残障儿童教育入此号;成年后的残障者教育与训
        练入 369。

378.1 视觉障碍儿童→G761

378.2 聋哑儿.听力衰减儿童.语言障碍儿童.耳聋教育→G762 参见:496.9。

378.3/.4 行动不便儿童.体质虚弱儿童→G768

378.5+ 语言表达障碍儿童→G762

378.6/.7+ 精神薄弱儿童·痴呆儿童·脑瘫儿童→G764 参见:145.8。

378.8 情绪异常儿童→G766

[378.9] 残障者的教育·训练→G76 参见 369。

379 社会教育→G77 或相关各类 参见:611.97。

379.1 ①社会教育财政·②法令→①G77 ②D912.16

379.2 社会教育设施→G77

379.3 青少年教育·团体.儿童文化活动→G775

379.4 成人教育→G77

379.46 妇女教育→G776

379.47 老人教育→G777

379.5 集会学习.视听觉教育→G43

    * 大学公开讲座、演讲、讲习会、讨论会等入相关各类。

379.6 集团学习.小组活动→G77

379.7 ①函授教育.②自学→①G727 ②G79

379.8 教化运动→G77

379.9 家庭教育→G78

    说明:379.91+/.98+ 不再细分,均入上述分类号。

380 ①风俗习惯.②民俗学.③民族学→①K89 ②K890 ②C95

    说明:有关文化人类学理论著作入 389。

380.1 民间传承论.民俗学→K890

[380.2 参见 382]

380.9+ 比较民俗学→K890

382 风俗史.民俗志.民族志→入相关各类 参见:290。

    * 地理区分

    * 说明:分类号转换时依世界地区表分,总论风俗史.民俗志的著作入 K891,如有必要,可仿 K892
          分;民族志宜入 K1/7 相关各类,再依 K3/7 下专类复分表分(《中图法》P206);各地的风俗
          习惯、民俗、民族入 K893/897 各国风俗习惯,如有必要,再仿 K892 分。

    * 取号方法:(1)K891+ 仿分号(仿 K892 分)
                (2)K1/7+8(民族史志复分号)
                (3)K89+3/7(世界地区号)+ 仿分号(仿 K892 分)

    例1:382.1(=382+-1 日本地区号)日本风俗习惯入 K893.13(=K89+313 日本地区号)

    例2:382.71(=382+-71 澳大利亚地区号)澳大利亚民族志入 K611.8(=K611 澳大利亚地区号 +8
        民族史志复分号)

    例3:382.1(=382+-1 日本地区号)日本服饰民俗入 K893.132.3(=K89+313 日本地区号 +23 服饰
        民俗仿分号)

382.1/.7 各地的风俗·习惯,民俗,民族→参照 382 下说明与取号方法取号

382.8 民俗(民族)学者 <列传>→K81 下相关各类

382.9⁺ 难以地理区分的民族→C958.1

<383/387>

        * 说明:383/387 所列中图分类号均为日本的风俗习惯转换号。如不需细分,可均入 K893.
             13。如需细分,取号方法参照 382 下说明进行。各馆可根据需要自行取号。

      例:383 日本服饰民俗入 K893.132.3(=K89+313 日本地区号 +23 服饰民俗仿分号)

383 ①衣②食住行的习俗→①K893.132.3 ②K893.132.5

    * 说明:383.1/.9 可不再细分,根据著作内容入上述两种分类号。

384 社会·家庭生活的习俗→K893.132.7

    * 说明:384.1/.9 可不再细分,根据著作内容入上述分类号;其中 384.3 生产习俗入 K893.132.8。

385 人生礼仪.婚姻丧葬祭祀→①K893.132.1 ②K893.132.2 ③K893.132.6 参见:210.09。

    * 说明:385.2 和 385.5 有关生育. 诞辰习俗、385.3 戴冠. 成年仪式均入 K893.132.1;385.4 婚姻习
          俗、385.6 丧葬礼仪、385.7 法事.逝世周年均入 K893.132.2;385.9 礼仪[规矩].社交.赠答总
          论入 K893.132.6,专论入相关各类。

386 每年定例活动仪式.祭祀礼仪→入相关各类 参见:176;210.09。

    * 地理区分。参照 383/387 下说明和取号方法取号。

    * 祭祀礼仪入 K893.132.9。

386.8 民间艺术.民俗舞蹈→K893.132.4

386.9 节假日→K893.131.1

387 民间信仰和迷信[俗信]→①B933 ②B99 参见:147;163。

    * 说明:387.3⁺/.7⁺ 各种民间信仰如稻荷神、地藏菩萨、土地神、灶神、七福神等有关神灵崇拜的宗教
          民俗入 B933;387.9⁺ 迷信[俗信]入 B99 下相关各类(地理区分)。

    例:387.91(=387.9+-1 日本地区号)日本迷信入 B993.13(=B99+313 日本地区号)

388 传说.民间故事→宜入 I 文学类 参见:164;184.9;901.8。

    * 地理区分

* 说明：388.1/.7 转换时先依世界地区表分，再依 I3/7 下专类复分表分（《中图法》P174—P175）。

388.8 谚语和 388.9 民谣.童谣参照上述说明和取号方法入相关各类。

* 取号方法：I3/7+ 专类复分号

例1：388.1（=388+-1 日本地区号）日本民间故事入 I313.73（=I313 日本地区号 +73 故事、传说、神话复分号）

例2：388.91（=388.9+-1 日本地区号）日本民谣入 I313.72（=I313 日本地区号 +72 歌谣复分号）

389 民族学.文化人类学→C95 参见：163.2；469；702.02。

* 说明：（1）有关民族学、文化人类学＜一般＞理论性著作入此。

（2）文化人类学入 C958；特定民族的民族志入 382.1/.7；无法地理区分的民族志入 382.9；特定民族的特定风俗习惯入 383/387；形态人类学入 469.4；自然人类学入 469；宗教人类学入 163；体质人类学入 469.4。

390 国防.军事→E 参见：559。

* 说明：（1）本类下有关各国国防、军事相关事宜入 E3/7，先依世界地区表分，再依 E3/7 下专类复分表分（《中图法》P71）。

（2）各国后方勤务如需细分，可仿 E23 分。

（3）各国有关各种武装力量的战术、后方勤务、政治工作等不再细分，均入各军、各兵种之下。

* 取号方法：E+3/7（世界地区号）+ 专类复分号

例1：美国军事政策入 E712.0（=E+712 美国地区号 +0 军事政策复分号）

例2：日本军事基地入 E313.13（=E+313 日本地区号 +13 军事基地复分号）

例3：日本兵站勤务入 E313.44（=E+313 日本地区号 +44 后方勤务）

例4：英国陆军兵站勤务入 E561.51（=E+561 英国地区号 +51 陆军复分号）

390.1 国防思想.军国主义→E0 下相关各类

[390.2 参见 392]

390.7 ①研究法.指导法.②军人教育：军事训练→①E0-3 ②E13

390.9 军队生活：军规，制服，军旗，祭典，仪式→E12

391 战争.战略.战术→E8

[391.02 参见 391.2]

391.1 ①战争：②哲学，③心理学→①E0 ②E0-02 ③E0-051 参见：319.8；329.6。

391.2 战争历史.战记→E19

* 说明：分类号转换时，依国际时代表分，入 E19 下相关各类；一般的战争史根据著作内容入 K 历史类或 I 文学类。

391.3 ①战略.②战术.③战役.④心理战争→①E81 ②E83 ③E82 ④E849

391.38 国土防卫.要塞.防空→E11

391.4 占领领地行政.军政.宣传工作→E142

391.6 军事情报.军事机密保护.侦察活动→①E87 ②E141.6 ③E3/7

* 地理区分

* 说明：总论各国军事情报组织与活动的著作入 E141.6，专论各国军事情报组织与活动的著作入 E3/7。

* 取号方法参照 390 下说明进行。

例：391.61(=391.6+-1 日本地区号)日本军事情报入 E313.416(=E+313 日本地区号 +416 军事情报组织与活动复分号)

391.9 战争地理[兵要地志]→E99

392 国防历史与情况.军事历史与情况→①E19 ②E3/7

* 地理区分

* 说明：(1)总论国防史、军事史的著作入 E19，按国际时代表分。(2)各国国防史、军事史入 E3/7 下相关各类，参照 391.6 下说明和取号方法进行分类号转换。

例：392.1 日本国防史入 E313.9(=E+313 日本地区号 +9 军事史复分号)

392.1 日本的国防历史·情况→E313.9

* 说明：392.106⁺/.1076⁺ 各时代的日本国防史不再细分，均入 E313.9。

392.2/.7 外国的国防历史与情况→参照 392 下说明取号

392.8 军人＜传记＞→K81 下相关各类

例：392.8 日本军人传记入 K833.135.2

393 ①国防政策·②行政·③法令→①E10 ②E12 ③E125/126；D9 下相关各类

393.1 军备限制·扩张.裁军问题.重整军备→E10/11，国际裁军问题入 D815.1。参见：319.8。

393.2 军事·国防行政.军事法.军制→E12 下相关各类

* 说明：文职人员管理入 E123；393.21⁺ 军事法入 D912.12；各国军事法入 D93/97 下相关各类；393.25⁺ 军制入 E125。

393.3 军事司法.军法会议.宪兵→E126

393.4 戒律严罚→E126 参见：323.131。

393.5 军队编成与配置→E122

393.6 动员与复员.民间防卫→E129，复员入 E123。

393.7 ①国防费用[军事费用].②军队的经营管理→①E144.21 ②E07

394 ①军事医学.②兵食→①R82 ②E144

395 军事设施.军需品→E144

* 说明：395.3⁺ 军事基地入 E113；395.5⁺/.9 各种后方勤务的著作，如不需细分可均入上位类分类号 E144，如有需要，可仿 E23 分。

* 取号方法：E144+ 仿分号(仿 E23 分)

例1：395.5⁺ 军需用品入 E144.3(=E144+3 军需勤务仿分号)

例2：395.8 军用动物 E144.4(=E144+4 军事交通运输勤务仿分号)

例3：395.9 兵站 E144.5(=E144+5 基建营房勤务仿分号)

＜396/398 各类军种＞→参照 390 下说明和取号方法取号

* 说明：(1)396 陆军、397 海军、398 空军的一般性著作入 E15 下相关各类，各国陆、海、空军入 E3/7。

(2)地理区分：396.2 陆军史、397.2 海军史、398.2 空军史，分类号转换时直接入各军种分类号下。

(3)396/398 的下位类可不再细分，分类号转换时均入各军种分类号下。

例:398.253=(398.2+-53 美国地区号)美国空军史入 E712.54(=E+712 美国地区号 +54 空军仿分号)

399 古代兵法.军学→E89 参见:756.7。

399.1 日本的兵法→E893.13 参见:156。

399.2 中国的兵法→E892

399.23⁺ 孙子兵法→E892.25

4 类(自然科学)>>>

4 大类自然科学包括数学、理学、天文学、地球科学、生物科学、医学等类,主要对应中图法的 N、O、P、Q 和 R 五个大类。

400 自然科学→N

401 科学理论.科学哲学→N0 下相关各类。 参见:112。

401.6 自然辩证法→N031

402 科学历史·情况→①N09 ②N1

    ＊地理区分

    ＊说明:自然科学史入 N09 下相关各类;自然科学概况入 N1,仿总论复分号"-1"分。

    例:402.1(=402+-1 日本地区号)日本自然科学史入 N093.13(=N09+313 日本地区号)

402.1 日本科学史→N093.13

    说明:402.102$^+$/106$^+$ 各时代科学史均入此号,不再按时代细分。

402.8 科学家＜列传＞→K81 下相关各类。日本科学家传记均入 K833.136.1。

    ＊个人传记参见 289。

402.9 科学·调查→N8

    ＊地理区分

    例:402.91(=402.9+-1 日本地区号)日本科学调查入 N831.3(=N8+313 日本地区号)

403 参考图书→N6 下相关各类。

404 论文集.评论集.讲演集→①N5 ②N53

405 连续性出版物→①N55(连续性出版物)②N54(年鉴、年刊)③N56(政府出版物、团体出版物),
    如具有连续性的政府白皮书等均入此号。

406 团体:学会,协会→N2 下相关各类

406.9 科学博物馆→N28 参见:069。

407 研究方法→N3 下相关各类。

    ＊说明:小学、中学、高等学校的科学教育参见 375.4。

408 ①丛书.②全集.选集→①N51 ②N52

409⁺ 科学技术政策→N01

  * 地理区分

  * 说明:分类号转换时,依世界地区表分,入各国科学研究的方针、政策类下,总论自然科学研究
    的方针政策入 G3 相关各类;法令、法规宜入 D9 相关各类。

410 数学→O

  * 应用数学入相关各类。例:336.901 会计数学入 F230.9;501.1 工业数学入 TB11。

410.1 数理哲学→O1-0

410.3 参考图书→O1-6 下相关各类

410.38 数学公式集→O1-64

410.7 ①研究方法.指导方法.②数学教育→①O1-3 下相关各类 ②O1-4 下相关各类
   参见:375.41。

410.9 ①集合论.②数学基础论→①O144 ②O143

411 代数学→①O12 ②O15

411.1 算术→O121

  * 说明:四则算法、比例、开方、珠算等入 O121 下相关各类。算盘参见 418.9。

411.2 初等代数→O122,代数式、方程式、不等式等入 O122 下相关各类。

411.22 排列与组合→O122.4

411.3 线性代数→O151.2

411.4 方程式论→O151.1

411.5 形式论:一次形式,二次形式,厄米特形式→O151

<411.6/.7 现代代数学 >

411.6 ①现代代数学.②抽象代数学.③群论→①O15 ②O153 ③O152

  * 说明:411.62/.69 可入上位类,如有需要再进行细分。

411.7 ①环论.②域论→①O153.3 ②O153.4

  * 说明:411.72/.76 根据著作内容入上述两个分类号。

411.8 代数几何学→O187

412 数论→O156

412.1 初等数论→O156.1

412.2 代数数论→O156.2

412.3 解析数论→O156.4

412.4 数字分析→O156.7

412.5 连分式论→O173.2

412.6 实数论→O156

412.7 超越数论→O156.6

413 数学分析→O17

413.1 数学分析的一般基础.极限论→O171

413.2 级数论:泰勒级数→O173

413.3 微积分学→O172,微分学入 O172.1。

413.4 积分学→O172.2

413.5 函数论→O174

413.51 实函数论→O174.1

413.52 复素函数论.奥易勒函数→O174

413.53 等角映射→O174

413.54 调和函数→O174.3

413.56 拉加转换→O174

413.57 ①特殊函数;②椭圆函数,阿贝尔函数,③贝塞尔函数→①O174.6 ②O174.54 ③O174.61

413.58 多复变数函数论→O174.56

413.59 代数函数论→O174.53

413.6 微分方程→O175

413.61 微分方程论→O175

413.62 常微分方程→O175.1

413.63 偏微分方程→O175.2

413.64 线性微分方程式→O175.2

413.65 非线性微分方程式→O175.14

413.66 傅里叶变换→O174.22

413.67 边值问题→O175.8

413.7 积分方程→O175.5

  ＊说明:413.71/.75 均入此号。

413.8 差分方程→O175.7

413.9 变分法→O176

414 几何学→①O18 ②O123

414.1 初等几何→O123

414.12 平面几何→O123.1,其中有关圆与圆周率的入O123.3,轨迹与作图入O123.5。

414.13 立体几何→O123.2

414.2 球面几何→O123.6

414.3 三角学→O124

414.32 平面三角→O124.1

414.33 球面三角→O124.2

414.4 投影几何→O185.1

414.5 解析几何→O182

414.52 平面解析几何→O182.1

414.53 立体解析几何→O182.2

414.6 画法几何→O185.2 参见:501.8。

  ＊说明:414.62/.68 均入O185.2。

414.7 微分几何→O186.1,其中有关矢量和张量的著作入O183。 参见:421.5。

  ＊说明:414.73⁺/.75⁺ 均入O186.1。

414.8 非欧几何→O184

414.81 黎曼几何→O186.12

415 拓扑数学→O189

415.2 空间论: 拓扑空间论→O189.11

415.3 测度论→O174.12

415.5 ①拓扑解析.②函数解析→①O189.3 ②O177

415.6 超函数论.一般函数论→O174

415.7 拓扑几何学[拓扑数学]→O189

  *说明:有关不动点理论方面的著作入O177.91。

417 确率论.数理统计学→O21 参见:331.19;350.1;501.19;548.7。

  *说明:有关近代统计学的著作入O212。

417.1 概率论→O211

417.2 游戏的理论→O211.1

417.6 测算学.标本分布论:时间系列→O212

417.7 实验计划法→O212.6

417.8 误差论→O241.1

418 数值计算→O24

  *各种计算法的具体应用入相关各类。

418.1 近似计算→O242

418.2 插值法→O241.3

418.4/.5 各种数学表、计算表→O1-6

418.6/.9 各种计算工具→O1-8

419 ①日本数学.②中国算法→①O113.13 ②O112

419.1 日本数学→O113.13

419.2 中国数学→O112

[419.9] 珠算→O121.5 参见 418.9。

420 物理学→O4 参见:501.2;592.2;613.2。

  *专论物理学在各方面的应用入相关各类。

[420.1 参见 421]

420.7 ①研究法.指导法.②物理学教育→①O4-3 下相关各类 ②O4-4 下相关各类

421 理论物理学→O41

421.1 基础理论.以太理论→O41

421.2 相对理论→O412 参见:429。

421.3 ①量子力学.②量子论→①O413.1 ②O413 参见:429.6。

421.4 统计力学→O414.2 参见:426.5。

421.5 数理物理学.物理数学→O411 参见:414.7。

423 力学→O3

  *经典力学入O3;一般力学入O31;应用力学参见501.3。

423.1 ①理论.②运动学→①O301/303 ②O311

423.3 静力学→O312

423.4 动力学:力学的能量→O313

423.5 工作.摩擦.质量.抵抗→O313.5

423.6 重力.摆.落体.万有引力→O314

423.7 ①弹性力学.②塑性力学→①O343 ②O344 参见:501.33。

423.8 流体力学.液体力学→O35 参见:501.23;517.1;534.1。

423.83 流体静力学→O351.1

423.84 流体动力学→O351.2

423.86 表面张力→O552.4

423.88 气体动力学→O354 参见:538.1。

423.9 力学的应用→O39 参见:530。

424 ①振动学.②声学→①O32 ②O42 参见:501.24;519.6。

424.2 ①音测定.②振动测定→①O42 ②O329

424.3 物体的振动.发音体→O421

424.4 振动的传播→O421

424.5 超声波→O426

424.6 乐音.声响感觉→J 类 参见:761.12。

424.8 生理声学→Q62 参见:141.22;491.375。

424.9 应用声学→O429

　　 * 总论入此,专论入相关各类。

　　 例:524.96 建筑声学→TU112;519.6 噪声与防音→O422.8;547.3 电声学→TN912.1。

425 光学→O43 参见:431.5。

[425.01 参见 425.1]

425.1 光的理论→O431,粒子学、波动学、电磁学、量子学等均入此。

425.2 测光→O432.2 参见:545.3。

425.3 几何光学→O435,三棱镜参见:535.87。

425.4 物理光学.波动光学→O436

425.5 光谱学.光谱→O433 参见:431.51;433.5。

　　 * 说明:红外线入 O434.3;紫外线入 O434.2;X 射线入 O434.1。

425.6 发光.荧光.磷光.荧光与光谱.磷光与光谱→O482.31

425.7 色度学→O432.3 参见:724.7;757.3。

425.8 生理光学→Q436 参见:141.21;491.374。

[425.9] 应用光学→O439 参见 535.8;740.12。

426 热学→O55 参见:501.26。

[426.01 参见 426.1]

426.1 热学一般理论→O551

426.2 ①温度测量·②热量测定.③比热容→①O551.2 ②O551.1 ③O551.3

426.3 热传导.热交换→O551.3

426.4 由于热度发生的状态变化→O552.6,如汽化、蒸发、升华、沸腾等均入此。

426.5 热力学→O414.1 参见:421,4;431.6。

　　 * 化学热力学入 O642.1;工程热力学入 TK123;海洋热力学入 P733.4。

426.55⁺ 热学→O551

426.56⁺ 统计热力学→O414.2

426.7 低温物理学.极低温→O51,低温技术参见:533.8。

426.8 高温物理学→O522

426.9 应用热学→专论入相关各类。**例:热工学入533。**

427 电磁学→O44 参见:540。

[427.01 参见 427.1]

427.1 电磁理论:负电,电子,正电→O441 参见:549。

[427.2] 电气磁气测定→O441.5 参见541.5。

427.3 静电学→O441.1

427.4 动电气学.电动力学→O442

427.5 电子与离子的现象.放电.放射线→O46

　　说明:427.53/.57 均入上述分类号。

427.6 电磁流体力学→O361,等离子体入 O53。

427.7 电振荡.电磁波→O441.4 参见:547。

427.8 磁学→O441.2

[427.9] 地磁→P318 参见 450.12。

428 物性物理学→入相关各类

　　说明:分类号转换时,化学物理学入 O64 下相关各类。

428.1 ①分子论.②分子物理学.③高分子物理学→①O56 ②O561 ③O631 参见:431.9。

428.2 ①气体论.②气体分子运动论→①O552 ②O552.3

428.3 液体论.液流学.溶液论→O552.4 参见:501.33。

428.4 固体论:电子论,原子论→O48

428.8 导电体.半导体→O47

428.9 磁性体.强磁性.磁石→O482.5 参见:427.8;541.66。

429 原子物理学→①O562 ②O57 参见:421.2;539。

　　高能物理学入 O572。

[429.01 参见 429.1]

429.1 原子的理论→①O571 ②O562

429.2 实验装置与测定→O571.1,粒子实验与测定入 O572.2。 参见:539.62;549.52。

429.4 放射能→O571.3,如 α 射线,β 射线,γ 射线等均入此。

　　同位元素参见:539.6。

429.45 人工放射能.超铀元素→O571.34

429.5 原子核.核能.核模型→O571.4 参见:539.37。

429.6 基本粒子→O572.3,中子入 O571.5。参见:421.3。

429.65⁺ 宇宙线→O572.1

430 化学→O6 参见:570;592.3;613.3。

　　化学工业入 570;应用化学入相关各类。例:农艺化学入 613.3。

431 物理化学.理论化学→O64

431.1 化学构造.分子构造→0641

    说明:431.11/.19 可均入上位类分类号 0641。

431.2 化学计量→06 下相关各类

    说明:可根据著作具体内容进行细分,入各分类号下相关各类。

    例:化学计量学入 06-04;分析化学计量学入 064。

431.3 化学反应→0643

    说明:431.31/.39 各种化学反应可均入上位类分类号 0643。431.31 中有关化学亲合力的著
       作入 0642.2。

431.5 ①光化学.②放射线化学→①0644.1 ②0644.2 参见:425;740.13。

    说明:431.51/.59 中有关光化学的著作可均入上位类分类号 0644.1;有关放射线化学的著
       作可均入上位类分类号 0644.2。

431.6 ①热化学.②化学热力学→①0642.3 ②0642.1 参见:426.5

    说明:431.67 低温化学入 0643.6;431.68 高温化学入 0643.5。

431.7 电化学→0646 参见:572。

    说明:431.71/.79 可均入上位类分类号 0646。

431.8 ①胶体化学.②界面化学.③吸附→①0648 ②0647.11 ③0647.3 参见:549.8。

    说明:431.81/.85 可均入上位类分类号 0648;431.86 界面化学入 0647.11。

431.9 高分子化学→063 参见:428.1;437;578。

432 实验化学→06-3

432.1 化学实验室.实验操作→06-31

    说明:432.1 中有关实验仪器的著作入 06-32;有关设备的著作入 06-33;有关实验安全的
       著作入 06-37。

432.2/.3 物理操作和化学操作→06-33,如加热、冷却、干燥、分离、干馏等可均入此。

432.4 物理化学实验→064-33

[432.5] 无机化学实验→061-33

[432.7] 有机化学实验→062-33

433 分析化学[化学分析]→065

    * 样品、微量分析、试剂、指示剂入此。

<433.1/.6 各种分析方法 >

433.1 定性分析→0654,有机定性分析入 0656.2。

433.2 定量分析→0655,有机定量分析入 0656.3;重量分析入 0655.1;容量分析入 0655.2。

433.4 分离分析→0658

433.45+ ①色层分离分析[色层分析法];②色谱分析→①0658.1 ②0657.7

433.5 光分析→0657.3 参见:425.5。

    说明:433.53+/.59 均入上位类分类号 0657.3。

433.6 电分析→0657.1

    说明:433.61/.68 均入上位类分类号 0657.1;433.69 磁分析入 0657.2。

<433.7/.9 各种物质的分析法 >

433.7 气体分析→0659

433.8 无机物质的分析→O653

433.9 有机物质的分析→O656

434 合成化学[化学合成]→O6 下相关各类

   *说明:434.1/.6 高温.低温.高压、卤化、酸化、硝化、还原等各种合成化学需根据著作内容,入
        O6 下相关各类;各种化合物入 435/439。

   例:无机合成化学入 O611.4

<435/436 无机化学 >

435 无机化学→O61

   *说明:非专业图书馆或资料室,435/436 分类号转换时,建议取上位类分类号即可。

435.01 无机化合物的结构→O611.2 参见:431.36。

435.07 ①研究法.指导法.②无机化学教育→①O61-3 下相关各类 ②O61-4 下相关各类

435.075 无机化学实验法→O61-33

    *其他法:432.5。

435.1 非金属元素→O613

   *说明:各种非金属元素入 O613.1/.8,资料分类时,可仿 O611 分。一般图书馆采用下面列出
        的中国分类号。

435.11 氢 H→O613.2

435.12 氘 D→O613.2

435.13⁺ 氚 Tr→O613.2

435.2 稀有气体元素→O613.1

435.23 氦 He→O613.11

435.24 氖 Ne→O613.12

435.25 氩 Ar→O613.13

435.26 氪 Kr→O613.14

435.27 氙 Xe→O613.15

435.28 氡 Rn→O613.16

435.3 卤族元素与其化合物→O613.4

435.33 氟 F→O613.41

435.34 氯 Cl→O613.42

435.35 溴 Br→O613.43

435.36 碘 I→O613.44

435.37 砹 At→O613.45

435.4 氧族元素与其化合物→O613.5

435.43 氧 O→O613.3

435.44 水.重水→O613

435.45 臭氧→O613

435.46 硫 S→O613.51

435.47 硒 Se→O613.52

435.48 碲 Te→O613.53

435.5 氮族元素与其化合物→O613.6

435.53 氮 N→O613.61

435.54 磷 P→O613.62

435.55 砷 As→O613.63

435.6 碳元素与其化合物 C→O613.7,碳入 O613.71。

435.7 硅元素与其化合物 Si→O613.72

435.8 硼元素与其化合物 B→O613.8

436 金属元素与其化合物→O614

436.1 ①第 1 族元素:②碱金属.③第 11 族元素:铜族元素→①O614.1 ②O614.11 ③O614.12

436.11 锂 Li→O614.111

436.12 钠 Na→O614.112

436.13 钾 K→O614.113

436.14 铷 Rb→O614.114

436.15 铯 Cs→O614.115

436.17 铜 Cu→O614.121

436.18 银 Ag→O614.122

436.19 金 Au→O614.123

436.2 ①第 2 族元素:②碱土类金属③第 12 族元素:锌族元素→①O614.2 ②O614.23 ③O614.24

436.21 铍 Be→O614.21

436.22 镁 Mg→O614.22

436.23 钙 Ca→O614.23^{+1}

436.24 锶 Sr→O614.23^{+2}

436.25 钡 Ba→O614.23^{+3}

436.26 镭 Ra→O614.23^{+4}

436.27 锌 Zn→O614.24^{+1}

436.28 镉 Cd→O614.24^{+2}

436.29 汞 Hg→O614.24^{+3}

436.3 ①第 3 族元素:②土类金属③第 13 族元素:稀土类元素→①O614.3 ②O614.32 ③O614.33

436.31 钪 Sc→O614.32^{+1}

436.32 钇 Y→O614.32^{+2}

436.33 镧系元素 57—71 个→O614.33

436.34 锕系元素 89—103 个→O614.35

436.36 铝 Al→O614.3^{+1}

436.37 镓 Ga→O614.37^{+1}

436.38 铟 In→O614.37^{+2}

436.39 铊 Tl→O614.37^{+3}

436.4 第 4 族元素.第 14 族元素→O614.4

436.41 钛 Ti→O614.41^{+1}

436.42 锆 Zr→O614.41^{+2}

436.43 铪 Hf→O614.41⁺3

436.45 锗 Ge→O614.43⁺1

436.46 锡 Sn→O614.43⁺2

436.47 铅 Pb→O614.43⁺3

436.5 第 5 族元素.第 15 族元素→O614.5

436.51 钒 V→O614.51⁺1

436.52 铌 Nb→O614.51⁺2

436.53 钽 Ta→O614.51⁺3

436.54 锑 Sb→O614.53⁺1

436.55 铋 Bi→O614.53⁺2

436.6 第 6 族元素.第 16 族元素→O614.6

436.61 铬 Cr→O614.61⁺1

436.62 钼 Mo→O614.61⁺2

436.63 钨 W→O614.61⁺3

436.64 钋 Po→O614.63

436.7 第 7 族元素:锰族→O614.7

436.71 锰 Mn→O614.7⁺11

436.72 锝 Tc→O614.7⁺12

436.73⁺ 铼 Re→O614.7⁺13

436.8 ①第 8·9 族元素:②铁族③第 10 族元素:铂金族元素→①O614.8 ②O614.81 ③O614.82

436.81 铁 Fe→O614.81⁺1

436.82 钴 Co→O614.81⁺2

436.83 镍 Ni→O614.81⁺3

436.84 钌 Ru→O614.82⁺1

436.85 铑 Rh→O614.82⁺2

436.86 钯 Pd→O614.82⁺3

436.87 锇 Os→O614.82⁺4

436.88 铱 Ir→O614.82⁺5

436.89 铂 Pt→O614.82⁺6

<437/439 有机化学 >

437 有机化学→O62 参见:431.9。

437.01 有机化合物的理论构造与反应→O621 下相关各类。

437.07 ①研究法.指导法.②有机化学教育→①O62-3 下相关各类 ②O62-4 下相关各类

437.075 有机化学实验法→O62-33

　　其他法:432.7。

437.1 脂肪族化合物.无环化合物→O623

437.2 碳氢化合物→O622.1,沼气、乙烷、丙烷、乙烯、乙炔入此 O623。

437.3 氧化物.酒精.能媒→O622.3

437.4 醛、酮化合物.乙醛.酮→O622.4

437.5 羧酸化合物→O622.5

437.6 硫磺化合物:纤维酸,氨基酸→O622.7

437.7 氮化合物→O622.6

437.8 金属有机化合物→O627

438 环式化合物的化学→O624/626

438.1 ①碳环化合物:②脂环化合物,③芳香族化合物→①O624 ②O624.1 ③O625

438.2 碳氢化合物.卤族元素→①O624.1(脂环族)②O625.1(芳香族)

438.3 酚及化合物.萘酚→O625.3

438.4 氧酸化合物.醛.酮→①O624.4(脂环族)②O625.4(芳香族)

438.5 羧酸→①O624.5(脂环族)②O625.5(芳香族)

438.6 硫化合物→①O624.7(脂环族)②O625.7(芳香族)

438.7 氮化合物→①O624.6(脂环族)②O625.6(芳香族)

438.8 其他的碳环化合物→O625.8

438.9 复环化合物→O626

439 天然化合物→O629 参见:464。

　　*有关工业与生物化学方面的天然化合物入相关各类。

439.1 碳水化合物→O629.1 参见:464.3;576.6。

439.2 类固醇→O629.2 参见:464.4。

439.3 生物碱→O629.3 参见:471.4。

439.4 蛋白质→O629.73 参见:464.2。

439.5 天然色素→O629.9 参见:464.7。

439.6 单宁→O629.9 参见:658.9。

439.7 维生素→O629.4 参见:464.57。

439.8 酶→O629.8 参见:464.5。

440 天文学.宇宙科学→P

　　*宇宙技术参见538.9;航海天文学参见557.34。

[440.1 参见 441]

440.12 宇宙物理学.天体物理学→P14

440.13 宇宙化学.天体化学→P148

440.14 电波天文学.X 射线天文学→P16

440.19 记述天文学→P141.93

440.7 ①研究法.指导法.②天文学教育→①P-3 下相关各类 ②P-4 下相关各类

440.76 天象仪→P111.6

440.8 ①丛书.②全集.选集→①P-51 ②P-52

440.9+ 未确认飞行物体[UFO]→V11

441 理论天文学.数理天文学→P13

441.1 天体力学→P13 下相关各类,三体问题、多体问题均入 P132。

441.2 轨道论→P135

441.3 动态论→P134

441.4 岁差论.章动论→P137.2

441.7 蚀论→P125.1 月蚀参见 446.7；日蚀参见 444.7。

442 ①实用天文学.②天体观测法→①P128 ②P11

442.1 天文台.天体观测所→P112

442.2 天测机械→P111

    *说明：有关天测机械制造入 TH75，但专论某一种仪器的构造、维修和一般应用应入相关
       各类。

442.3 ①天体望远镜.②反射望远镜→①P111.2 ②P111.21 参见：535.82。

442.4 六分仪.经纬仪.子午仪.天顶仪.赤道仪→P111.3

442.6 ①天体测光学.②天体分光学→①P141.2 ②P141.5

442.7 天体摄影术→P123.1 参见：440.87。

442.8 球面天文学→P121

442.9 位置天文学→P12

<443/448 各种天体 >

443 恒星天文学→P15 太阳参见 444。

443.1 统计天文学→P152.1

443.2 恒星物理学.恒星能见度→P144

443.4 双星.重星→P153

443.5 ①新星和超新星.②变星→P145.3 ②P145.2

443.6 银河.银河系→P156

443.7 ①星团.星云.②类星体→①P154,恒星云入 P154.3；银河星云入 P155 ②P158

443.8 星图.星表.星座→P114

443.9 宇宙论.宇宙进化论→P159

444 ①太阳.②太阳物理学→①P18 ②P182

444.1 太阳的物理参数→P182.1,如太阳的大小、质量等入此；太阳的电磁气现象入 P182.7。

444.2 太阳能→P18

444.3 太阳的运动与自转→P182.1

444.4 太阳表面.光球.太阳黑点.太阳周期→P182.4

444.5 ①色球层.②日珥.日冕→①P182.5 ②P182.6

444.6 太阳光谱→P182.3

444.7 日蚀→P125.1

444.8 太阳面图.太阳的照片→P18

444.9 太阳·太阳系生成论→P181

445 行星.卫星→P185 地球参见 448；月球参见 446。

445.1 水星→P185.1

445.2 金星→P185.2

445.3 火星→P185.3

445.4 小行星→P185.7

445.5 木星→P185.4

445.6 土星→P185.5

445.7/.9 天王星、海王星、冥王星→P185.6

446 月球→P184

446.1 月球的物理参数→P184.2

446.2 ①月球的温度.月光.②月相→①P184.5 ②P184.7

446.3 月球的轨道.月球的运动→P184.4

446.4 月球表面→P184.8,平原、山脉、月谷、月球背面等月面况均入此。

446.5 月球的大气→P184

446.6 月球的能见度→P184

446.7 月蚀→P125.1

446.8 月面图.月球的照片→P184.6

447 彗星.流星→P185.8

447.1 彗星→P185.81

447.3 ①陨石.②流星群.③宇宙尘→①P185.83 ②P185.82 ③P185.9 参见:459.8。

447.4 黄道光.对日照→P185.9

448 地球.天文地理学→P183 地球科学参见 450。

　　*从天文学角度观察地球的相关著作均入此。

448.1 地球的定数:与太阳的距离·视差→P183

[448.2] 地热.重力→①P183 ②P312 参见 450.12。

448.3 地球的轨道.地球的自转→P183.3

448.4 地球的坐标.经纬度→P183.3

[448.5] 季节→P183.5 参见 451.8。

448.6 潮汐→P183.5 参见:452.6。

　　*说明:总论天体活动对潮汐和季节的影响均入 448.5/.6,NDC 对除此之外的有关地磁场、气象、水文等的影响,并未给出相应的分类号,分类号转换时均入 P183.5。专论入相关各类。

　　例:海洋潮汐入 P731.23。

448.9 ①测地学.②地图学→①P21 ②P28

　　*数理地理学入 P91。测量参见 512;地图参见 290.38;遥感参见 512.75。

449 时法.历法→P19

449.1 时刻测定.时差.天文时刻.太阳时刻→P19 参见:535.2。

449.2 恒星时刻.恒星日.恒星月.恒星年→P19

449.3 历书→P195

　　*说明:449.33/.38 不再细分,均入 P195。

449.4 年代学→K04 参见:202.3。

449.5 天体历→P197 参见:557.38。

449.8 各国的历→①P195 ②P197

　　*地理区分。转换时依世界地区表分入各国历书或天文历书。

　　例:449.81(=449.8+-1 日本地区号)日本天文历入 P197.231.3(=P197.2+313 日本地区号)

450 地球科学.地学→①P3 ②P5 ③P9

　　* 自然地理学入此,地理学参见 290.1。

450.12 地球物理学→P3

　　　* 地磁气入 P318,**其他法**:427.9。

450.13 地球化学→P59 下相关各类

450.9 自然地理学→P9 下相关各类

　　* 地理区分。各国自然地理,转换时依世界地区表分,入 P943/947 相关各类,如有需要,可再仿 P941 分。

　　取号方法:P94+3/7(世界地区号)+ 仿分号(仿 P941 分)

　　例:450.91(=450.9+-1 日本地区号)日本自然地理入 P943.13(=P94+313 日本地区号)

450.98⁺ 自然灾害志→①入相关各类 ②X43

　　* 地理区分

　　说明:分类号转换时,总论可集中入 X43 各国自然灾害类下,转换时依世界地区表分。专论入有关各类。

　　例:日本火山灾害志入 P317.531.3 或 X433.13

451 气象学→P4

　　说明:气象学的具体应用入相关各类。如:农业气象入 613.1;渔业气象入 663.2。

[451.01 参见 451.1]

451.1 ①理论气象学.②气象力学.气象热力学→①P40 下相关各类 ②P43 下相关各类

451.2 气象观测.气象探测器.气象台.测候所→P41 下相关各类

451.24 海洋气象.海洋气象志→P732　参见:557.35;663.2。

　　　* 海洋区分

451.25 ①高层气象:②气象雷达.③气象卫星→①P412.2 ②P412.25;TN959.4 ③P414.4

　　　　参见:538.93/.94。

451.28 天气预报.天气图.天气警报→P45

451.3 大气现象→P42 下相关各类,其中大气结构入 P421.3 下相关各类。

451.32 对流层→P421.31

451.33 臭氧层→P421.33

　　　* 电离层入 P421.34　参见 450.12。

451.34 日射.日照→P422

451.35 ①气温.温度.②湿度→①P423 ②P426.1

451.36 地下温度→P314.2

451.37 ①大气环流.②气压.③气团→①P434 ②P424 ③P441

451.4 风→P425

451.5 ①大气的扰乱:②台风.③旋风→①P44 ②P444 ③P445

451.6 凝结现象→P426

451.61 云→P426.5

451.62 雾.霞.霭→P426.4

451.63 露.霜→P426.3

451.64 ①雨:②人工降雨→①P426.6 ②P481 酸性雨参见 519。
　　　* 地理区分

451.65 雹.霰.雨雪交加→P426.64

451.66 雪.降雪志→P426.63
　　　* 地理区分

451.67 雾水.树水.雨水.树霜→P426.62

451.68 水→P426.62

451.69 降水量.蒸发量.雨量计→P426.61
　　　* 地理区分

451.7 大气中的光·电·声现象→P427

451.75 大气光学→P427.1

451.76 气象声学→P427.4

451.77 大气电学→P427.3

451.8 气候学→P46 参见:468.5。

451.85⁺ 气候变化.气候变动→P467,全球变暖、温室现象入此。

451.9 气象图志.气象统计.气候志→①P468.1/.7 ②P469
　　　* 地理区分。转换时依世界地区表分,区域气候资料入 P468.1/.7,各国气候图入 P469 下相关
　　　各类。451.91 日本东京气候资料入 P468.313,有关日本地区的气候资料,不论地区、县,均入
　　　P468.313。

451.98 气象灾害志→总论入 P429,专论入相关各类。
　　　* 地理区分
　　　例:水灾志入 P426.616。

452 海洋学→P7 参见:519.4;550;558.3。
　　　* 说明:海洋基础科学入 P73 下相关各类。

452.12 海洋物理学→P733

452.13 海洋化学→P734

452.15 海洋地质学→P736

[452.16] 海洋生物学→Q178.53 参见 468.8。

452.2 海洋志→P72 下相关各类
　　　* 海洋区分

452.3 海水→P731.1 参见:663.1。

452.4 海冰→P731.15

452.5 波浪.波浪志→P731.22,与海啸有关的著作入 P731.25。 参见:453。
　　　* 地理区分

452.6 潮汐→P731.23,海啸入 P731.25。 参见:448.6。

452.7 海流→P731.21

452.8 海底地形→P737,与大陆架有关的著作入 P736.15。

452.9 陆地水文学→P343

452.93 湖沼.湖沼学→P343.3,与沼泽有关的著作入 P343.4。

* 地理区分

452.94 河川.河川学→P343.1 参见:517.1。

　　　* 河川志参见 517.2。

452.95 地下水→P641

　　　* 温泉参见 453.9。

452.96 冰川→P343.6,冰川学、冰雪水文学均入 P343.6,冰川志入 P343.7。

　　　* 地理区分

453 地震学→P315 参见:452.5。

　* **说明**:453.11 数理地震学、453.12 物理地震学、453.15 统计地震学均入 P315.01。

453.2 地震志.地震调查→P316

　　　* 地理区分。转换时依世界地区表分,入 P316.3/.7 各国地震志。

　　　* **取号方法**:P316+3/7(世界地区号)

　　　例:453.21(=453.2+-1 日本地区号)日本地震志入 P316.313(=P316+313 日本地区号)

453.3 地震观测→P315.7,与地震计有关的入 P315.62。

453.38⁺ 地震预报→P315.75

<453.4/.6 各种地震 >

453.4 断层地震.地震海啸→P315

453.5 火山地震→P317.8

453.6 塌陷地震→P315

453.8 火山学→P317 参见:458.15。

　　　* **说明**:火山形态、岩浆移动、熔岩、火山气体、喷出物、火山灰等均入 P317 下相关各类。

453.82 火山志→P317.5

　　　* 地理区分。分类号转换时依世界地区表分,入 P317.53/.57 各国火山志。

　　　* **取号方法**:P317.5+3/7(世界地区号)

　　　例:453.821(=453.82+-1 日本地区号)日本火山志入 P317.531.3(=P317.5+313 日本地区号)

453.9 温泉学→P314.1

454 地形学→P931

454.2/.3 蜿蜒地形、侵蚀地形→P931

454.4/.55 构造地形→P931.2,山地、山脉、高原、盆地等均入此。

454.6 三角洲地形学→P931.1

454.64 沙漠.沙丘→P931.3

454.65 草原.冻原→P931

454.66 洞窟.钟乳洞[石灰洞]→P931.5

454.7 大陆.岛屿→P931.2

454.9 地形图志.地形写真→P98 下相关各类

　　　* 地理区分。分类号转换时依世界地区表分,入 P983/987 下相关各类。

　　　* **取号方法**: P98+3/7(世界地区号)

　　　例:454.91(=454.9+-1 日本地区号)日本地形图入 P983.13(=P98+313 日本地区号)。

455 地质学→P5 参见:511.2;613.5。

说明:动力地质学入 P51;构造地质学入 P54。

*地理区分

455.1/.7 地质图志.地质构造→P56

　　说明:分类号转换时依世界地区表分,入 P563/567 各区域地质类下。

　　取号方法:P56+3/7(世界地区号)

　　例:455.1(=455+−1 日本地区号)日本地质图志入 P563.13(=P56+313 日本地区号)

455.8 内因性地质营力→P511

　　说明:与隆起、沉降、造陆运动有关的入 P542.1;与断层、褶曲、造山运动有关的入 P542.2;
　　　　大陆移动说入 P541;板块构造入 P542.4。

455.9 外因素性地质营力→P512

　　说明:风化入 P512.1;侵蚀入 P512.4;沉积入 P512.2。

456 历史地质学.地层学→P53

456.2 前寒武纪:始生代.原生代→P534.1

456.3 古生代→P534.4

456.32 寒武纪→P534.41

456.33 奥陶纪→P534.42

456.34 志留纪→P534.43

456.36 泥盆纪→P534.44

456.37 石炭纪→P534.45

456.38 二叠纪→P534.46

456.5 中生代→P534.5

456.52 三叠纪→P534.51

456.55 侏罗纪→P534.52

456.57 白垩纪→P534.53

456.6 新生代→P534.6

456.7 第三纪→P534.61

　　*456.71/.74 可不再细分,均入上位类分类号 P534.61。

456.75 新第三纪→P534.62

　　*456.76/.77 可不再细分,均入上位类分类号 P534.62。

456.8 第四纪→P534.63

　　*456.82/.83 可不再细分,均入上位类分类号 P534.63。

456.89 古地理学→P531

456.9 各地的地层→P535 下相关各类

　　*地理区分。转换时依世界地区表分,入 P535.3/.7 下相关各类。

　　取号方法:P535+3/7(世界地区号)

　　例:456.91(=456.9+−1 日本地区号)日本地层学入 P535.313(=P535+313 日本地区号)

457 古生物学.化石→Q91

457.2 化石志→Q91

　　*地理区分。转换时依世界地区表分,入 Q91 下相关各类。

457.3 层位古生物学→Q911.6

  *说明：NDC 取号方法：仿 456 区分。分类号转换时，根据著作内容，各地层的普通古生物入 Q911.6，各地层的微体古生物入 Q913.6；如有需要，可参照类下说明进行仿分。

  例：457.355（=457.3+[456.]55 侏罗纪区分号）侏罗纪古生物入 Q911.652（=Q911.6+52 侏罗纪仿分号）

  注：类号中列出"[456.]"，目的是向馆员展示如何仿分取号，实际应用中需要去掉。

457.7 古植物学.植物化石→Q914

457.8 古动物学.动物化石→Q915

<457.83/.85 无脊椎动物的化石 >→Q915.81 下相关各类。

457.83 ①有孔虫.②腔肠动物→①Q915.811$^+$.1 ②Q915.813

457.84 ①棘皮动物.②腕足类.③腹足类.④瓣鳃类.⑤头足类→①Q915.821 ②Q915.816 ③Q915.817$^+$.2 ④Q915.817$^+$.4 ⑤Q915.818.2

457.85 节肢动物→Q915.819

<457.87/.89 脊椎动物的化石 >→Q915.86 下相关各类。

457.87 ①鱼类.②两栖类.③爬行类→①Q915.862 ②Q915.863 ③Q915.864

  *恐龙入此

457.88 鸟类→Q915.865

457.89 哺乳类→Q915.87 参见：469.2。

458 岩石学→P58

458.1 一般岩石学→P58

458.12 岩石的结构与构造→P583

458.13 ①岩石化学.②岩石分析→①P584 ②P585

458.14 岩石成因论→P581

458.15 岩浆论→P588.11 参见：453.8。

458.17 岩石显微镜→P585.1

458.2 岩石志→P587

  * 地理区分。分类号转换时依世界地区表分，入 P587.3/.7 下相关各类。

  *取号方法：P587+3/7（世界地区号）

  例：458.21（=458.2+-1 日本地区号）日本岩石志入 P587.313（=P587+313 日本地区号）

<458.6/.8 岩石分类 >→P588 下相关各类

458.6 火成岩→P588.1

458.63 深成岩→P588.12

  *说明：花岗岩、闪长岩、正长岩、辉长岩等均入此号。

458.64 半深成岩→P588.13

  *说明：斑岩、玢岩等均入此号。

458.65 火山岩→P588.14

  *说明：安山岩、玄武岩、粗面岩、流纹岩等均入此号。

458.7 沉积岩[水成岩]→P588.2

  *说明：盐岩、砂岩、泥岩等均入此号。

458.8 变质岩→P588.3

　　*说明:结晶岩、珪岩、云英岩、石英岩等均入此号。

[458.9] 应用地质学.矿床学→P61 参见 561.1。

459 矿物学→P57 参见:561。

459.1 一般矿物学→P57,生物矿物学入此号。

459.12 矿物物理学→P574

459.13 ①矿物化学.②矿物分析→①P574 ②P575

459.14 矿物的生成·变化→P571

459.17 矿石显微镜→P585.1

459.2 矿物志→P577

　　* 地理区分。分类号转换时依世界地区表分,入 P577.3/.7 下相关各类。

　　*取号方法:P577+3/7(世界地区号)

　　例:459.21(=459.2+-1 日本地区号)日本矿物志入 P577.313(=P577+313 日本地区号)

<459.3/.8 各种矿物 >→P578 下相关各类

459.3 元素矿物→P578.1

459.4 硫化矿物→P578.2

459.45 卤族元素化矿物→P578.3,岩盐、萤石、冰晶石等均入此。

459.5 氧化矿物→P578.4,石英、铝土矿、铁矿等均入此。

459.6 复化合矿物.盐酸类矿物→P578.5/.9

459.61 碳酸盐矿物→P578.6,霞石、白云石、方解石等均入此。

459.62 硅酸盐矿物→P578.94,云母、辉石、黄玉、长石等均入此。

459.65 磷酸盐矿物→P578.92

459.66 硝酸盐矿物→P578.5

459.67 硫酸盐矿物→P578.7,重晶石、石膏、明石等均入此。

459.68 有机化合物→P578.98,沥青、琥珀、石炭、石油等均入此。

459.7 宝石→根据著作内容,入 P578 下相关各类

　　*说明:各种宝石矿需根据著作内容,入 P578 下相关各类。如金绿宝石入 P578.4⁺6;黄晶入 P578.94⁺4。

459.8 陨铁.陨石→P185.83 参见:447.3。

459.9 晶体学→O7

459.91 ①数理晶体学.②晶系→①O71 ②O711⁺.4

459.92 ①晶体形态学.②晶体构造.微细构造→①O713 ②O76

459.93 晶体物理学→O73

459.94 晶体力学→O733

459.95 晶体光学→O734

459.96 晶体化学→O74

459.97 晶体的生长·溶解→①O78 ②O79

460 生物科学.一般生物学→Q

　　*古生物参见 457;本草学参见 499.9。

[460.1 参见 461]

460.7 ①研究法.指导法.②生物学教育→①Q-3 下相关各类 ②Q-4 下相关各类

460.73⁺ 标本的采集与制作→Q-34

460.75 实验方法.显微镜技术.生物染色.电子显微镜→Q-336

460.8 ①丛书.②全集.选集→①Q-51 ②Q-52

460.87⁺ 图集→Q-335

　　　*生物的显微镜写真入此。

461 理论生物学.生命论→①Q-0 下相关各类 ②Q1 下相关各类

461.1 生物哲学.生命的本质.生与死→Q-0

461.15⁺ 生命伦理→Q-0

461.6 生命的起源→Q10

461.9 数理生物学→Q-332

　　　*生物数学、生物统计学、生物测定学均入此。

462 生物地理.生物志→Q15

　　　*地理区分。分类号转换时依世界地区表分,生物志入 Q152/157 下相关各类。

　　取号方法:P15+2/7(世界地区号)

462.9 天然纪念物→Q15

　　　*地理区分。分类号转换时依世界地区表分,入 Q15 下相关各类。

　　　*各类天然纪念物入相关各类。

　　　*天然纪念物 < 植物 > 参见 472.9;天然纪念物 < 动物 > 参见 482.9。

463 细胞学→Q2 参见:491.11。

463.2 原生质→Q242

463.3 细胞质.中心体→Q242

463.4 细胞核.染色体→Q243

463.5 细胞分裂.增殖.倍数性→Q253

463.6 细胞生理学→Q25 下相关各类

463.7 形态学.组织学→Q24 下相关各类

463.8 发生学→Q21

463.9 生理学→Q4 下相关各类

464 生物化学→Q5 参见:439;471.4;481.4;491.4;579.9;613.3。

464.1 ①分子生物学.放射线生物学→①Q7 ②Q691

464.2 蛋白质→Q51 参见:439.4。

464.25 氨基酸→Q517

464.26⁺ 胶原蛋白→Q512⁺.6

464.27 ①核酸.②RNA,③DNA→①Q52 ②Q522 ③Q523

464.3 糖→Q53 参见:439.1。

464.4 脂类.类脂体[糖脂]→Q54 参见:439.2。

464.5 酶→Q55 参见:439.8。

464.55 荷尔蒙→Q57

464.57 维生素→Q56 参见:439.7。

[464.6] 生物碱→Q946.88 参见 471.4。

464.7 其他的有机成分→Q58 参见:439.5。

464.8 无机成分→Q58

464.9 生物物理学→Q6

465 微生物学→Q93 参见:473.2;491.7;613.65。

    * 工业微生物参见 588.51;病理微生物参见 491.7。

465.1 微生物形态学→Q934

465.3 微生物生理学→Q935

465.4 微生物化学→Q936

465.5 抗原.抗体.抗毒素→Q939.9

    * 抗生物质参见 491.79。

<465.7/.8 各种的微生物 >→Q939 下相关各类

    说明:(1)465.7/.8 分类号转换时,需根据著作内容入相关各类。细菌入 Q939.1;螺旋体入 Q939.2;立克次体入 Q939.3;病毒入 Q939.4;真菌宜入 Q949.32。(2)Q939.1/.5 如需细分,可依此类下的专类复分表进行细分(见《中图法》P340)。

467 遗传学→Q3

467.1 理论遗传学→Q3-0 下相关各类,生物统计遗传学入 Q348。

467.2 实验遗传学→Q3-3

    * 育种学参见 615.21;家畜改良学参见 643.1;优生学参见 498.2。

467.21⁺ 分子遗传学→Q75

467.25⁺ 转基因→Q785 参见:579.93。

467.3 ①细胞遗传学.②性染色体→①Q343 ②Q343.2

    说明:体细胞遗传学入 Q343.5。

467.4 变异→Q319

467.5 进化论→Q349

468 生态学→Q14 参见:471.7;481.7;519。

    * 总论入此,专论入相关各类。如植物生态入 473/479,动物生态入 483/489。

468.2 环境要素:空气,湿度,水,土壤,光→Q142 下相关各类

468.3 生物的适应→Q142.9

468.4 ①群落.②共生.③寄生→①Q145 ②Q143⁺.2 ③Q18

468.5 生物季节→Q144 参见:451.8;613.1。

468.6 浮游生物→Q179.1 参见:663.68。

468.8 海洋生物→Q178.53

    其他法:452.16。

469 人类学→Q98

    * 人类学参见 114;人类史参见 209;文化人类学、民族学参见 389。

    说明:分子人类学入 Q986;人类生态学入 Q988。

469.2 人类的起源→Q981 参见:457.89。

说明:分类号转换时,如需细分,各种猿人入 Q981.2/.6 下相关各类。如类人猿入 Q981.2,化石猿入 Q981.3。

469.3 人类的移动与接触→Q98

469.4 体质人类学→Q983

 * 人体解剖学参见 491.1;人体生理学参见 491.3。

469.41 一般体形:身高,巨人,矮人→Q983⁺.2

469.42 皮肤→Q983⁺.6

469.43 ①头部.②面部.③眼睛.④牙齿→①Q983⁺.3 ②Q983⁺.1 ③Q983⁺.7 ④Q983⁺.8

[469.44] 血型→R457.1⁺1 参见 491.321。

469.45 颅相学→Q983⁺.3

469.46 ①躯干.②四肢骨→①Q983⁺.2 ②Q983⁺.3

469.5 人体测量学→Q984

469.6 人种学.人种分类学→Q982

[469.7] 史前学→K11 参见 202.5。

469.8 难以地理区分的人种→Q982

 * 难以地理区分的民族与国民,用语言区分。

 例:469.8936(=469.8+-936 乌拉尔语族)乌拉尔民族

 * 人种与民族问题宜入 D5/77 相关各类,参见 316.8;地理分布参见 469.9。

469.9 人种志→Q982

 * 地理区分。分类号转换时依世界地区表分,入 Q982 下相关各类。

470 植物学→Q94

 * 栽培植物参见 610/620;650。

470.7 ①研究方法.指导方法.②植物学教育→①Q94-3 下相关各类 ②Q94-4 下相关各类

470.73 植物采集→Q94-34

470.75 实验方法.实验植物学→Q94-33

470.76 植物园→Q94-339

470.9⁺ 植物保护→S4,森林保护学入 S76。

471 一般植物学→Q94

471.1 ①植物形态学.②植物解剖学→①Q944 ②Q944.5

471.2 植物发生学→Q944.4

471.3 植物生理学→Q945,育种学参见 615.21。

471.4 植物化学→Q946 参见:464。

 其他法:生物碱入 Q946.88 参见 464.3。

[471.6] 植物病理学→S432.1 参见 615.81。

471.7 植物生态学→Q948.1 参见:468。

471.71 植物与环境.个生态学.群生态学→Q948.11/.12

471.72/.78 根据植物的地文或地区分布→①Q948.4 ②Q948.5

471.8 植物分类学→Q949

471.9 ①应用植物学.②有毒植物→①Q949.9 ②Q949.98 参见:613.7。

472 植物地理.植物志→Q948.2

    * 地理区分。分类号转换时依世界地区表分,总论入 Q948.2;专论某一地带、地区的植物地理或植物志,入 Q948.3/.5 相关各类。

472.9 天然纪念物→Q949 下相关各类

    例:天然纪念物之元山朝鲜冷杉介绍入 Q949.66$^+$5

<473/479 各种植物 >

<473/476 叶状植物 >

    *说明:473/479 各种植物,一般图书馆取到上位类分类号即可。有特殊分类要求的图书馆,可根据著作具体内容进行细分,入各分类号下相关各类。

    例:478.61$^+$ 紫杉科入 Q949.66(上位类)或 Q949.66$^+$1(细分)

473 叶状植物→Q949.1

    * 隐花植物入此。

473.2 裂殖植物→①Q949.2(裂殖藻类)②Q949.3(裂殖菌类) 参见:465。

473.23$^+$ 细菌类→Q949.3

473.25$^+$ 蓝藻类→Q949.22

473.253$^+$ 蓝球藻目→Q949.22$^+$2

473.255$^+$ 念珠藻目→Q949.22$^+$5

473.3 黏菌植物→Q949.31

    *说明:473.35$^+$ 和 473.37$^+$ 均入 Q949.31。

473.4 鞭毛藻类[鞭毛植物]→Q949.2

    *说明:473.43$^+$ 和 473.45$^+$ 均入 Q949.2。

473.5 双鞭甲藻类→Q949.24

473.6 硅鞭毛藻类→Q949.27

473.7 硅藻植物→Q949.27

    *说明:473.73$^+$ 和 473.75$^+$ 均入 Q949.27。

473.8 接合藻类[接合植物]→Q949.21$^+$6

    *说明:473.83$^+$ 和 473.85$^+$ 均入 Q949.21$^+$6。

474 ①藻类.②菌类→①Q949.2 ②Q949.3

<474.2/.5 藻类→Q949.2>

474.2 绿藻植物→Q949.21

    *说明:474.23$^+$/.27$^+$ 可入上位类分类号 Q949.21。

474.3 轮藻类→Q949.21

474.4 褐藻门→Q949.28

    *说明:474.41$^+$/.49$^+$ 可入上位类分类号 Q949.28。

474.5 红藻门→Q949.29

    *说明:474.51$^+$/.57$^+$ 可入上位类分类号 Q949.29。

<474.6/.9 菌类→Q949.3>

474.6 藻菌植物→Q949.321

    *说明:474.63$^+$/.65$^+$ 可入上位类分类号 Q949.321。

474.7 子囊菌纲→Q949.325

    * 菌类＜一般＞入此。

    * 说明：474.73+/.77+ 可入上位类分类号 Q949.325。

474.8 担子菌纲→Q949.329

    * 说明：474.83+/.89 可入上位类分类号 Q949.329。

474.9 地衣门→Q949.34

475 苔藓植物→Q949.35

    * 说明：475.2/.5 可入上位类苔纲分类号 Q949.35+1,475.6/.9 可入上位类藓纲分类号 Q949.35+2。

476 蕨类植物→Q949.36

    * 说明：476.3/.9 可入上位类分类号 Q949.36,476.8 下相关各类可均入 Q949.36+7.2。

＜477/479 种子植物＞→Q949.4

477 种子植物→Q949.4,显花植物入此。

478 裸子植物→Q949.6

478.3 苏铁类→Q949.61

478.4 本内苏铁类→Q949.63

478.5 银杏类→Q949.64

478.6 松柏类→Q949.66

    * 说明：478.61+/.67+ 可入上位类分类号 Q949.66。

478.7 买麻藤类→Q949.67

    * 说明：478.73+/.75+ 可入上位类分类号 Q949.67。

479 被子植物→Q949.7

479.3 单子叶植物→Q949.71

    * 说明：479.32/.39 可入上位类分类号 Q949.71。

479.32 露兜树类→Q949.71+1

    * 说明：479.323+/.325+ 可入上位类分类号 Q949.71+1。

479.33 ①沼生类.②霉草类→①Q949.71+2 ②Q949.71+3

    * 说明：479.331+/.337+ 可入上位类分类号 Q949.71。

479.34 颖花类→Q949.71+4

    * 说明：479.343+/.345+ 可入上位类分类号 Q949.71+4。

479.35 ①棕榈类.②佛焰花类→①Q949.71+5 ②Q949.71+7

    * 说明：479.351+ 棕榈科入 Q949.71+5,479.355+ 佛焰花类入 Q949.71+7。

479.36 粉状胚乳类→Q949.71+8.1

    * 说明：479.361+/.367+ 可入上位类分类号 Q949.71+8.1。

479.37 百合花类→Q949.71+8.2

    * 说明：479.371+/.377+ 可入上位类分类号 Q949.71+8.2。

479.38 芭蕉类→Q949.71+8.3

    * 说明：479.381+/.384+ 可入上位类分类号 Q949.71+8.3。

479.39 微子类→Q949.71+8.4

　　＊说明：479.393⁺/.395⁺可入上位类分类号 Q949.71⁺8.4。

479.4　双子叶植物纲→Q949.72

　　＊说明：分类号转换时，479.5/.995⁺，一般图书馆分类时均入 Q949.72，有特殊分类要求的图书馆，可入下面列出的分类号。

479.5　离瓣花类[古生花被类]→Q949.72

479.51　轮生类→Q949.72

479.52　胡椒类→Q949.732

　　＊说明：479.523⁺/.525⁺可入上位类分类号 Q949.732。

479.53　杨柳类→Q949.733

479.54　杨梅类→Q949.734

479.55　胡桃类→Q949.735

479.56　山毛榉类→Q949.736

　　＊说明：479.563⁺/.565⁺可入上位类分类号 Q949.736。

479.57　荨麻类→Q949.737

　　＊说明：479.573⁺/.577⁺可入上位类分类号 Q949.737。

479.61　山龙眼类→Q949.739

479.62　檀香类→Q949.741

　　＊说明：479.623⁺/.625⁺可入上位类分类号 Q949.741。

479.63　马兜铃类→Q949.742

479.64　蓼类→Q949.744

479.65　中央种子类→Q949.745

　　＊说明：479.651⁺/.655⁺可入上位类分类号 Q949.745。

479.71　毛茛类→Q949.746

　　＊说明：479.711⁺/.719⁺可入上位类分类号 Q949.746。

479.72　罂粟类→Q949.748

　　＊说明：479.721⁺/.723⁺可入上位类分类号 Q949.748。

479.74　瓶子草类→Q949.749

　　＊说明：479.743⁺/.745⁺可入上位类分类号 Q949.749。

479.75　蔷薇类→Q949.751

　　＊说明：绣球花、梅花、杏花、樱花、梨花、枇杷、桃花等均入此。

479.78　豆科→Q949.751.9

479.79　攀打类→Q949.72

479.81　牻牛儿苗类→Q949.752

　　＊说明：479.811⁺/.815⁺可入上位类分类号 Q949.752。

479.82　无患子类→Q949.754

　　＊说明：479.821⁺/.824⁺可入上位类分类号 Q949.754。

479.83　鼠李类→Q949.756

　　＊说明：葡萄、枣树、爬山虎等均入此。

479.84　锦葵类→Q949.757

* 说明:锦葵、梧桐、木棉等均入此。

479.85 侧膜胎座类→Q949.758

479.86 仙人掌类→Q949.759.9

479.87 桃金娘类→Q949.761

　　　说明:479.873⁺/.877⁺ 可入上位类分类号 Q949.761。

479.88 伞形花类→Q949.763

　　　* 说明:479.883⁺/.885⁺ 可入上位类分类号 Q949.763。

　　　*479.887⁺ 天南星科中图法列在单子叶植物纲下,入 Q949.71⁺7.2。

479.9 合瓣花类[后生花被类]→Q949.72

　　　* 说明:本类下的分类号如不需细分,可均入 Q949.72。

479.91 杜鹃类→Q949.772

479.92 报春花类→Q949.773

479.93 柿类→Q949.775

479.94 捩花类[四旋花类]→Q949.776

479.95 管花类[筒状花类]→Q949.777

　　　* 说明:479.951⁺/.965⁺ 可入上位类分类号 Q949.777,479.967⁺ 胡麻科入 Q949.778.2。

479.97 ①车前类.②茜草类→①Q949.779 ②Q949.781

479.98 葫芦类→Q949.782

479.99 桔梗类→Q949.783

　　　* 说明:479.993⁺/.995⁺ 可入上位类分类号 Q949.783。

480 动物学→Q95

　　　* 蚕丝业参见 630;水产业参见 660;畜牧业参见 640。

480.7 ①研究法.指导法.动物学教育→①Q95-3 下相关各类 ②Q95-4 下相关各类

480.73 动物采集.剥制法→Q95-34

480.75 实验方法.实验动物学→Q95-33

480.76 动物园.水族馆.实验动物.饲育法→Q95-339 参见:490.769。

480.9⁺ 动物保护→①S863(野生动物)②Q959 下相关各类(各类动物)

481 一般动物学→Q95

481.1 ①动物形态学.②动物解剖学→①Q954 ②Q954.5

　　　* 动物细胞学→Q952;比较解剖学→Q954.5;动物组织学→Q954.6;动物畸形学→Q954.49

481.12 循环器官→Q954.56

481.13 呼吸器官→Q954.57

481.14 消化器官.营养器官→Q954.58

481.15 泌尿生殖器官→①Q954.591(排泄器官)②Q954.592(生殖器官)

481.16 运动器官→Q954.54

481.17 ①神经系统.②感觉器官→①Q954.52 ②Q954.53

481.18 皮肤→Q954.539

481.19 体形学→①Q954.2 ②Q954.3

481.2 动物发生学→Q954.4

　　* 个体发生、卵生、胎生、幼虫与形体变化等均入此号。

481.3　动物生理学→Q4

481.32　循环→Q46

481.33　呼吸→Q47

481.34　①消化.②排泄→①Q48 ②Q491

481.35　生殖→Q492

481.36　运动→Q44

481.37　①神经.②感觉→①Q42 ②Q43

481.39　变异.遗传→Q953

481.4　动物化学→Q5　参见：464。

481.7　动物生态学→Q958.1　参见：468。

　　* 总论入此，专论某种动物生态的著作入 Q959.1/.8 相关各类。

　　*481.71/.78 可入上位类分类号 Q958.1，有特殊分类要求的图书馆，可根据著作具体内容进行
　　细分，入各分类号下相关各类。

　　例：481.78 动物的行动与心理.攻击与防御入 Q958.12⁺2.4。

481.8　动物分类学→Q959

481.9　应用动物学→Q959.9　参见：613.8。

482　动物地理.动物志→Q958.2

　　* 地理区分。分类号转换时依世界地区表分，总论入 Q958.2；专论某一地带、地文、地区的动物
　　分布入 Q958.3/.5；专论某一种动物的地区分布的著作入 Q959.1/.8 相关各类。

<483/489　各类动物 >→Q959

<483/486　无脊椎动物 >→Q959

　　　* **说明**：483/489 各类动物进行分类号转换时，可入上位类。有特殊分类要求的图书馆，均
　　　　可仿 Q939.1/.5 类下的专类复分表分（《中图法》P340），详细对每种动物的演化与
　　　　发展、细胞学、遗传学等进行分类。

483　无脊椎动物→Q959.1

483.1　原生动物→Q959.11

483.13　鞭毛虫类→Q959.112

483.14　根足类→Q959.114

　　*483.141⁺/.144⁺ 可入上位类分类号 Q959.114。

483.15　孢子虫类→Q959.115

483.16　纤毛类→Q959.117

483.19　中生动物→Q959.129

483.2　海绵动物→Q959.12

483.3　腔肠动物→Q959.13

　　*483.31⁺/.37⁺ 可入上位类分类号 Q959.13。

483.4　扁形动物→Q959.15

　　*483.41⁺/.47⁺ 可入上位类分类号 Q959.15。

483.5　纽形动物→Q959.16

483.6 轮形动物→Q959.18

　　*483.63⁺/.67⁺ 可入上位类分类号 Q959.18。

483.7 线虫动物→Q959.17

　　*483.73⁺/.77⁺ 可入上位类分类号 Q959.17。

483.8 毛颚动物→Q959.27

483.9 环节动物→Q959.19

　　*483.91⁺/.997⁺ 可入上位类分类号 Q959.19。

483.91⁺ 原环虫类→Q959.191

483.92⁺ 多毛类→Q959.192

483.93⁺ 寡毛类→Q959.193

483.94⁺ 蛭类→Q959.194

483.95⁺ 螠类→Q959.195

483.96⁺ 星虫类→Q959.197

483.99 疣足类→Q959.19

484 软体动物.贝类学→Q959.21

484.3 双神经类→Q959.211

484.4 斧足类→Q959.215,蛤仔、牡蛎、蚌、蛤等入此。

484.5 掘足类→Q959.214

484.6 腹足类→Q959.212,鲍鱼、螺、田螺、货贝等入此。

484.7 头足类→Q959.216,乌贼、章鱼、鹦鹉螺等入此。

484.8 前肛动物→Q959.23/.25

484.83⁺ 苔藓类→Q959.23

484.85⁺ 腕足类→Q959.24

484.87⁺ 帚虫类→Q959.25

484.9 棘皮动物→Q959.26

484.91⁺ 海百合类→Q959.264

484.93⁺ 海星类→Q959.266

484.95⁺ 蛇尾纲→Q959.267

484.96⁺ 海胆类→Q959.268

484.97⁺ 海参类→Q959.269

485 节肢动物→Q959.22 昆虫类参见 486。

485.3 甲壳类→Q959.223

485.4 原气管类[软脚类]→Q959.228

485.5 皆足类→Q959.22

485.6 剑尾类→Q959.225.9

485.7 蛛形类→Q959.226

　　*485.73⁺/.77⁺ 可入上位类分类号 Q959.226。

485.8 多足类→Q959.229

485.9 半索动物→Q959.28

485.93⁺ 口索类→Q959.281

485.95⁺ 尾索类→Q959.284

485.97⁺ 头索类→Q959.287

486 昆虫类→Q96 参见：613.86；654.86。

486.1 一般昆虫学→Q961/968

　　　*说明：NDC将昆虫学相关理论集中入486.1，在进行分类号转换时，需根据文献内容入相关各类：昆虫演化与发展入Q961；昆虫细胞学入Q962；昆虫遗传学入Q963；昆虫形态学入Q964；昆虫生理学入Q965；昆虫病理学入Q965.8；昆虫毒理学入Q965.9；昆虫生物化学入Q966；昆虫生物物理学入Q967；昆虫生态学和地理学入Q968下相关各类。

486.2 无翅类→Q969.1

486.23⁺ 衣鱼目→Q969.12⁺4

486.25⁺ 原尾目→Q969.11

486.27⁺ 端足目→Q959.223⁺.57

486.3 有翅类＜一般＞→Q969.2

486.31 襀翅目→Q969.24

486.32 等翅目→Q969.29

486.33 纺足目→Q969.28

486.34 啮虫目→Q969.31

486.35 食毛目→Q969.33

486.36 虱目→Q969.37

486.37 蜉蝣目→Q969.21

486.38 缨尾类→Q969.12

486.39 蜻蜓目→Q969.22

486.4 直翅目→Q969.26

486.41⁺ 蚤蠊科→Q969.26⁺2

486.42⁺ 蝗蠊科→Q969.25⁺3

486.43⁺ 螳螂科→Q969.26⁺1

486.44⁺ 竹节虫科→Q969.26⁺6

486.45⁺ 蝗科→Q969.26⁺5.2

486.46⁺ 螽斯总科→Q969.26⁺3.1

486.47⁺ 蝼蛄科→Q969.26⁺4.6

486.48⁺ 蟋蟀总科→Q969.26⁺3.4

486.49 革翅目→Q969.27

486.5 半翅目→Q969.35

　　　*蟑螂、蝉等入此。

486.6 甲虫目[鞘翅目]→Q969.48

　　　*龙虱、金龟子、金花虫、萤火虫等入此。

486.69 捻翅目→Q969.52

486.7 膜翅目→Q969.54 参见:646.9。

　　* 蚂蚁、蜜蜂等入此。

486.76 脉翅目→Q969.38

486.77 长翅目→Q969.39

486.78 毛翅目→Q969.41

486.8 鳞翅目→Q969.42 参见:633。

486.9 双翅目→Q969.44

　　* 牛虻、蚊子、苍蝇等入此。

486.98 隐翅目→Q969.48

　　说明:隐翅甲总科入 Q969.48+3.4,隐翅虫科入 Q969.48+4.4。

<487/489 脊椎动物 >→Q959.3

487 脊椎动物→Q959.3

487.4 圆口类→Q959.39

487.43+ 盲鳗类→Q959.39+3

487.45+ 七鳃鳗类→Q959.39+1

487.5 鱼类→Q959.4

　　说明:分类号转换时,本类均可仿 Q939.1/.5 类下的专类复分表分(《中图法》P340 页)。

487.51 一般鱼类学:形态,生理,生态→Q959.4

　　说明:参照 483/486 下说明取号。

　　取号方法:Q959.4+ 专类复分号

　　例:鱼类的演化与发展入 Q959.401(=Q959.4+01 演化与发展复分号)

487.52 鱼类志.分布→Q959.408

　　* 地理区分。如果没有特殊分类要求,地理区分可省略不分。

　　说明:参照 483/486 下说明取号。

　　取号方法:Q959.4+ 专类复分号 +(世界地区号)

　　例:487.5233(=487.52+-33 英国地区号)不列颠鱼类志入 Q959.408(561)(=Q959.4+08 生态学和地区分布复分号 +561 英国地区号),一般图书馆取分类号 Q959.408 即可。

487.53 板鳃类.软骨鱼类→Q959.41

487.54 横口类→Q959.41

487.55 鳐类→Q959.432

487.56 全头类→Q959.44

487.57 硬鳞鱼类→Q959.4

487.58 肺鱼类→Q959.45

487.59 软骨鱼类→Q959.41

　　说明:有特殊分类要求的图书馆,可根据著作具体内容进行细分,入 Q959.41/.44 下相关各类。如鲨形总目入 Q959.41,鳐目入 Q959.432,银鲛目入 Q959.44+2。

487.6 硬骨鱼类→Q959.46

　　*487.61/.79 均入分类号 Q959.46。有特殊分类要求的图书馆,可根据著作具体内容进行细分,入 Q959.46/.499 下相关各类。

例:487.62 狗母鱼入 Q959.46⁺7;487.74 飞鱼入 Q959.471。

487.8 两栖类→Q959.5

487.83 蚓螈目→Q959.5⁺1

487.84 有尾目→Q959.5⁺2

487.85 无尾目→Q959.5⁺3

487.9 爬行类→Q959.6

487.93 蜥蜴亚目→Q959.6⁺2

487.94 蛇亚目→Q959.6⁺2

487.95 龟鳖目→Q959.6⁺3

487.96 鳄目→Q959.6⁺4

488 鸟类→Q959.7 参见:646。

488.1 一般鸟类学:形态,生理,生态,繁殖→Q959.7

　* 说明:参照 487.51 取号,入 Q959.7 下相关各类。

488.2 鸟类志→Q959.708

　* 地理区分。参照 487.52 取号,入 Q959.708 下相关各类。

<488.3/.9> 各种鸟类→Q959.7

488.3 平胸目.走禽类→①Q959.7⁺11 ②Q959.7⁺12 ③Q959.7⁺13 ④Q959.7⁺14

488.4 鸡目→Q959.7⁺25

488.45 鸽目→Q959.7⁺29

488.5 鹤目.涉禽类→①Q959.7⁺22 ②Q959.7⁺26 ③Q959.7⁺27

488.55 鹬目→Q959.7⁺27

488.58 鹭目→Q959.7⁺22

488.6 黄雀类.游禽类→Q959.7⁺39

488.64/.65 海鸥类→Q959.7⁺28

488.66 企鹅类→Q959.7⁺16

488.67 雁形类→Q959.7⁺23

488.68 全蹼类→Q959.7

488.69 雁鸭类→Q959.7

488.7 鹰类.猛禽类→Q959.7⁺24,乌鸦入 Q959.7⁺39。

488.8 鹦形目.攀禽类→Q959.7⁺31

488.84 杜鹃目→Q959.7⁺32

488.86 啄木鸟目→Q959.7⁺38

488.87 攀木鸟目→Q959.7

488.9 佛法僧目→Q959.7⁺37

　* 鸣禽 <一般> 入此。

488.93 翠鸟目→Q959.7⁺37

488.94 犀鸟亚目→Q959.7⁺37

488.95 蜂虎亚目→Q959.7⁺37

488.96 蜂鸟目→Q959.7⁺35

488.97 夜鹰目→Q959.7⁺34

488.98 燕目→Q959.7

488.99 雀目[燕雀目]→Q959.7⁺39

489 哺乳类→Q959.8

　　* 说明：489.2/.9 均可入 Q959.8，有特殊分类要求的图书馆，可根据著作具体内容进行细分。

489.2 单孔目→Q959.81⁺2

489.23⁺ 鸭嘴兽科→Q959.81⁺2

489.25⁺ 针鼹科→Q959.81⁺2

489.3 有袋目→Q959.82⁺2

489.41 食虫目→Q959.831

489.42 翼手目→Q959.833

489.43 皮翼目→Q959.832

489.44 鳞甲目→Q959.835

489.45 贫齿目→Q959.834

489.46 管齿目→Q959.847

489.47 啮齿目→Q959.837

489.48 兔形目→Q959.836

489.5 食肉目→Q959.838

489.53/.58 虎、豹、狮子、獴、狼、狐狸、獾、水獭、貂等→Q959.838

489.59 海狮科.海豹科→Q959.839

489.6 鲸目→Q959.841

489.67 海牛目→Q959.846

489.7 长鼻目→Q959.845

489.75 蹄兔目→Q959.844

489.8 奇蹄目→Q959.843 参见：645.2。

489.82 偶蹄目→Q959.842

　　　　*489.83/.88 均入 Q959.842。

489.9 灵长目→Q959.848

　　　　*489.93⁺/.97⁺ 均入 Q959.848。灵长类学、长臂猿、猩猩等均入此。

490 医学→R

　　* 家庭卫生参见 598；兽医学参见 649。

490.1 医学哲学→R-02

490.14 医学与心理→R395.1

490.15 医学与伦理→R-052

490.16 医学与宗教→R-05

490.7 ①研究法.指导法.②医学教育→①R-3 下相关各类 ②R-4 下相关各类

490.76 实验·研究设施→R-33

490.769⁺ 动物实验→R-332 参见：480.76。

490.79 国家执业医师资格考试→入相关医学大类。

例: 国家临床执业医师资格考试入 R4。

490.9 ①东方医学.中医学.②古药方→①R2 ②R289 参见:402.105。

    * 特定的疾病入相关学科。中药参见 499.8。

<491/498 各类医学 >

    * 说明: 491/498 各类医学,一般图书馆取到相应上位类分类号即可,有特殊分类要求的图书馆,可根据著作具体内容进行细分,入各分类号下相关各类。

491 基础医学→R3

491.1 人体解剖学→R322 病理解剖学参见 491.6。

491.103 参考图书→R322-6

491.1038 解剖图→R322-64

491.11 ①人体组织学.②人体细胞学.③显微解剖→①R329 ②R329.2 ③R329.4 参见:463。

    *491.112/.117 可入上位类分类号 R329。

<491.12/.18 按器官分类 >

491.12 ①循环器官[脉管系统].②造血器官→①R322.1 ②R322.2

491.123 心脏→R322.1$^+$1

491.124 血管→R322.1$^+$2

491.129 淋巴系.造血器官→R322.2

491.13 呼吸器官→R322.3

491.134 鼻→R322.3$^+$1

491.135 喉→R322.3$^+$2

491.136 ①气管.②支气管→①R322.3$^+$3 ②R322.3$^+$4

491/138 肺→R322.3$^+$5

491.139 胸膜→R322.3$^+$6

491.14 消化器官→R322.4

    * 内脏 < 一般 > 收录于此。

491.143 口.舌.齿.上颚.唇→R322.4$^+$1

491.144 ①咽.②食道→①R322.4$^+$2 ②R322.4$^+$3

491.145 胃→R322.4$^+$4

491.146 ①肠.②肛门→①R322.4$^+$5 ②R322.4$^+$6

491.147 ①肝脏.②胆囊.③脾脏→①R322.4$^+$7 ②R322.4$^+$8 ③R322.2$^+$1

491.148 腹膜→R322.4$^+$92

491.149 内分泌器官[内分泌腺]→R322.5

    * 脑垂体入 R322.5$^+$4,胸腺入 R322.5$^+$3,甲状腺入 R322.5$^+$1,肾上腺入 R322.5$^+$6。

491.15 泌尿·生殖器→R322.6

491.153 泌尿器→R322.6

491.154 男性生殖器→R322.6$^+$4

491.155 女性生殖器→R322.6$^+$5

491.158 乳房,乳腺→R323.2$^+$3

491.16 运动器官→R322.7

*491.162/.169 可入上位类分类号 R322.7。

491.17 神经系统→R322.8

491.171 中枢神经系统→R322.81

491.172/.173 各类周围神经→R322.85

491.174 ①视觉器官.②眼→①R322.9 ②R322.9⁺1

491.175 平衡感觉器官.听觉器官.耳→R322.9⁺2

491.176 嗅觉器官→R322.9⁺4

491.177 味觉器官→R322.9⁺5

491.178 触觉器官→R322.9⁺6

491.179 深部感觉器官→R322.9⁺7

491.18 表皮.皮肤→R322.99

491.183 皮腺.汗腺→R322.99⁺3

491.185 ①毛发.②指(趾)甲→①R322.99⁺5 ②R322.99⁺4

491.19 ①局部解剖学.②人体形态学→①R323 ②R32

491.192 头部.脑部.面部→R323.1

491.193 颈部→R323.1

491.194 ①胸部:胸腔.②背部→①R323.2 ②R323.4⁺1

491.195 腹部.腹腔.腰部→R323.3

491.196 ①骨盆.②尾骨→①R323.5 ②R323.4

491.197 上肢部:腕,手,手指→R323.7⁺1

491.198 ①下肢部:膝部,足部.②臀部→①R323.7⁺2 ②R323.4⁺4

491.2 发生学.胎生学→R321

491.21 胚叶形成→R321.4

491.22/.28 器官形成→R321.5

　　　　说明：NDC 取号时,仿 491.12/.18 分;中图分类号转换时不细分,均入 R321.5。

　　　　取号方法：491.2+ 仿分号(仿 491.12/.18 分)

　　　　例：491.245(=491.2+[491.1]45 胃仿分号)胃的形成入 R321.5

　　　　注：类号中列出"[491.1]",目的是向馆员展示如何仿分取号,实际应用中需要去掉。

491.29 异常生长.畸形生长.畸形学→R321.6

491.3 人体生理学→R33

　　其他法：生物工程学 548.6。

491.31 ①细胞生理学.②组织生理学.③解剖生理学→①R329.2⁺5 ②R329.3 ③R324

<491.32/.37 各系统的生理 >

491.32 血液与循环→R331

491.321 血液→R331.1

　　　其他法：血型 469.44。

491.322⁺ 血小板.红血球.白血球.血红素(红血球中的)→R331.1⁺4

491.323/.328 心脏、血管、动脉、静脉等有关血液循环→R331.3

491.329 ①淋巴.②造血机能→①R331.4 ②R331.2

491.33 呼吸→R332

  ＊说明：491.331/.339可入上位类分类号R332。

491.34 消化.营养→R333

491.341 ①吸收.②代谢→①R333.5 ②R333.6

[491.342] 营养生理→R151.1 参见498.56。

491.343 口腔→R333.1

491.344 食道→R333.1

491.345 胃→R333.2

491.346 肠→R333.3

491.347 肝脏→R333.4

491.348 分泌.排泄→R334

491.349 内分泌腺→R335

491.35 ①生殖.性学.②发育→①R339.2 ②R339.3 参见：367.9。

  ＊一般的性知识入598.2。

491.351 男性生育机能→R339.2⁺1

491.352 女性生育机能→R339.2⁺2

491.354 性交.受精.人工受精.妊娠.生产→R71 参见：495。

491.355 胎儿的生理·发育→R714.51

491.356 婴儿的发育.生长→R174⁺.2

491.357 青春期→R339.31

491.358 ①更年期.②衰老.③死亡→①R339.33 ②R339.3⁺8 ③R339.3⁺9

491.36 体温.运动器官的生理→G804.2

  ＊说明：491.361/.369可入上位类分类号G804.2；491.363肌肉生理入R337；491.366骨生理
   入R336。

491.37 ①神经系统.②感觉器官的生理→①R338 ②R339.1 参见：141.2。

491.371 中枢神经→R338.2

491.372 末梢神经.神经肌生理学→R338.7

491.373 自律神经→R338

491.374 视觉→R339.14 参见：141.21；425.8；496.1。

491.375 ①平衡觉：②听觉→①R339.17 ②R339.16

  参见：141.22；424.8；496.6；761.12。

491.376 嗅觉→R339.12 参见：141.23；496.7。

491.377 味觉→R339.13 参见：141.23；496.8。

491.378 皮肤感觉→R339.11

491.379 深部感觉[肌觉]→R339.17

491.4 生物化学→Q5 参见：464；579.9。

  ＊一般生物化学参见464。

491.41 生物物理化学.生物成分.生物胶质.PH值测定法→Q50下相关各类

<491.42/.46 各种生物物质>

491.42 ①蛋白质.②氨基酸→①Q51 ②Q517

491.43 糖类→Q53

491.44 脂类→Q54

491.45 酶→Q55

491.455⁺ 维生素→Q56

491.457⁺ 荷尔蒙.前列腺素→Q57

491.46 无机成分→Q58

491.47 代谢·营养的化学→Q591 参见:498.55。

491.49 临床生物化学.异常生物化学→R362
   * 总论入此,专论入相关各类。

491.5 药理学[药物学]→R96
   * 药物的生理学、治疗学的作用入此;药化学、药剂学入499。处方学参见:499.2。

491.59 毒物学→R99 参见:493.15。

491.6 病理学→R36
   * 病理解剖学和病理组织学入 R361;病理化学入 R362;病理生理学入 R363。
   * 各器官的疾病病理入 493/497。

491.61 ①疾病.症状学.病因学.②发病→①R363.1 ②R363.2

<491.62/.68 各种病理现象 >

491.62 循环障碍→R364.1
   * 出血,充血,淤血,贫血,血栓,梗塞,浮肿,水肿等入 R364.1 下相关各类。

491.63 外伤→①R365 ②入相关各类。
   * 例:创伤入 R64;骨折入 R683;扭伤入 R684。

491.64 炎症→R364.5

491.65 肿瘤.癌→R730.2
   * 一般癌症收录于此。

491.66 畸形→①R365 ②入相关各类

491.67 器官机能障碍→①R365 ②入相关各类

491.68 进行性·退行性病变.硬化症→R364.3,萎缩入 R364.2。

491.69 体质学:性质(天生具有)→R363.2,遗传病入 R596。

491.7 细菌学.病原微生物学→R37 参见:465;493.8。

491.71 形态.生理.细菌化学→R37

491.72 ①检查法.培养法.②消毒.减菌→①R446.5 ②R187

491.73 球菌→R378.1

491.74 ①杆菌.②放线菌→①R378.2/.99 ②R379

491.75 螺旋体→R377

491.76 立克次氏体→R376

491.77 病毒→R373

491.78 原虫类→R382

491.79 抗生素→R978.1 参见:492.31;499.1。

491.8 免疫学→R392 参见:493.8。

491.83⁺ 血清学→R392.7

491.85⁺ 抗体→R392.11

491.9 寄生虫学→R38

491.92 绦虫类→R383.3

491.93 吸虫类:血吸虫,肺吸虫,肝吸虫→R383.2

491.94 线虫类:蛔虫.蛲虫.十二指肠虫→R383.1

492 ①临床医学.②诊断·③治疗→①R4 ②R44 ③R45 参见:598。

　　　*各科、各种疾病的诊断·治疗入 493/497;内科诊断学入 492.1。

492.1 诊断学.临床检查法→R44,影像诊断法入 R445。

492.11 一般检查法:病例,症状,局部观察→R443

　　　　*视诊,听诊,叩诊,触诊,体温等均入此。

492.12 心脏·血管系统的诊断·检查法→R444

　　　　*心电图入 R540.4⁺1,脑血流图入 R741.044。

492.13 胸部的诊断·检查法→R443

492.14 腹部的诊断·检查法→R443

[492.15] 泌尿·生殖器的检查法→R443 参见 494.92。

492.16 ①脑脊髓液检查.②脑波.肌电图.③电诊断法→①R446.14 ②R741.044 ③R444

492.17 生物化学的检查法→R446.1

　　　　*血液检查入 R446.11;尿液检查入 R446.12;粪便检查入 R446.13;其他生物化学检查均入
　　　　R446.19。

492.18 ①细菌学·②血清学的检查学→①R446.5 ②R446.11

492.19 组织学的检查法.病理组织检查法→R446.8

492.2 对症疗法.技术疗法.处理与治疗后的情况→R45

492.21/.25 注射法、穿刺法、灌肠法、吸入法、洗净法:胃,肠→R452

492.26 ①输血.②输液→①R457.1 ②R457.2

492.27 放血法→R457.3

492.28 人工呼吸法→R459.9

492.29 急救处理→R459.7

492.3 化学疗法.药物疗法→R453

492.31/.37 均入 R453,抗生素疗法入 R453.2。

492.38 ①脏器疗法.②激素→①R458 ②R459.1

492.39 血清疗法→R457.2

492.4 放射医学→R81 参见:427.55;549.96。

492.42 X 线发生装置·测量→R812

492.43 X 线诊断学→R814

492.432/.438 各部位的造影法→R816 下相关各类

　　　　*说明:NDC 取号方法:492.43+仿分号(仿 491.12/.18 分),分类号转换时入 R816 下
　　　　相关各类。

例:492.4345(=492.43+45 胃仿分号)胃的伦琴射线诊断入 R816.5

492.44 X 射线疗法→R815

492.47 镭疗法→R815.3

492.48 同位素→R817

492.5 物理疗法.自然疗法→R454

　　*放射线疗法参见 492.4。

492.51 光射疗法:紫外线,可见光,红外线→R454.2

492.52 电疗法:高频电疗,超短波,透热性电疗→R454.1

492.53 热疗法:热水浴,敷法,冷疗法→R454.5

492.54 温泉疗法.水疗法.浴疗法→R454.5

492.55 气候疗法.大气疗法.氧疗法→R454.6

492.56 超声波疗法→R454.3

[492.6] 食疗→R459.3 参见 498.583。

492.7 按摩.机器疗法→R454.4

492.8 医疗机器·设备→R197.39 参见:535.4。

　　*各科专用的器械入 493/497,分类号转换时入 R5/78 相关各类。

492.89⁺ 人造器官.卫生材料→R318.1

492.9 护理学→R47 家庭护理参见 598.4。

492.901 护理学·哲学→R47–05

492.9014⁺ 护理心理学→R471

492.9015⁺ 护理伦理学→R47–05

492.9019⁺ 护理统计学→R47–05

492.907 ①研究法.指导法②看护教育→①R47–3 下相关各类 ②R47–4 下相关各类

492.9097 护理职业资格考试→R47

492.91⁺ 基础护理科学→R47

492.911⁺ 基础护理技术·检查→R472

492.912⁺ 护理记录·检查→R472

492.913⁺ 护理诊断→R472.9

492.914⁺ 护理过程→R472

492.915⁺ 护理业务·计划→R47

<492.916⁺/.919⁺ 各专科护理 >→R473 下相关各类。

　　*说明:492.916⁺/.919⁺ 各类护理,一般图书馆取到上位类分类号即可;有特殊分类要
　　　　求的图书馆,可根据著作具体内容进行细分,入各分类号下相关各类。

492.918⁺ ①临终护理.②临终关怀→①R473 ②R48

492.92⁺ 分对象护理→R473.71/.74

492.921⁺/.924⁺ 母子护理、产科护理、产妇护理→R473.71

492.925⁺ 小儿看护→R473.72

492.926⁺ 成人护理→R473

492.927⁺ 精神科护理→R473.74

492.928⁺ 妇产科护理→R473.71

492.929⁺ 老年人护理→R473.59

492.98⁺ 护理行政·管理→R197.322

　　　　*492.981⁺/.996⁺ 均入 R197.322。

493 内科学→R5 诊断学参见 492.1。

493.09 精神身体医学→R749

493.1 全身性疾病.一般疾病→R59

493.11 特殊疑难杂病→R597

493.12 ①代谢异常.②营养障碍·失调→①R589 ②R591

　　　　* 低血糖入 R587.3。

493.123⁺ 糖尿病→R587.1

493.125⁺ 肥胖症→R589.2

493.13 维生素缺乏症→R591.4

493.14 过敏性疾病→①R593 ②相关各类

　　　　说明：分类号转换时,总论性著作入 R593,各部位各器官的过敏性疾病入相关各类。

493.15 中毒→R595 参见:491.59。

493.152 金属中毒→R595.2

493.153 非金属中毒→①R595.1(气体中毒) ②R595.4(农药中毒)

493.155 ①药品中毒.②麻药中毒→①R595.4 ②R595.5 参见:368.81。

493.156 酒精中毒→R595.6 参见:368.86。

493.157 食物中毒→R595.7

493.158 蛇毒中毒→R595.8

493.159 自体中毒→R595.9

493.16 ①寄生虫病.②地方病[风土病]→①R53 ②R599 参见:491.9。

493.17 血液疾病→R55

　　　　说明：出血性疾病入 R554;血友病入 R554⁺.1;紫癜入 R554⁺.6。

493.173⁺ 白血病·血液成分异常→R551

493.175⁺ 贫血→R556

493.18 成人病.成人医学→入相关各类 参见:367.7;369.26;498.38。

　　　　说明：分类号转换时,需根据著作具体内容入相关各类。如更年期障碍总论入 R588;男性
　　　　　　更年期障碍入 R697⁺.22;女性更年期障碍入 R711.75。

493.19 物理性损害→R594

　　　　* 电击伤入 R647;日射病入 R594.1⁺.1;中暑入 R594.1⁺2。

493.195⁺ 放射损伤→R818.7 参见:539.68。

　　　　* 核医学入 R81。

493.2 循环器官疾病→R54

493.23 ①心脏.②心肌梗塞.③心脏病.④心瓣膜疾病.⑤心膜炎→①R54 ②R542.2⁺2 ③R541 ④R542.5
　　　　⑤R542.4⁺1

493.231⁺ 心绞痛→R541.4

493.235⁺ 心力衰竭→R541.6

493.24 ①血管:②静脉炎,③动脉硬化症→①R543 ②R543.6 ③R543.5;R543.1⁺2(主动脉硬化)

493.25 ①血压:②高血压,③低血压→①R544 ②R544.1 ③R544.2

493.29 ①造血器官疾病.②淋巴系统疾病→①R551 ②R551.2

　　说明:分类号转换时,骨髓炎宜入 R681.2;骨髓瘤、脾肿瘤、淋巴腺瘤宜入 R733 下相关各类。

493.3 呼吸器官疾病→R56 过敏参见 493.87。

493.36 ①支气管:②支气管炎,③支气管哮喘→①R562.2 ②R562.2⁺1 ③R562.2⁺5

493.38 ①肺:②肺炎,③肺脓肿,④肺气肿,⑤肺栓塞→①R563 ②R563.1 ③R563.2 ④R563.3
　　　　⑤R563.5

　　*肺结核参见 493.89。

493.385⁺ 肺癌→R734.2

493.39 ①胸膜.胸壁:②胸膜炎,③脓胸,④纵隔炎→①R561 ②R561.1 ③R561.6 ④R564⁺.2

493.4 消化器官疾病→R57

493.43 ①口腔:②口腔炎症,③舌炎,④唾液腺炎→①R78 ②R781 ③R781.5⁺7 ④R781.7

493.44 ①食道:食道炎,食道溃疡,②食道狭窄→①R571 ②R571⁺.1

493.445⁺ 食道癌→R735.1

493.45 ①胃:胃松弛,胃扩张,胃下垂,②胃炎,③胃肠功能紊乱→①R573 ②R573.3 ③R573.5

493.454⁺ 胃溃疡→R573.1

493.455⁺ 胃癌→R735.2

493.46 ①肠:肠炎,肠结核,肠扭转,②肠梗阻,③十二指肠溃疡,④阑尾炎,⑤腹泻,便秘→①R574
　　　　②R574.2 ③R573.1 ④R574.61 ⑤R574.62

493.465⁺ 肠癌→R735.3

493.47 ①肝脏.胆道.②胰脏:③黄疸,肝脏溃疡,肝功能不全,④肝炎,⑤胰结石,胰囊肿,⑥胆结石,
　　　　⑦胆囊炎→①R575 ②R576 ③R575 ④R575.1 ⑤R576 ⑥R575.6⁺2 ⑦R575.6⁺1

493.475⁺ ①肝癌.②胰脏癌→①R735.7 ②R735.9

493.477⁺ 肝硬变→R575.2

493.48 腹膜→R572.2

493.49 内分泌疾病→R58

[493.5] 泌尿生殖器疾病→R69 参见 494.9。

493.6 运动器官疾病→R68

493.63⁺ 关节炎→R684.3

493.64⁺ 肌肉萎缩→R685

493.65⁺ 软骨病→R681.3

493.7 ①神经病学.②精神病学→①R741 ②R749 参见:145。

　　说明:NDC 将神经病学与精神病学集中入 493.7 下相关各类,进行分类号转换时,根据著作
　　　　具体内容入相应中图分类号。

493.71 病理解剖学.病态生理学.精神病理学→①R741 ②R749

493.72 ①病因.②诊断→①R741.02 ②R741.04

493.73 ①脑·②脊髓·③神经系统疾病→①R742(脑部)R743(脑血管) ②R744 ③R745

　　　　* 说明：不同的疾病入相关各类，如脑出血入 R743.34。

493.731⁺　①骨髓炎.②脊髓肿瘤→①R681.2 ②R739.42

493.733⁺　自律神经症→R747

493.74　机能的神经疾病.神经病→R74

　　　　* 说明：分类号转换时，根据著作内容入 R74 下相关各类。如癫痫入 R742.1；强迫症入 R749.

　　　　　　99；神经衰弱入 R749.7⁺1；癔病入 R749.7⁺3。

493.75　器质性精神病：麻痹症，进行性麻痹→R749.1

　　　　* 阿尔茨海默症入此。

493.76　心因性精神障碍.机能性精神病→R749

493.763⁺　精神分裂→R749.3

493.764⁺　躁郁症→R749.4⁺1

493.77　精神幼稚症（智力发育不全）→R749.93　参见：145.8。

493.79　精神卫生→R749　参见：498.39。

493.8　传染病.传染病学→R51　参见：491.7；491.8；498.6。

493.82　预防针：接种牛痘，疫苗→R186

493.83　①球菌传染病：②败血症→①R515 ②R515.3

493.84　杆菌传染病→R516

　　　　*①伤寒与副伤寒，②霍乱，③百日咳，④鼠疫，⑤兔热病，⑥白喉，⑦破伤风→①R516.3

　　　　②R516.5 ③R516.6 ④R516.8 ⑤R516.9 ⑥R517.1 ⑦R517.3

493.85　①螺旋体传染病：②回归热，③魏尔氏病→①R514 ②R514.1 ③R514.4

　　　　* 梅毒→R759.1　参见 494.99。

493.86　①立克次氏体传染病：②斑疹热，③Q 热→①R513 ②R513.3 ③R513.4

493.87　病毒传染病→R511

　　　　*①麻疹，②风疹，③天花，④流行性感冒，⑤流行性脑炎，⑥腺热，⑦登革热，⑧狂犬病，⑨猩红

　　　　热→①R511.1 ②R511.2 ③R511.3 ④R511.7 ⑤R512.3 ⑥R512.7 ⑦R512.8 ⑧R512.99 ⑨R515.1

493.878⁺　艾滋病→R512.91

493.88　①因原虫而引发的传染病：②痢疾，③疟疾→①R531 ②R531.1 ③R531.3

493.89　①结核病.②肺结核→①R52 ②R521

　　　　* 肺外科参见 494.645。

493.891　病理.感染→R520.2

493.892　症状.诊断→R520.4

493.893　治疗.预防疗法→R520.5

493.894　化学疗法→R520.5

493.895　光疗法→R520.5

493.896　对症治疗→R520.5

493.897　虚脱疗法.人工气胸→R520.5

493.9　儿科学→R72　参见：599。

493.91　解剖.发育.生理.病理→R720.2

493.92　①诊断.②治疗→①R720.4 ②R720.5

493.93 内科疾病→R725 下相关各类

493.931 全身病→R725.9

493.932 循环器官.造血器官→R725.4

493.933 呼吸器官→R725.6

493.934 ①消化器官.②内分泌系统→①R725.7 ②R725.8

493.935 泌尿生殖器→R726.9

493.936 运动器官→R726.8

493.937 神经系统→R748

493.9375⁺ 自闭症→R749.94

493.938 感染病.结核→R725.1

493.94 ①外科·②皮肤科疾病.③畸形→①R726 ②R75 ③R726.2

493.95 新生儿→R722.1

493.96 早产儿→R722.6 参见：495.8。

493.98 育儿→R174/179，家庭育儿参见 599。

493.983⁺ 儿童营养→R723，儿童营养学入 R153.2。

494 外科学→R6

494.11 外科解剖学→R602

494.16 外科病理学→R602

494.18 外科细菌学→R603

494.2 诊断.治疗.手术＜一般性的＞→R6 下相关各类

  ＊其他法：局部外科学 494.6。

494.21 外科诊断学→R604

494.22 一般治疗法.术前·术中·术后处理.手术后治疗法→R61

494.23 防腐术.消毒.无菌术→R613

494.24 麻醉→R614

494.25 绷带包扎法→R618

494.26 损伤疗法：湿敷→R61

494.27 急救外科.急救内科.输血.输液.放血→R605.97

494.28 一般外科手术→R6 下相关各类

494.3 创伤→R64

494.33 开放性创伤→R641

494.34 非开放性损伤：扭伤，皮下损伤→①R642 ②R873

494.35 非机械损伤：①烧伤，②冻伤，③放射损伤→①R644 ②R645 ③R818.74

494.36 蛇咬伤.昆虫叮咬→R646

494.39 外伤性损伤的全身反应：虚脱，神智昏迷，贫血，休克→R64

494.4 炎症→R63

494.43 化脓性感染→R631

494.44 腐烂性感染→R632

494.45 特异性感染→R633

494.5 肿瘤.癌→R73

　　*说明：NDC 将各器官的癌症治疗法入相关各类，分类号转换时均入 R73 相关类下。

494.53⁺ 化学疗法→R730.53

494.54⁺ 放射疗法→R730.55

[494.6] 局部外科学→R65 参见 494.2。

494.62 头部外科→R651

494.627⁺ ①脑外科.②神经外科→①R651.1 ②R651.3（周围神经）R651.4（植物神经）

494.63 颈部外科→R653

494.64 胸部外科→R655

494.643 心脏外科→R654

494.644 ①支气管外科.②食道外科→①R655.3 ②R655.4

494.645 肺外科.结核外科→R655.3

494.65 腹外科→R656

494.655 胃→R656.6

494.656 ①肠.盲肠.②阑尾.③疝气→①R656.7（小肠）R657.2（肠系膜）R656.9（结肠）②R656.8 ③R656.2

494.657 ①肝.②胰脏.③脾脏→①R657.3 ②R657.5 ③R657.6

494.658 直肠.肛门：痔疮，痔瘘→R657.1

494.66 脊髓外科.脊椎外科→R681.5

494.67 四肢外科→R658

494.7 整形外科→R62

494.72 诊断.矫正.假肢.假手→R68

494.73 先天性畸形.后天性畸形.步态异常→R682

494.74/.77 有关骨折、脱臼、扭伤、关节的炎症→R684

494.78 康复训练→R68 下相关各类

　　*说明：分类号转换时，如有需要，可仿 R5/8 下专类复分表分（《中图法》P406）。

　　*取号方法：R68 下相关各类 +09（康复专类复分号）

　　例：髋关节术后康复训练入 R687.409（=R687.4 关节手术 +09）

494.79⁺ 美容整形外科→R625

494.8 皮肤科学·皮肤·脂肪·毛发·指的疾病→R75

494.83 麻风[麻风病]→R755

494.9 ①泌尿科学.②男性性器官疾病→①R69 ②R697

494.91 解剖.病理→R690.2

494.92 ①诊断.②治疗.手术→①R690.4 ②R690.5

　　*其他法：检查法 492.15。

494.93 ①肾.②肾炎，③肾结石，④人工肾→①R692 ②R692.3 ③R692.4 ④R318.16

494.94 输尿管→R693

494.95 ①膀胱.②尿道：③膀胱炎，④夜尿症，⑤尿毒症→①R694 ②R695 ③R694⁺.3 ④R694⁺.5 ⑤R692.5

494.96 男性性器官疾病→R697

　　①睾丸,附睾,②输精管,③前列腺,④阴茎,⑤阴囊→①R697⁺.22 ②R697⁺.25③R697⁺.3
　　④R697⁺.1 ⑤R697⁺.21

494.97 男性性器官机能障碍:性功能障碍→R698

494.98 男性荷尔蒙→Q579.1⁺1

494.99 性病→R759 下相关各类

　　①梅毒,②淋病,③软体下疳,④性病淋巴肉芽肿→①R759.1 ②R759.2 ③R759.3 ④R759.5

495 妇产科→R71 参见:491.354。

<495.1/.4 妇科 >→R711

495.1 解剖.生理.病理→R711.02

495.2 ①诊断.②治疗→①R711.04 ②R711.05

495.24⁺ 妇科手术→R713

495.3 女性卫生.女性性病→R759

495.4 女性性器官疾病[妇科病]→R711 下相关各类

495.42 ①月经异常.②性器官畸形·发育不全→①R711.51 ②R711.1

495.43 ①子宫.②卵巢.③输卵管→①R711.74 ②R711.75 ③R711.76

495.44 阴道.白带→R711.73

495.45 外阴部→R711.72

495.46 乳腺.乳房→R655.8

495.47 女性泌尿器官→①R711.59 ②R695.1

495.48 ①机能障碍:不孕症,②人工避孕,③人工授精→①R711.6 ②R169.41 ③R321–33

495.5 产科→R714

495.52⁺ 产科手术→R719

495.6 怀孕的生理·卫生·病理→①R714.1 ②R714.2

495.7 ①生产.分娩镇痛.②难产.异常分娩→①R714.3 ②R714.4

495.8 产床.产床热→R714.6 参见:493.96。

495.9 助产学.助产妇→R717

496 ①眼科.②耳鼻咽喉科→①R77 ②R76

<496.1/.4 眼科 >→R77

496.1 眼的解剖·生理·病理→R770.2 参见:141.21;491.374。

496.2 ①眼的诊断·②治疗.③眼科检查法 < 一般 >→①R770.4 ②R770.5 ③R770.41

496.24 ①眼科手术.眼库.②眼球摘出.假眼→①R779.6 ②R779.64

496.29 眼的卫生→R77

496.3 眼的疾病→R771/777

496.32 ①结膜.②巩膜→①R777.3 ②R772.3

496.33 ①虹膜.毛样体.②脉络膜.③瞳孔→①R773.1 ②R773.4 ③R773.2

496.34 ①视网膜.②视神经→①R774 ②R774.6

496.35 ①水晶体.眼房.②玻璃体.③白内障→①R776 ②R776.4 ③R776.1

496.36 ①眼窝.眼球.②眼睑.③眼压:绿内障→①R777 ②R777.1 ③R775

496.37 ①眼肌.②泪器→①R777.4 ②R777.2

496.38 眼的外伤·中毒.眼的肿疡.畸形→R779.1

496.4 视觉功能及其异常·检查→R774/778

496.41 视力.弱视→R777.4⁺4

496.42 眼球折射.调节作用,折射异常→R778 参见:535.89。

496.43 视野→R77

496.44 双眼视→R77

496.45 ①色觉.色弱.②色盲→①R774 ②R774.1⁺4

496.46 光觉.夜盲症→R591.41⁺2

496.47 ①斜视.对眼.②复视→①R777.4⁺1 ②R777.4⁺2

496.5 耳鼻咽喉科→R76

496.6 耳科.耳疾病→R764 参见:141.22;491.375。

496.7 鼻科.鼻疾病→R765 参见:141.23;491.376。

496.8 ①咽.②喉.③口腔→①R766 ②R767 ③R78 参见:141.23;491.377。

496.9 声音·语言障碍.口吃→①R767.6 ②R767.92 参见:378.2;491.368;491.375。

　　* 说明:口吃的发音校正宜入 H018.4。

497 牙科学→R78

497.07 ①研究法.指导法.②牙科学教育→①R78-3 下相关各类 ②R78-4 下相关各类

497.079 口腔执业医生考试→R78

497.1 牙齿的解剖·生理·病理→R780.2

497.2 ①牙齿的疾病·诊断·检查·②治疗→①R780.4 ②R780.5

497.24⁺ 龋齿→R781.1

497.26⁺ 牙周病→R781.4

497.3 牙科外科学.口腔外科→R782

497.4 牙科保存学.牙齿填充法.拔牙术→①R781.05 ②R782.11

497.5 口腔修复学→①R782.2 ②R783.3 ③R783.4

497.6 牙齿矫正学→R783

497.7⁺ 儿童牙科→R788

497.8 牙科材料·器械.牙科理工学→①R783.1(材料) ②R783.08(器械)

497.9 口腔卫生.牙齿卫生→R780.1

498 卫生学.公共卫生.预防医学→R1 参见:375.49;611.99。

　　* 军队的保健卫生、食物、防疫可入 R149。参见 394。

　　* 卫生工学参见 518;建筑卫生参见 528。

498.07 ①研究法.指导法.②卫生教育→①R1-3 下相关各类 ②R1-4 下相关各类

498.079 卫生管理者·技术人员资格考试.保健员资格考试→R1

498.1 卫生行政.福利行政→R197 参见:317.73;369.9。

　　* 公害·环境行政参见 519.1。

　　* 福利行致参见 369.1;药品行政(有关药品、调剂、医药费等相关事情)参见 499.091。

498.12 医疗·卫生法令.医疗纠纷→D912.16 参见:499.15。

498.13 医疗制度→R197.1

498.14 医务人员的资格·任务→R192

    * 各科资格考试入相关各类。**例**:497.079 牙科医生资格考试入 R78。

498.15 卫生考试→R1-4

498.16 医疗设施→R197

498.2 ①民族卫生.②优生学.③计划生育→①R169 ②R169.1 ③R169.4　参见:334.38。

498.25 绝育→R169.43

498.28 国民体力管理→R169.49

498.3 个人卫生.健康法→R16　参见:598。

498.32⁺ ①禁烟.②禁酒→①R163.2 ②R163.3

498.33 冷水浴→R166

498.34 静坐法.健身法.瑜伽→R161

    * **说明**:瑜伽健身法入 R161.1;瑜伽健身操入 G831.3;印度瑜伽入 R793.51。

498.35 体养.娱乐.步行→R165

498.36 睡眠.安眠→R163

498.37 沐浴→R166　参见:383.6。

498.38 长寿法→R161　参见:493.18。

498.39 ①精神卫生.②健脑法→①R395.6 ②R161.1　参见:493.79。

498.4 环境卫生→R12　参见:519;611.99。

498.41 ①气候·大气·②水·③土地的卫生→①R122 ②R123 ③R124

498.42 ①热带医学.②寒带医学→①R188.11 ②R188.12

498.43 高山适应不全症.高山医学→R135.6

498.44 ①航空病.②航空医学.宇宙医学→①R135.6 ②R85

498.45 ①潜水病.②潜水医学→①R135.5 ②R84

498.48 公害病＜一般性＞→R135

498.5 食品.营养→①R15 ②TS20 下相关各类　参见:383.8;588;596。

498.51 食品学→TS201

498.52 食品材料.食品商品:食用植物,食用动物→TS202.1

    * 具体食品材料入相关各类。

498.53 食品化学→TS201.2

498.54 食品卫生→R155.5

    * 食物中毒入 R155.3,参见 493.157。

498.55 ①营养学.②营养化学→①R151 ②R151.3　参见:491.47。

498.56 营养生理学→R151.1

498.57 营养病理学→R151

498.58 治疗营养学.病态营养学→R151

498.583⁺ 保健食品.饮食疗法→R247.1

    * 各疾病的饮食疗法入 493/497;减肥饮食入此。

    * **其他法**:饮食疗法 492.6。

498.59 ①特殊营养学：②母性，婴儿，③老人，④劳动，集团供餐→①R153 ②R153.1 ③R153.3 ④R153.9

498.6 流行病学.防疫→R18 参见：493.8。

　　*说明：总论传染病预防的著作入 R183，专论某一种传染病预防的著作入 R51 等相关各类。如结核预防入 R52。

498.67 检疫→R185

498.69 卫生动物学.卫生昆虫学→R184.3

　　* 灭蚊、蝇、蚤、鼠等入 R184.3 下相关各类。原虫学、蠕虫学参见 491.6。

498.7 妇幼卫生→R17

　　* 学校卫生参见 374.9；儿童科学参见 493.9。

498.8 劳动卫生.产业卫生→R13 参见：366.99。

498.81 健康诊断.健康管理→R132

498.82 劳动环境卫生→R134

498.84 产业疲劳.劳动生理→R131

498.87 ①职业病：②工业中毒，③矽肺，矿山职业病→①R135 ②R135.1 ③R135.2 参见：561.98。

[498.88] 产业灾害·安全→R136 参见 509.8。

498.89 灾害医学→R129

498.9 法医学→D919 参见：317.75；649.89。

　　* 其他法：326.7。

498.91 法医解剖学→D919.1

498.92 个人识别.亲子鉴定→D919.4，指纹鉴定入 D918.91。

498.93 法医学检验：血迹，精液，毛发→D919.2

498.94 尸体检查→D919.4

498.95 伤害.杀人.窒息死及其他横死→D919.4

498.96 婴儿杀害.堕胎.妊娠→D919.5

498.97 性法医学：强奸，猥亵→D919.4

498.98 审判化学.法医毒物鉴定→D919.4

498.99 法医精神医学.精神鉴定→D919.3

499 药学→R9 参见：519.79；598.5。

　　* 药理学 参见 491.5。

499.07 ①研究法.指导法.药学教育→①R9-3 下相关各类 ②R9-4 下相关各类

499.079 药剂师资格证考试→R9

499.09 药业经济·行政·法令.药的生产与流通→①F407.77 ②D912.16

　　*说明：中图分类号转换时，需根据著作具体内容入 F、D9、R 等相关各类。

　　例：药业经济入 F407.77；药品运输入 F763.3；制药工业入 F407.77；日本制药工业入 F431.367；药业法令入 D912.16；药事法规入 R951；日本药业法令入 D931.321.6。

499.091 药业行政·法令→①R951 ②D912.16

499.093 药价→F714.1

499.095 药房.药店→R952

499.1 医疗用品→R97 参见：491.79。

    * 化学药品参见 574；化妆品参见 576.7；农药参见 615.87。

499.12 药典→R92

    * 地理区分。分类号转换时，依世界地区表分，入 R921.3/.7 下相关各类。

    * 取号方法：R921+3/7（世界地区号）

    例：499.121（=499.12+-1 日本地区号）日本药典入 R921.313（=R921+313 日本地区号）

499.13 国民医疗用品.准药典→R921

499.14 公定书外药品.新型医疗用品→R922

499.15 毒药.烈性药.麻药.兴奋剂→R99 参见：498.12。

499.17 化妆品＜依据药事法＞→TQ658

499.2 ①药效学.②化学性药理学.③处方学→①R96 ②R962 ③R451 参见：491.5。

499.3 药物化学→R914

499.31 药物结构→R914

499.32 药品化学实验→R914

499.33 ①药品分析.②鉴定→①R917 ②R927

499.34 药品合成化学→R914.5

499.35 无机药物化学→R914.3

499.37 有机药物化学→R914.4

499.39 天然物质→R93

499.4 药品试验.毒物试验→R965

499.5 药品制造.药工学.制药学→TQ46 下相关各类

499.6 ①药剂学.②调剂.③制剂→①R94 ②R942 ③R943

499.7 家庭药.民间药.成药→R94

499.8 ①生药学.②和汉药→①R93 ②R28

    * 生药·和汉药疗法 参见 490.9。

499.86 药用矿物→R282.76

499.87 药用植物.药草园→R282.71 参见：617.7。

499.88 药用动物→R282.74

499.9 本草学→R281

5 类(技术)>>>

　　5 大类为技术类,收录工程学、工业技术和家政学的著作,主要对应中图法的 T、U、V、X 几大类。

500　技术.工程学→TB 下相关各类

501　工业基础学→TB1 下相关各类

501.1　工业数学[应用数学]→TB11　参见:410。

501.19　工业统计学→TB114　参见:417。

501.2　工业物理学[应用物理学]→TB13　参见:420。

501.22　①工业测量学:工业测定·测定器,②传感器技术→①TB2 ②TP212

　　　　　* 参见:501.52;532.8;535.3;609。

　　　　　* 专论各种测量入相关各类。例化学测量入 571.1。

501.23　应用流体力学→TB126　参见:423.8;534.1;538.1。

501.24　振动工程学.音响工程学.超音波工程学→TB123,工程声学入 TB5。

　　　　　参见:424;547.3。

501.26　工业热学.工业热力学.传热工程学→TK123　参见:426;533.1;571。

501.3　应用力学→TB12　参见:531.3。

501.31　静力学→TB121

501.32　材料力学→TB301　参见:531.1。

501.322/.327⁺→TB302.2

501.33　弹性.塑性.流变学.光测弹性→TB125　参见:423.7;428.3。

501.34　构造力学→TB12　参见:418.15;524.1。

501.35/.38　梁.柱.桁架.拱→TB12

501.4　工业材料.材料科学→TB3　参见:511.4;531.2。

501.41　金属材料→TG14　参见:563。

501.42　①铁.②钢→①TG141 ②TG142

501.43　有色金属→TG146

501.48 非金属材料→TB32

501.49⁺ 复合材料→TB33

501.5 材料试验·试验机→TB302

501.52 物理试验法→TB302.1 参见：501.22。

501.53 机械试验法→TB302.3

501.54 材料的加工性试验法→TB302.4 参见：566。

501.55 组织·检查法.非破坏性检验法→TB302.5

501.56 简易识别法→TB302.6

501.57 化学试验法→TB302.2

501.6 工业动力.能源→TK 下相关各类

501.8 ①工业设计.②制图.③人体工程学→①TB21 ②TB23 ③TB18 参见：414.6。

[501.9] 自动操作.自动控制工程学→TB114.2 参见 548.3。

<502/508>

  *说明：502/508 分类号转换时，根据著作内容取中图法大类分类号，并依总论复分表分，入相关各类。

502 技术史.工学史→T-09

  *地理区分。取号方法：T-09+3/7（世界地区号）

  例：502.1（=502+-1 日本地区号）日本工业技术发展史入 T-093.13（=T-09+313 日本地区号）

503 参考图书→T-6 下相关各类

504 论文集.评论集.讲演集→T-53

505 连续性出版物→①T-54 ②T-55

506 团体：学会,协会,会议→T-2 下相关各类

507 ①研究法.指导法.②技术教育→T-3 下相关各类 ②T-4 下相关各类

  *说明：507.1 专利、发明分别入 T-18、T-19,发明家列传入 K 传记类下；507.2 工业所有权入相关各类；507.3 工程技术人员入 T-29；507.6 研究·实验设施入 T-33；507.7 研究法入 T-3 下相关各类；参见：375.6。507.9 科学玩具.模型工程入相关各类。

508 ①丛书.②全集.选集→①T-51 ②T-52

509 工业.工业经济→F4

  *说明：(1)NDC 将与工业经济相关的政策、行政、法律等著作集中入 509 下相关各类，进行分类号转换时，需根据著作内容确定分类号。工业经济理论入 F40；世界工业经济入 F41；中国工业经济入 F42；各国工业经济入 F43/47 下相关各类。各国工业经济依世界地区表分，再依 F43/47 下专类复分表分（《中图法》P100—P101）。工业经济相关法律入 D9 下相关各类。

  (2)日本各地的工业经济均不细分，均入 F431.3 日本工业经济类下相关各类即可。

  (3)509.1/.8 列出的中图分类号仅为工业经济理论相关转换用，各国工业经济可参照取号。

  *取号方法：各国工业经济：F4+3/7（世界地区号）+ 专类复分号

    各国工业法令：D9+3/7（世界地区号）+229（经济法复分号）

  例：509.1 日本工业政策入 F431.30（=F4+313 日本地区号 +0 政策复分号）

日本工业法令入 D931.322.9（=D9+313 日本地区号 +229 经济法复分号）

[509.02 参见 509.2]

509.1 工业政策.工业行政·法令→①F43/47 ②F406.1 ③D912.29

509.2 工业经济史·情况→F419

    * 地理区分。转换时依世界地区表分，参照 509 下说明与取号方法取号。

    例：509.21（=509.2+-1 日本地区号）日本工业经济史入 F431.39（=F4+313 日本地区号 +9 工业经济史专类复分号）

509.29 工业地理.工业布局→F419.9 参见：332.9。

    例：509.291（=509.29+-1 日本地区号）日本工业地理入 F431.399（=F4+313 日本地区号 +99 工业经济地理专类复分号）

509.3 工业金融.工业资金.设备资金→F406.7 参见：338.6。

[509.4] 经营形式→F406 参见 335.3。

509.5 工业经营.工场经营→F406

509.6 生产管理.生产工学.管理工学→F406

509.61 生产计划→F402

509.62 工场计划：布局,机械的设备·备置→F406

509.63 设计管理.技术管理→F406.3 参见：336.17。

509.64 作业研究：时间管理,动作研究,课业管理→F406.2

509.65 工程管理：日程计划,步骤计划,进程管理,产量管理,运输管理→F406.2

509.66 品质管理：公司内部标准.对外订货管理→F406.3

509.67 材料管理：材料管理,购买管理,仓库管理,库存管理→F406.5

509.68 设备管理.色彩管理.工具管理.动力·热管理.计量·测量管理→F406.4

509.69 自动操作→F406.2 参见：548.3。

[509.7] 人事管理→F406.15 参见 336.4。

509.8 工业灾害.劳动灾害.工厂安全→X931 参见：366.99。

<510/580 各类技术·工学 >

    * 说明：510/580 各类技术·工学的 NDC 分类号获取时,可依下面的共同区分表分。

–09 经济·经营观点

–091 政策.行政.法令

–092 历史·情形（* 地理区分）

–093 金融.市场.生产费用

–095 经营.会计

–096 劳动

    例：549.809 半导体产业（=549.8 半导体 +-09 经济共同区分号）

510 建筑工程学.土木工程学→TU

  * 说明：建筑工业经济宜入 F407.9,参照 509 下说明和取号方法,入相关各类。

510.9 建筑工业.土木事业→F407.9

    * 说明：(1)有关建筑工业经济行政、法令、事业史、建筑业经营等参照 509 下说明和取号方法,入相关各类。

（2）510.9下各类取号时,仿510/580下共同区分表分,取号时注意去掉"0"。

例: 510.92（=51[0]+−092）建筑.土木事业史

注: 类号中列出"[0]",目的是向馆员展示如何取号,实际应用中需要去掉。

511 ①土木力学.②建筑材料→①TU4 ②TU5

511.2 土木地质学.工程地质学→P642 参见:455;516.11。

511.25 地基下陷→①TU441⁺.7 ②P642.26 参见:519.65。

511.27 地质调查.物理探查法→①TU44 ②P642.1

511.3 土力学.土木工程→TU43

511.33 土的压力.护墙→TU432

511.34 倾斜面保护→TU432

511.35 承载力→TU431

511.36 土壤固化→TU43

511.37 土质调查·试验→①TU41 ②TU44

511.4 建筑材料.土木材料→TU5 参见:501.4;524.2。

511.41 木材→TU531

511.42 石材→TU521

511.43 水泥.灰浆→TU525

511.44 混凝土制品→TU528.7

511.45 沥青材料→TU535

511.47 砖.黏土制品→TU522

511.48 金属材料→TU51

511.49 其他材料→TU52/59下相关各类

511.5 ①石构造:②砖砌,③石砌→①TU36 ②TU362 ③TU363

511.6 木构造→TU366

511.7 混凝土.混凝土工学→TU528 参见:573.8。

511.71 水泥.混和材料.骨料→TU528.04

511.72 调配.揉合.水量→TU528.06

511.73 混凝土浇筑.养护.接缝→TU528.06

511.74 ①耐寒混凝土加工.②耐热混凝土加工.③防水混凝土加工.④水中混凝土加工→①TU528.59 ②TU528.34 ③TU528.32 ④TV431

511.75 表面工程→TU528

511.76 模型.支撑工具→TU755.2

511.77 预应力混凝土→TU528.571

511.78/.79 设计.计算.混凝土试验→TU528

512 测量→①P2 ②TU198（建筑工程测量） 参见:535.84。

*说明:（1）地籍测量、地形测量等一般性测量入P2下相关各类;道路测量、森林测量等专业测量入相关各类;测地学参见448.9。

（2）建筑工程测量中有关地形测量宜入P217;工程测量宜入TB22;摄影测量宜入P23;天文大地测量宜入P128.1。

512.07 研究法.指导法→P2-3

512.079 测量员资格考试→P2,工程测量员入 TB22。

512.1 距离测量→P215

512.2 平板测量→P213

512.3 圆规测量→P21

512.4 中星仪测量→P21

512.48 经纬仪测量→P213

512.49 导线测量→P214

512.5 水准测量→P224.1

512.6 三角测量→P221⁺.1

512.7 航空测量.图片测量→P231

512.75⁺ 遥感＜一般＞→P237

512.8 ①面积与体积的计算法.曲线设定.②制图→①P218 ②P28;TU198

513 ①土木工程设计·②土木工程施工法→①TU2 ②TU7

513.1 ①土木工程设计.②土木工程计算.③土木工程制图→①TU2 ②TU201.7 ③TU204

513.3 土工→TU751

513.4 基础工→TU753

　　* **说明**:513.41/.46 可均入上位类 TU753,如需细分,根据著作内容入相应下位类。

513.6 有盖排水沟.下水沟.水沟→TU992

513.7 拱桥工→U44

513.8 建设机械.土木机械→TU6 下相关各类　参见:525.6。
　　①混凝土工程机,②碎石机,③推土机,④打桩机,⑤疏浚机,⑥泵,⑦运载机,⑧铲运机→①TU64 ②TU63⁺3 ③TU623⁺.5 ④TU67 ⑤TU622 ⑥TH3 ⑦TU62 ⑧TU623⁺.8
　　* **其他法**:517.18。

<514/518 各类土木工程 >

514 道路工学→U4
　　* 道路交通参见 685;道路照明参见 545.63。

514.09⁺ 道路事业→F54

[514.0902 参见 514.092]

514.092⁺ 道路事业史·情况→F54 下相关各类
　　* 地理区分。取号方法:F54+3/7(世界地区号)+9(仿 F532 分)

514.1 道路设计·计划→U412　参见:518.84。

514.11 通行量调查→U412

514.12 道路测量→U412.2

514.13 路线设计→U412.3

514.15 街道设计→U412.37

514.2 ①道路的构造·材料·②施工法→①U414 ②U415

514.29 道路相关设施:路标,里程碑,道路交通标示→U491.5

514.3 砂石路.碎石道.碎石路→U416.214

514.4 道路的铺修.铺修工学→U416

514.44 沥青路面→U416.217

514.45 混凝土路面→U416.216

514.46 石块路面:砖,铺路石,木块→①U416.213 ②U416.215

514.6 高速公路.机动车专用道→U412.36

514.7 地道.高架公路[天桥]→U412.37

514.8 道路的维持·管理→U418

514.9 隧道工学.隧道→U45

514.91 ①地质.②测量.③设计→①U451 ②U452.1 ③U452.2

514.92 ①防水.排水.②通风→①U453.6 ②U453.5

514.93 ①坑道门.避让场所.②照明→①U453.3 ②U453.7

514.94 瓦解.爆破→U455.6

514.95 隧道支撑.支柱→U455.7

514.96 ①挖掘:沉箱法,②盾构法,③沉埋法→①U455.4 ②U455.43 ③U455.46

514.97 衬砌→U455.91

514.98 隧道的维持·管理→U457

514.99 水底隧道→U459.5

515 桥梁工学→U44 参见:516.24。

515.02 桥梁史.古桥→U44-09

515.1 ①桥梁力学.②设计.计算.③制图.④材料→①U441 ②U442 ③U442.6 ④U444

515.2 ①基础工程.②桥台.桥墩→①U445.55 ②U443.2

515.3 上部构造:主横梁,主要构造,床组,通风构造,桥面,栏杆,支座→U443.3

515.4 按材料分的桥梁→U448.3

515.41 木桥→U448.31

515.42 石桥→U448.32

515.44 ①混凝土桥:②钢筋混凝土桥→①U448.33 ②U448.34

515.45 钢桥→U448.36

515.46 铝合金桥→U448.36

515.5 按结构分的桥梁→U448.2

515.51 板梁桥:木板桥,钢板桥,板梁桥→U448.21$^+$2

515.52 桁架桥[构桥]→U448.21$^+$1

515.53 ①连续梁桥.②悬臂梁桥→①U448.21$^+$5 ②U448.21$^+$4

515.55 拱式桥→U448.22

515.56 刚架桥→U448.23

515.57 吊桥→U448.29

515.58 可动桥→U448.29

515.7 按用途区分的桥梁→U448.1

515.8 桥梁的维持·管理→U445.7

516 铁路工学→U2

* 铁路运输参见 686;铁路车辆参见 536;电气铁路参见 546;隧道参见 514.9。

516.1 线路选定·建设→U21

516.11 铁路地质学→U212.22 参见:511.2。

516.12 铁路测量→U212.24

516.13 ①线路选定·踏勘.②曲线.倾斜.车辆·建筑极限→①U212 ②U211

516.14 铁路土工工程:路基,基础工程→U213.1

516.15 土工工程以外的建筑物:伏樋,水沟,石墙,护墙→U216.41

516.17 建筑工程→U215

516.18 改良计划·工程→U21

516.2 ①轨道力学.②轨道构造·③材料→①U213.2⁺12 ②U213.2 ③U214

516.21 路基→U213.1

516.22 枕木→U213.3

516.23 铁轨→U213.2,无缝线路入 U213.9。

516.24 铁路桥→U448.13 参见:515。

516.25 ①铁路附属设施.②防护设备→①U213.8 ②U216.4

　　　　* 道口及附属设备入 U213.8;防雪、防坡等入 U216.41。

516.3 ①道岔:②转辙器,③辙叉→①U213.6 ②U213.6⁺1 ③U213.6⁺2 参见:546.82。

516.4 养路.养路作业→U216 下相关各类

516.5 铁路停车场→TU248.3

　　　* 说明:516.52/.58 各类停车场均入 TU248.3。

[516.6] 铁路信号.保安装置→U28 参见 546.8。

516.7 高速铁路→U238

516.71 计划.建设→U238.1

516.72 地下铁路→U231

516.73 高架铁路→U233

516.8 特殊构造的铁路→U232/239.9

516.81 齿轨铁道→U234

[516.84] 索道→U18 参见 536.76

516.85 单轨铁路→U232

516.86⁺ 磁浮铁路→U237

517 水利工程→TV 参见:550。

517.09 ①水利行政.②水利法→①F407.9 ②D912.6 参见:324.29。

517.1 水文学→P33,工程水文学入 TV12。 参见:423.8;452.94。

517.12 ①河川测量.②水文计算→①P332 ②P333

517.13 水路计划·设计→TV22

517.15 水文气象→P339

[517.18] ①工程材料·②施工机械→①TV4 ②TV53 参见 513.8。

517.2 ①河川志.治水志.②水利调查→①P337 ②TV211

　　　* 地理区分

例：517.21（=517.2+-1 日本地区号）日本水文资料入 P337.313（=P337+313 日本地区号）

517.3 疏浚.填埋.排水开垦→TV85，航道疏浚工程入 U616。 参见：614.5。

517.4 ①洪水.②水灾志→①TV122 ②P337.1/.7

517.5 ①治水工学.②防洪工程.③防沙工程→①TV8 ②TV87 ③S775 参见：656.5。

517.56 ①排水渠.分水路.②闸门→①TV65 ②TV66

517.57 堤坝.洪水预防工程.防汛→TV871

517.58 河川建筑物：护岸，水制，床固→TV86

517.6 运河.河口改良.水渠.低水工程.水利工学→U61 参见：611.29;614.3。

517.7 水坝[堰堤].水坝附属设施.水力发电→①TV6 ②TV7 参见：543.3。

517.72 ①水坝：②重力坝，③拱坝，④土坝，⑤活动坝→①TV64 ②TV641/649 下各类重力坝 ③TV642.4 ④TV641.2 ⑤TV644

517.73 水库→TV697

517.74 发电计划：水量，落差，水力经济→TV72

517.75 进水设备：进水坝，进水口，沉砂池→TV732

517.76 导水设备：水路隧道，水槽，水压钢管→TV732

517.8 海岸.港湾→U65 参见：661.9;683.9。

517.81 ①计划.②设计.③测量→①U651 ②U652 ③U652.6

517.82 建港志→U659

517.83 ①停泊处.②防波堤.③护岸→①U656.1 ②U656.2 ③U656.3

517.85 码头→U656.1 下相关各类

517.86 码头装卸·陆上设备.车船联运设备→U653 下相关各类 参见：516.58。

517.88 ①航路标志.灯塔.信号·②照明设备→①U653.94 ②U653.95 参见：557.5。

517.9 机场→V351.22 参见：558.5;687.9。

518 卫生工学.都市工学→①TU993 ②TU99 参见：318.7;558.5。

518.1 上水道.水道工学.水道事业→TU991

518.11 ①计划.②设计→①TU991.01 ②TU991.02

518.12 ①水源.②水质.③地表水.④地下水.⑤井→①TU991.11 ②TU991.21 ③TU991.11⁺3 ④TU991.11⁺2 ⑤TU991.12

518.13 引水.导水.汇水工程→①TU991.12 ②TU991.13 ③TU991.14

518.14 蓄水工程.水塔.蓄水池→TU991.34

518.15 ①净水工程.②成分分析.③过滤④沉淀.⑤药物处理→①TU991.2 ②TU991.21 ③TU991.24 ④TU991.23 ⑤TU991.25

518.16 输水.输水路.水桥→TU991.36

518.17 配水工程.供水法→TU991.3

518.18 ①水管.②量水器→①TU991.36 ②TU991.31

518.19 水道费用.法规.水的消费→TU991.6

518.2 下水道.下水工学.城市排水→TU992

518.21 ①计划.②设计→①TU992.01 ②TU992.02

518.22 下水水质.下水量.下水检查→TU992

518.23 下水渠.暗渠→TU992.23

518.24 下水·污泥处理→X703

518.5 城市卫生→TU993 下相关各类

518.51 公共厕所→TU998.9

518.52 垃圾→X705 参见：519.7。

518.523⁺ 垃圾的再利用[循环利用]→X705

518.54 清扫事业.街道洒水→TU993.4

518.8 城市规划→TU984 参见：318.7。

518.83 地域制:住宅区域,防水区域,空地区域→TU984.1

518.84 街道·交通计划→TU984.191 参见：514.1；681.8。

518.85 绿化规划:公园,墓园,广场→TU985 参见：629.3；629.8。

518.86 土地区划整理→TU984

518.87 防灾计划→TU984.11⁺6 参见：519.9。

518.88 卫星城市·田园城市计划→TU984.17

519 公害.环境工学→X 参见：365；468；498.4。

[519.02 参见 519.2]

519.1 ①公害·环境行政.②法令→①X-2 ②D9 下相关各类

519.12 公害·环境法.公害诉讼→D9 下相关各类

    ＊取号方法:

    (1)各国环境保护法:D9+3/7(世界地区号)+26(环境保护法专类复分号)

    (2)公害诉讼参照上述方法取号。

    例:日本环境保护法入 D931.326(=D9+313 日本地区号 +26 专类复分号）

519.13 ①公害与企业.②公害与社会→①X7 ②X2

519.15 公害测定.环境评定→X8

519.19 公害防止产业.公害防止机器→X93

519.2 公害史·情况→X-09 下相关各类

    ＊地理区分

519.3 ①大气污染:②光化学烟雾,③二氧化硫,④煤烟,粉尘,⑤卤化碳→①X51 ②X515 ③X512
    ④X513 ⑤X511

519.4 ①水污染.②海洋污染→①X52 ②X55 参见：452；571.9；663.96。

519.5 土壤污染→X53 参见：613.5。

519.6 噪声.振动→TB53 参见：424。

519.7 产业废弃物→X7

519.75⁺ 恶臭→①X512 ②X701

519.79 食品公害.药害.农药公害→X71 参见：499；588；615.87。

519.8 环境保护.自然保护→X3

    ＊地理区分

    例:519.81(=519.8+-1 日本地区号)日本环境规划入 X321.313(=X321 区域环境规划 +313 日
    本地区号)

519.9 防灾科学.防灾工学＜一般＞→X4 参见：518.87。

520 建筑学→TU

　　*说明：建筑美术入 TU-8；个人作品集入 520.87。

520.7 ①研究法.指导法.②建筑教育→①TU-3 下相关各类 ②TU-4 下相关各类

520.79 建筑师资格考试→①TU-44 ② TU 下相关各类

520.8 ①丛书.②全集.选集→①TU-51 ②TU-52

520.87⁺ 建筑图集→TU-88 下相关各类

520.9 建筑业.建筑经济→F407.9 参见：510.9。

　　*说明：建筑经济参照 509 下说明和取号方法，入相关各类。房地产经济入 F29。

[520.902 参见 520.92]

520.91 建筑行政·法令.建筑事故→①F407.9 ②D912.29 参见：365.31。

520.92 建筑业史·情况→①F416.9 ②F43/47

　　　　*地理区分

520.93 建筑资金→F407.967

520.95 建筑业经营·会计.投标与契约.承包→①F407.9 ②TU723.2

520.96 建筑劳动→F407.94

<521/523 按样式区别的建筑>

　　*说明：(1)日本、东方、西方以及其他样式的建筑史入 520.2，521/523 收录与建筑史、样式、图集相关的著作。

　　　(2)NDC 取号时，521/523 可用"-087⁺"代表建筑图集，如不需要按时代细分，均可入 TU-88 下相关各类。

　　　(3)建筑史分类号转换时，世界建筑史依国际时代分，入 TU-091 下相关各类；各国建筑史依世界地区表分，入 TU-093/-097 下相关各类；各类建筑专史入 TU-098 下相关各类。各馆根据需求决定是否细分，如不需细分，取上位类分类号即可。

　　*取号方法：各国建筑艺术图集 TU-881+3/7（世界地区号）

　　　　　　各国建筑史 TU-09+3/7（世界地区号）

　　例：521.087(=521 日本建筑 +-087 建筑图集)、521.35087 奈良时代的建筑图集

　　　二者均可入 TU-881.313(=TU-881 各国建筑艺术图集 +313 日本地区号)

521 日本建筑→TU-88 下相关各类

　　*说明：分类号转换时，521.2/.6 各时代日本建筑可不按时代细分，根据著作具体内容进行转换：有关日本建筑的图集均入 TU-881.313；建筑史入 TU-093.13；521.8 日本各式建筑图集入 TU-882；宗教建筑史入 TU-098.3；521.81 宗教建筑图集入 TU-885。

522 东方建筑.亚洲建筑→TU-88 下相关各类

　　*说明：参照 521/523 和 521 下说明取号。

522.1 朝鲜→①TU-881.312 ②TU-882 ③TU-093.12

522.2 中国→①TU-881.2 ②TU-882 ③TU-092

522.3 东南亚→①TU-881.33 ②TU-882 ③TU-093.3

522.5 印度→①TU-881.351 ②TU-882 ③TU-093.51

522.7⁺ 西南亚→①TU-881.37 ②TU-882 ③TU-093.7

522.9 中亚.北亚→①TU-881.36 ②TU-882 ③TU-093.6

523 西洋建筑.其他样式的建筑→TU-88 下相关各类

　　＊地理区分

　　＊说明：参照 521/523 和 521 下说明取号。

<523.02/.06 各时代 >

523.02 原始时代→TU-091.1

523.03 古代→TU-091.2

523.04 中世→TU-091.3

　　＊说明：罗马式、哥特式、希腊式、拜占庭式等各类建筑专史入 TU-098.2。

523.05/.06 近代、19 世纪→TU-091.4

523.07⁺ 20 世纪→TU-091.5/.6

523.1/.7 各国建筑→①TU-881 ②TU-882 ③TU-093/-097

　　＊说明：分类号转换时，依世界地区表分，各国建筑艺术图集入 TU-881.3/.7,各国的各式建
　　　　　 筑艺术图集入 TU-882,各国的建筑史入 TU-093/-097,日本的历史建筑物入 521。

524 建筑结构→TU3

524.1 结构力学→TU311 参见：501.34。

524.2 建筑材料→TU5 参见：511.4。

524.21 ①木材.②竹材.③塑料→①TU531.1 ②TU531.3 ③TU532

524.22 石材→TU521

524.23 水泥→TU525

524.24 混凝土制品→TU528.7

524.25 沥青材料→TU535

524.26 玻璃→TQ171.72

524.27 ①砖.瓦.黏土制品.②建筑陶器→①TU522 ②TQ174.76

524.28 ①金属.建筑金属.②合金→①TU51 ②TU512

524.29 特殊材料→TU59

524.292 防腐材料→TU593

524.293 防水材料.防潮材料→TU57

524.294 耐火材料→TU54

524.295 隔热材料.保温材料→TU55⁺1

524.296 吸音材.防音材→TU55⁺2

524.297 地板·墙壁·天花板材料→TU56

524.298 屋顶·包装材料→TU56

524.299⁺ 黏合剂.焊接材料→TU58

524.3 基础.地基→TU44

524.4 砌体结构.混合结构→①TU36 ②TU398

524.41 砌体法.接缝装饰→TU754

524.42 墙体.弓形结构→TU36

524.43 支柱.柱形.扶壁→TU323.1

524.44 窗.出口周围→TU36

524.45 飞檐.扶栏.扶壁.山墙→TU36

524.46 砖造→TU362

524.47 石造→TU363

524.48 混凝土砌块结构→TU37

<524.5/.7> 各建筑材料的结构

524.5 木结构.木造建筑.支撑式构造→TU366

    ＊说明： 524.51/.59 因中图法不细分，均入 TU366。

524.6 钢筋结构→TU392.2

524.7 ①钢骨混凝土结构.②钢筋混凝土结构→①TU398⁺.7 ②TU375

524.8 各部构造.构造部分与构造要素→TU22

524.82 ①壁[墙体].②门.③屋顶→①TU227 ②TU228 ③TU231

524.83 柱→TU224

524.84 地板→TU225

524.85 屋根→TU231

524.86 天花板→TU225

524.87 楼梯→TU229

524.88 内部其他构造：壁炉→TU237

524.89 出入口：①门，窗.②阳台，③围栏→①TU228 ②TU226 ③TU234

524.9 防灾结构→TU352

524.91 抗震结构→TU352.11

524.92 抗风结构.抗雪结构.抗寒结构→TU352.2

524.93 防水结构.防湿结构→TU352.4

524.94 耐火结构→TU352.5

524.95 防空结构.防弹结构→TU93⁺3

524.96 隔音结构.隔音→TU359

525 建筑计划·施工→TU7

525.1 建筑计划·设计→TU72

    ＊各建筑的计划·设计参见 526/527。

525.18⁺ 建筑制图→TU204

525.2 准则→TU711

525.3 方法.估算.建筑费用→TU723

525.5 建筑工事.施工各方法→TU75

525.51 土木工程.地基·基础工程→①TU751 ②TU753

525.52 混凝土工程→TU755

525.53 ①装配工程.②砖工程.石工程.③瓷砖工程→①TU75 ②TU754 ③TU767

525.54 木工程.木工→TU759

525.55 ①房顶工程.②防水·防湿工程→①TU765 ②TU761.1

525.56 金属工程→TU758.11

525.57/.59 各种装饰、装修工程→TU767 下相关各类

525.6 施工机械→TU6 下相关各类 参见:513.8。

525.8 建筑物的维持·管理→TU746

<526/527 各类建筑 >

　　　　* 历史建筑入 521/523。

526 各类建筑→入相关各类

　　* 说明:NDC 取号时根据纲目表区分。取号方法:526+ 纲目表分类号。

　　例 1:526.49(=526+49 纲目表医学类)代表与医学有关的建筑

　　例 2:526.06 博物馆→TU242.5;526.07 报社→TU243.2;526.18 寺院→TU252;526.31 政府机构 →TU243.1;526.37 学校·大学 →TU244;526.45 气象台→TU244.7;526.49 医院 →TU246;526.5 工业建筑→TU27。

526.9 高层建筑.建筑物 < 一般 >→TU97

527 住宅建筑→TU241 参见:365.3;383.9;597;614.7。

　　* 住宅产业参见 520.9。

527.1 设计.用地.布局→TU241

<527.2/.6 住宅的各部分 >

527.2 大门.大厅.走廊.楼梯.地下室→TU241.01

527.3/.6 各类房间设计→TU241.04

<527.7/.9 各类住宅 >

527.7 别墅.简易小房→TU241.1

527.8 集体住宅.公寓→TU241.2 参见:591.6。

　　* 集体住宅的管理参见 365.35。

527.9 宿舍→TU241.3

528 建筑设备.设备工学→TU8

528.1 ①卫生设备;②供水·③排水,④热水,⑤卫生用具→①TU82 ②TU821 ③TU823 ④TU822 ⑤TU824

528.18 配管工程→TU81

528.2 空气调节.暖气设备.冷气设备.换气设备→TU83 参见:592.4。

528.3 烟囱.烟管→TU81

528.4 能源设备→TU85 参见:544.49;545.6。

528.43+ 电气设备→①TU85 ②TU113.8

528.45+ 燃气设备→TU996.7

528.47+ 太阳能设备→TU8

528.5 机械·搬运设备:升降机,电梯,自动扶梯,气送管→TU857 参见:536.7。

528.6 ①灭火设备·器械.②防盗设备→①TU892 ②TU899 参见:317.79;524.94。

528.7 厨房设备→TU8 下相关各类

528.8 色彩调节→宜入 J 类 参见:757.3。

529 建筑设计·装饰→TU238 下相关各类 参见:757.8。

* **例:** 室内装饰设计入 TU238.2。

530 机械工学→TH 参见:423.9。

　　* 各产业机械入相关各类,分类号转换时入相关各类。

　　例: 586.28 纺织机入 TS112。

530.9 机械工业:生产与流通→F407.4

　　* **说明:** 参照 509 下说明和取号方法,入相关各类。

　　* **取号方法:** 机械工业经济理论:F407.4+仿分号(仿 F401/406 分)

　　　　　　　　各国机械工业:F4+3/7(世界地区号)+64(机械工业专类复分号)

　　　　　　　　各国机械工业法令:D9+3/7(世界地区号)+229(经济法专类复分号)

[530.902 参见 530.92]

531 ①机械力学·②材料·③设计→①TH11 ②TH14 ③TH12

531.1 材料力学→TB301 参见:501.32。

　　* **说明:** 531.11/.19 均入 TB301。有关机械动力学的著作入 TH113。

531.2 ①机械材料.②金属材料→①TH14 ②TH142 参见:501.4。

531.21 铁.钢→TH142.1

531.22/.26 各种合金材料→TH142.2

531.27 有色金属→TH142.3

531.28 非金属材料→TH145

531.29 测定试验法→TH140.7

531.3 ①机械的要素.②构造学.③机械力学→①TH11 ②TH112 ③TH113 参见:501.3。

531.38 控制装置.调速器.变速器→TH132.46

531.4 机械连接及连接零件→TH131

531.41 楔子.楔连接→TH131.5

531.44 螺丝.螺纹连接→TH131.3

531.46 铆钉.铆钉连接→TH131.1

531.5 轴.联轴节.轴承→TH133 下相关各类

531.6 齿轮.齿轮转动装置→TH132.4 下相关各类

　　* 摩擦传动装置入 TH132.2。

531.7 挠性传动→TH132.3 下相关各类

　　* **说明:** 如不需细分,可入上位类分类号。

531.8 ①润滑技术.②摩擦学→①TH117 ②O313.5 参见:538.39。

531.83⁺ 润滑材料.润滑油→TH117.2

　　　* **其他法:** 润滑油 575.575。

531.9 机械设计→TH12

531.98⁺ 机械制图→TH126

532 机械工作.机床→TG5

　　* 切削·磨削加工、可塑性加工入此,焊接、铸造入 566。

532.1 车床:六角车床;自动车床,车床作业→TG51

532.2 ①钻床.钻削加工②镗床.镗削加工→①TG52 ②TG53

532.3 刨床.刨削加工→TG55

532.4 铣床.铣削加工→TG54

532.48 齿轮机床.齿轮加工→TG61

532.49 螺纹加工机床.螺纹加工→TG62

532.5 磨床.磨削加工→TG58 参见：573.69。

532.6 切削刀具→TG7 下相关各类

532.69 夹具→TG75

532.7 钳工作业.装配作业→TG9

532.8 测量工具.量规.测微计→TG8 参见：501.22；535.3。

532.9 机床安装·运行·保养→TG95

533 ①热力机.②热工学→①TK ②TK122 参见：543.4；554。

[533.01 参见 533.1]

533.1 理论.传热工学.隔热.隔热材料.蒸汽表→TK12 下相关各类 参见：501.26。

533.3 蒸汽原动力.蒸汽工学→TK2，蒸汽理论入 TK21。

533.33 蒸汽锅炉→TK22

533.34 蒸汽机→TK24

533.35 涡轮机→TK14

　　　　* 涡轮机＜一般＞入此。

533.36 凝汽器→TK264.1⁺1

533.38 ①蒸汽管道.②余热的利用→①TK284.1 ②TK115

533.4 内燃机→TK4 参见：554.8；614.82。

533.42 燃气发动机→TK43

533.43 汽油机.汽化器→TK41

533.44 石油发动机→TK4

533.45 柴油机→TK42

533.46 燃气轮机→TK47

[533.5] 喷气发动机.火箭发动机→V43 参见：538.3。

533.6 ①太阳能热利用.②地能热利用→①TK51 ②TK52 参见：543.7；614.823。

533.8 ①冷冻工学.②低温技术.③冷冻机→①TB6 ②TB66 ③TB651 参见：426.7。

　　* 制冰参见 588.8；食品冷冻·冷藏参见 588.9；冷气设备参见 528.2。

534 流体机械.流体工学→入相关各类

534.1 ①水力学.②流体力学→①TV13 ②TB126 参见：423.8；501.23；551。

534.3 水车.水涡轮.水力发动机→①TK7 ②S277.9

534.32 水车→S277.9 参见：614.823。

534.34 冲击式涡轮→TK735

534.35 反击式涡轮→TK733

534.36 螺旋涡轮→TK73

534.37 卡普兰涡轮→TK733

534.39 水能的应用→TK79 参见：543.3。

534.4 泵[抽水机]→TH3 下相关各类

534.5 油压机.水压机→TG315.4

534.6 流体输送:输油管,阀门,垫圈,软管→入相关各类

534.66 散水·喷水装置:淋浴,放水器→TS914.254

534.7 风车.风力机.风力的利用→TK8 参见:614.823。

534.8 ①送风机.②风扇→①TH4 ②TM925.11

534.83/.88 各式送风机→TH43/44 下相关各类。如喷射式风机入 TH431。

534.9 空气机械.空气工学→TH4

534.92 气体的压缩.压缩机→TH41

534.93 ①气体的减压·排放.②真空技术.③真空泵→①TB7 ②TB71 ③TB752

534.94 压力容器:煤气罐.液化气罐→TH49

534.95 空气压缩机→TH45

534.96 空气压缩工具→TH47,空气锤宜入 TG315.3。

[534.97] 气送管→TH48 参见 536.75。

535 精密机器.光学机器→TH7/89

535.2 时针.精确时计→TH714 参见:449.1。

535.3 计量器.计测器→TH7/89 参见:501.22;532.8;609。
①温度计,②折射计,③振动计,④测力计,⑤流量计→①TH811 ②TH74 ③TH825 ④TH823 ⑤TH814

535.4 ①物理和化学器械.②医疗机器→①TH73 ②TH77 参见:492.8。

535.5 ①计算机械.统计机械→①TH722;入相关各类 ②TH724

535.8 光学机械→TH74 参见:573.575;742.6。
*其他法:425.9。

535.82 望远镜.双筒望远镜.观测机器→①TH743 ②TH75 参见:442.3。

535.83 显微镜→TH742

535.84 测量机器→TH741 参见:512。

535.85 照相机.放映机→TH89 参见:742.5;778。

535.87 透镜.透镜研磨.反射镜.棱镜→TH89 参见:425.87;742.6。

535.89 眼镜→TS959.6 参见:496.42。

<536/538 运输工学 >

536 ①运输工学.车辆.②搬运机械→①U 下相关各类 ②TH2

536.09 车辆工业:生产与流通→F407.47
*说明:参照 530.9 下说明取号。

536.1 ①机车工学.②蒸汽机车→①U26 ②U261
* 电气机车参见 546.4。

536.2 内燃机车.内燃机动车:内燃机车,汽油车→U262

536.3 ①特殊机车:②原子能机车,③其他机车→①U267 ②U267.2 ③U267.1/.9

536.4 ①客货两用车.②车辆附属装置.装备→①U271/272 ②U270.38

536.47 车辆的修理·保养→U279

536.7 装卸·搬运机械→TH2 参见：528.5。

536.71 起重机.吊车→TH21，杠杆入此。

536.72 起重机.千斤顶→TH211⁺.1

536.73 ①升降机.②电梯→①TH211⁺.6 ②TU857

536.74 自动扶梯→TH236

536.75 输送机.气送管→TH22

536.76 索道.倾斜面索车→TH235

536.79 打包机械.包装机械→TB486

536.8 非机动车→U48

536.83/.85 小型车、人力牵引车、畜力车→U489

536.86 自行车→U484

536.87 三轮车.两轮拖车→U489

536.9 气垫船→U674.943

537 汽车工学→U46 参见：559.4；685。

537.09 汽车产业：生产与流通→F407.471

　　*说明：参照530.9下说明取号。

537.1 ①汽车设计·制图.②汽车材料·③零部件→①U462 ②U465 ③U463/464 下相关各类

<537.2/.6 汽车的各部分 >

537.2 汽车发动机→U464

　　*说明：537.22/.27 需根据著作具体内容确定相关中图法分类号，各类发动机的理论、设计与
　　　　零件集中在同一分类号下，往复式发动机入 U464.1；旋转活塞式发动机入 U464.2；燃
　　　　气轮机入 U464.3；其他发动机入 U464.9。

537.22 汽油机→U464.171

537.23 内燃机→U464.17

537.24 燃气发动机→U464.3

537.25⁺ 电动车→U464.9⁺3

537.26 蒸汽驱动车→U464.9⁺1

537.27 各部的设计·构造→U464

537.28 ①附属装置：②燃料供给装置，汽化器，③润滑装置，④消音器，启动装置→①入相关各类
　　　②U464.136 ③U464.137 ④U464.149

　　*说明：537.28 中②—④列出的仅为往复式发动机类下转换号，537.22/.24 中各种发动机的
　　　　附属装置参照取号，入相关各类。

537.29 汽车燃料→U473

537.3 ①传动装置：②离合器，③变速器→①U463.2 ②U463.211 ③U463.212

537.4 ①行驶装置.②车轴.③车轮.④轮胎.⑤刹车→①U463.3 ②U463.31 ③U463.34 ④U463.341
　　　⑤U463.5

537.5 ①车体.②底盘.③附属零部件→①U463.8 ②U463.1 ③U463.9

537.6 电气设备.电子设备→U463.6

537.7 汽车的配备·修理·保养→U472

537.8 驾驶法.驾驶→U471 参见：786.6。

　　*说明：驾驶员的训练入 U471.3；驾驶员考试入 U471.11。

537.9 汽车的种类→U469

537.92 载客车.小型汽车.面包车→U469.11

537.93 公共汽车→U469.13

537.94 货车[卡车]→U469.2

537.95 牵引车.拖车→U469.5 参见：614.89。

537.96 赛车→U469.6⁺96

537.98 摩托车→U483 参见：786.6。

537.99 其他汽车→U469 下相关各类

538 航空宇宙工学→V

　　* 宇宙航空参见 398；航空输送参见 687。

[538.01 参见 538.1]

538.09 航空器工业：生产与流通→F407.5

　　　* 说明：参照 530.9 下说明取号。

538.1 航空理论.航空力学→V21 参见：423.88；501.23。

　　　①风洞，②翼·螺旋桨的理论，③强度与④振动→①V211.74 ②V211.4 ③V215 ④V214

538.2 机体构造·设计→V22

538.3 航空发动机→V23

　　* 其他法：533.5。

538.39 ①航空燃料.②航空润滑油→①V311/314 ②V317 参见：575.571；531.8。

538.4 航空机器.装备.航空计量仪器→V24

538.5 ①热气球.②飞艇→①V273 ②V274

<538.6/.7 各种飞行机 >

538.6 飞机→V271

538.62 滑翔机→V277

538.63 螺旋机[固定翼飞机]→V271

538.64 自动旋翼飞机.直升飞机[旋翼飞机]→V275

538.65 水上飞机.水上飞艇→V271.5

538.68 ①喷气机.②火箭→①V271.9 ②V475.1

538.7 军用飞机→V271.4

538.8 航空术.运航技术→V32

538.82 航空气象.航空地图→V321.2

538.84 平流层飞行→V323

538.85 仪器导航.电波航空术.航空通信.航空电子技术→①V324 ②V243 ③V249.3

538.86 ①机场.地面操纵.②航空标识.③航空交通管制→①V351 ②V351.38 ③V355

[538.87] 航空医学.航空病→R85 参见 498.44。

538.88 航空事故→V328

538.89 降落伞→V244.21⁺6

538.9 宇宙航行.宇宙开发.人工卫星→V4 参见:440。

538.93 ①推进装置.②多级火箭→①V43 ②V42 参见:451.25。

538.94 ①科学卫星.②通信卫星.③月球火箭→①V474.1 ②V474.2⁺1 ③V474.3
　　　　参见:451.25。

538.95 载人卫星.空间站.太空漫步→V476

538.97 ①航天食品.②航天服→①R851.8 ②V445.3

539 原子能工学→TL 参见:429;543.5。
　　　 * 核武器参见 559.7。

539.09 原子能产业.原子能经济→F407.23
　　　 说明:参照 530.9 下说明取号。

539.2 原子反应堆→TL3 下相关各类
　　　 * 反应堆基础理论入 TL31。

539.3 各类原子反应堆→TL4

539.32 试验反应堆→TL411

539.33/.37⁺ 各种燃料的反应堆→TL44

539.4 核燃料→TL2 下相关各类
　　　 例:轴入 TL21;钍入 TL22。

539.48 使用完后燃料的处理→TL24

539.5 原子反应堆材料→TL34 下相关各类

539.6 放射线.放射性同位素→TL92 参见:429.4。

539.62 计量法→TL84

539.63 ①同位素的生产②[分离]→①TL92⁺1 ②TL92⁺2

539.65 同位素工业性利用→TL94

539.68 放射线伤害与防御.放射线的损伤→TL7

539.69 放射性废弃物的处理→TL94

539.8 各类原子能利用→TL99

539.9 保养.安全→TL7

539.99⁺ 原子能灾害→TL73

540 电气工学→TM 参见:427。

540.7 研究法.指导法→TM-3 下相关各类

540.9 电气事业.电力事业→F407.6
　　　 说明:参照 509 下说明取号。
　　　 .91 电气行政·法令;.92 电气事业史·情况(地理区分);.93 电力问题;.94 补偿契约;.95 电气事业经营·会计.电气费用;.96 电气劳动。

541 ①电路·测量·②材料→①TM1 ②TM2

541.1 电路.电路理论→TM13 下相关各类
　　　 * 直流电理论入 TM131.3;交流电理论入 TM131.4;磁电路入 TM14。

541.2 电气数学.电气计算.电路计算→TM11

541.3 电压→TM 下相关各类

＊例:高电压.高压现象入 TM8。

541.5 电气测量·控制→TM93

541.51 电气单位·标准器→TM930.1

541.52 测量室·实验室·检查室的设备→TM930.8

541.53 电气仪表:材料,设计→TM931/938.8

541.54 ①电流测量·②电压测量→①TM933.1 ②TM933.2

541.55 阻力·传送量测定:电阻表→TM934.1

541.56 电力·电力量测定:①电力计,②安培计→①TM933.22 ②TM933.15

541.57 波形·频率测定:波长计→TM935

541.58 磁力测定法→TM936

541.59 应用测定.电气控制→TM921.5

541.6 电气材料.零部件→TM2 下相关各类

＊说明:绝缘材料入 TM21;导电材料入 TM24;磁性材料入 TM27;半导体材料宜入 TN304。没有列出来的电气材料可入上位类分类号 TM2,也可根据著作内容入 TM21/28 下相关各类,各馆可灵活处理。

542 电机→TM3

542.09 电机工业:生产与流通→F407.61

＊说明:参照 530.9 下说明取号。

[542.1 共通事项]→TM30 下相关各类

＊542.11 设计.制图→TM302;542.12/.14 电机原理→TM301;542.16 零部件→TM303;542.17 故障.修理→TM307;542.18/.19 运行、试验→TM306。

<542.2/.9 各类电机 >

542.2 直流机.旋转机 < 一般 >→TM33

542.3 交流机.同期机→TM34

542.4 感应机.非同期机→TM346

542.5 旋转变流机.整流式电动机→TM3

542.6 交流整流机→TM3

542.7 变压器.电压调整器→TM4

542.8 整流器→TM461

542.9 特殊机器.电容器→TM53/59 参见:544.5/.6。
①电容器,②开关,③断路器,④继电器→①TM53 ②TM564 ③TM561 ④TM58

543 发电→TM6

543.1 电力计划.电力系统→TM71

<543.3/.7 各类发电 >

543.3 水力发电→TM612 参见:517.7;534.39。

543.4 火力发电→TM611 参见:533。

543.5 原子能发电→TM613 参见:539。

543.6 风力发电→TM614 参见:558.6。

543.7 ①太阳热发电.②地热发电→①TM615+.1 ②TM616 参见:533.6。

543.8⁺ 太阳能发电→TM615

[543.9] 电池→①TM619 ②TM91 参见572.1。

544 供电.变电.配电→TM 相关各类

　　*说明:544 下有关发电厂的著作入 TM62;有关变电所的著作入 TM63;有关配电设备与电气接线的著作入 TM64。

544.1 电力线路→TM75 参见:541.62。

544.13 绝缘子.绝缘管→TM75

544.15 电线杆.架线具→TM753

544.16 架空电力线路的设计·保养.安保设施→①TM755 ②TM752

544.17 地底电力线路→TM757.3

544.2 送电→TM72

544.3 变电:变电所,电压调整所→TM63

544.4 配电→TM72,配电理论入 TM711。

544.41 ①配电系统.②配电方式.电压.③配电网.配电图→①TM73 ②TM722/725 ③TM727

544.42 设施与载荷:电压下降,电压损失,功率因数改善→TM714

544.48 室内配线[配线工程]→TM727.4

544.49⁺ 电力设备→TM64 参见:528.4。

544.5 开关.断路器.连接器→TM56 参见:542.9。

544.6 保护装置.保险丝.继电器→①TM58 ②TM563 参见:541.624;542.9。

544.7 避雷器.避雷针→TM862

544.8 配电盘.控制器→TM642

545 ①电灯.照明.②电热→①TM923 ②TM924 参见:592.4。

　　*电力应用＜一般＞入此,特定产业的应用入相关各类。

545.2 电灯.电灯泡→TM923.3

　　*说明:各类灯泡、灯管可入上位类分类号 TM923.3;如有必要,可根据著作内容入 TM923.3/.6 下相关各类。

　　　①白炽电灯,②放电灯:③氖管,④水银灯,⑤荧光灯→①TM923.31 ②TM923.32 ③TM923.323 ④TM923.322 ⑤TM923.321

545.28 电灯维持工具.电灯泡附属品→TM923.6

545.3 ①测光.②光束.③照明计算→①TM923.07 ②TM923.01 ③TM923.02 参见:425.2。

545.4 照明器具[灯具]→TM923.3/.6 参见:383.95。

545.6 各类照明→TM923.3/.6 参见:528.4。

　　*545.61/.63→TU113.6;545.64/.69 探照灯、舞台灯等各用途的灯→TM923.5。

545.7 遮光→TM923

545.8 电热→TM924

545.88 家用电器→TM925

　　　①熨斗,②洗衣机,③风扇,④清扫机,⑤空调,⑥冰箱,⑦炉灶→①TM925.35 ②TM925.33 ③TM925.11 ④TM925.3 ⑤TM925.12 ⑥TM925.21 ⑦TM925.51

546 电动铁路→U22

* 铁路运输参见 686;铁路车辆参见 536;铁路土木参见 516。

546.1 铁路电气化.电气化计划→U221

546.2 电车线路.导轨条路→U223.5

546.3 配电.变电所→①U223 ②U224

546.4 电力机车→U264

546.5 电气车.电动车与附属车→①U264(电力机车) ②U266.2(电动车)

　　* 说明:546.52/.58 如不需细分,均入上述分类号。

546.59 无轨电车→U482.2 电动汽车参见 537.25。

546.6 ①集电装置.②控制·刹车装置→①U264.3 ②U264.91

546.7 运转:运转时间表,速度,牵引力→U29

546.8 ①信号安全装置.②铁路通信→①U28 ②U285

　　*546.81 各种信号、信号机→U284.1 下相关各类;546.82①转辙装置.②联动装置.③闭塞装
　　置→①U284.5 ②U284.3 ③U284.4 参见:516.3;546.84 道口警报装置→U284.15;546.85 列车
　　自动控制→U284.48;546.86 铁路信号→U284。

547 通信工学.电气通信→TN91 参见:427.7;694。

547.09 通信机器·材料工业:生产与流通→F407.63

　　* 说明:参照 530.9 下说明取号。

547.1 通信电路·测定→①TN70/79 下相关各类 ②TN91

　　例:放大电路→TN72;振荡电路→TN75;脉冲电路→TN78;通信测定→TN911.23。

547.2 ①通信方式.②通信线路.③通信网→①TN91 ②TN913.3 ③TN915

547.21 ①通信网计划.交通.②线路设计→①TN915.02 ②TN913.1

547.22 裸线路:电线,电柱,直线,支架,绝缘子→TN913.31

547.23 电缆:架空,地底,海底,水中→TN913.32

547.27 通信障碍→TN911

547.28 线路的建设·保养→TN913

547.3 通信机器.电气音响工学.通信材料·零部件→TN912 参见:501.24。

547.31/.338 各种电声技术与设备→TN912.21/.27

547.36 电路零件:线圈,变质器,电容器,电阻器,振动成分→TM 下相关各类

547.37 结构零件:通信用继电器,电路开关,接续器→TM 下相关各类

547.39 通信用材料:导电材料,绝缘材料,感应材料,磁性材料,构成材料→TM 下相关各类

547.4 有线通信→TN913

547.45 电信→TN913

547.451 电信电路→TN913

547.452 电信方式.电信符号→TN911

547.454 电信机器→TN8 相关各类

547.455 集信.转播.交换→TN91

547.456/.458 印刷电信、传真、电报→TN917

547.459 电信局→F626.1,各国电信局入相关各类。

547.46 电话→TN916

547.47 有线放送→TN91

547.48 数据通信→TN919 参见：548。

547.5 无线通信.电波工学.高频工学→TN92

547.51 ①电波传播.②无线电路·测定→①TN93 ②TN921

547.52 无线通信方式→TN92

547.53 天线.接地→TN82

547.54 无线机器→TN7/8 下相关各类

    *说明：分类号转换时，需根据著作内容，各种机器入相关各类。如发报机入 TN83；收报机入
        TN85；放大器入 TN72。

547.6 各类无线.无线局→TN92 下相关各类 参见：665.25。

    *说明：分类号转换时参照 TN92 下注释，无线在各领域的应用入相关各领域，各无线局宜入
        F 相关类下。

    例：移动无线入 TN929.5；航海无线入 U675.7；水下通信入 TN929.3；光波通信入 TN929.1；宇
        宙通信入 TN927。

<547.7/.8 无线广播 >

547.7 无线广播→TN934

    *547.73 和 547.75→TN931；547.74 广播机→TN83；547.76 收报装置. 广播收报机→TN85；
    547.78①超短波广播.②调频广播→①TN937 ②TN934.2。

547.8 图像工程→TN94

547.81 电视电路·测定→TN941，有关电视测量及测量仪器的著作入 TN949.6。

547.82 ①传送方式.②扫描方式→①TN943 ②TN944

547.83 电视播放网→TN948

547.84 ①图像输入.②图像发射→①TN948.4 ②TN948.5

547.85 播音室[演播厅]→TN948.1

547.86 图像输出.显像：电视收报机→①TN949.1/.299 ②TN948.57

547.88 图像记录.录像→TN946 参见：746.7。

547.89 特殊电视.电视的应用→TN949.1/.299

547.9 高频应用.超音波应用→①TN99 ②相关各类

    *说明：分类号转换时，需根据著作内容入相关各类。如在电子对抗领域中的应用入 TN97；在
        医学诊断中的应用入 R44。

548 信息工学→TP 参见：547.48。

    *说明：计算机硬件入此，与情报科学、计算机系统有关的著作入 007。

    *其他法：548.1；548.9。

[548.1] 情报理论→TP1 参见 007.1。

[548.11] 控制论→TP13

[548.13] 人工智能→TP18

548.2 ①电子计算机：②数字计算机，③模拟计算机→①TP3 ②TP33 ③TP34

    *说明：NDC 将各类电子计算机的各类装置集中入 548.21/.27，分类号转换时，各类装置按电子
        计算机的类型入相关各类。下文圈码数字①和②列出的为电子数字计算机和电子模拟

计算机的转换号,其他的电子计算机不一一列出,可参照取号。

548.21 输入装置→①TP334.2 ②TP344

548.22 运算装置→①TP332 ②TP342

548.23 存贮装置→①TP333 ②TP343

548.24 控制装置→①TP332.3 ②TP342

548.25 输出装置.打印机→①TP334.3;TP334.8 ②TP344

548.27 终端装置→①TP334.1 ②TP344

548.29 各类电子计算机→TP33/38

　　＊说明:各类电子计算机的各类装置入 548.21/.27。

548.291⁺ 大型电子计算机[超级计算机通用大型计算机]→TP338.4

548.293⁺ 中型电子计算机→TP338.3

548.295⁺ 小型电子计算机→TP338.2

548.3 ①自动控制工程.②自动操作.机器人→①TP2 ②TP24 参见:509.69;531.38。

　　＊其他法:501.9。

[548.301 参见 548.31]

548.31⁺ 控制理论→TP13

[548.5] 人体工程学→TB18 参见 501.8。

[548.6] 生物工程学→Q81 参见 491.3。

548.7 模拟实验→TP206 参见:417。

[548.9] 情报科学→G25 参见 007。

[548.92] 历史·情况→G250.2-09

　　＊地理区分

[548.93] 情报与社会:情报政策→G250.2-01,情报产业宜入 F49。

[548.95] 信息管理.情报管理→G203,情报检索入 G254.9。

[548.96] 信息处理.情报处理→①入相关各类 ②TP391

　　＊数据管理入 TP315;专论各领域的信息处理入相关各类。如医疗信息处理入 498;数据通信入 547.48。

[548.961] 系统分析.系统设计→TP311.52

[548.963] 电脑系统.软件→TP312/319

[548.9632] 专家咨询系统→TP314

[548.9634] 操作系统→TP316

[548.9635] 汉字处理系统→TP391.12

[548.9636] 机械翻译→TP391.2

[548.964] 程序语言、算法语言→TP312

[548.9642] 电脑图像→TP317.4

[548.97] 情报系统→G254.92

　　＊UNISIST、NATIS 入此;MEDLARS、MARC 等特定的情报系统入相关各类。

549 电子工程→TN 参见:427.1。

549.09 电子工业.零件工业:生产与流通→F407.63

＊说明：参照 530.9 下说明取号。

549.1 电子理论→TN0 下相关各类

549.2 ①电子管的构造·②材料.③测定.④真空技术→①TN103 ②TN104 ③TN107 ④TN1

　　　　参见：573.57。

549.3 电子电路→TN710/79 下相关各类

　　　＊说明：各种电子电路根据著作相关内容入相关各类。如振荡电路入 TN75；脉冲电路入
　　　　　　　TN78；高频电路入 TN710.6。

549.4 真空管[热电子管]→TN1

　　　*549.42/.45 各类电子管→TN11 下相关各类；549.48 磁控管→TN123；549.49①行波管.②速调
　　　管→①TN124 ②TN122。

549.5 特殊电子管→TN13/15 相关各类

　　　*549.51 光电管→TN151；549.52①放电管.②闸流管→①TN13 ②TN134，参见：429.2；539.62；
　　　549.53 电子线管.负极线管.X 射线管→TN14 下相关各类。

<549.6/.8 固体电子工程 >

549.6 晶体管→TN32

549.7 集成微电路→TN4

549.8 固体电子工程→TN3　参见：431.8。

　　　＊说明：各种半导体材料入 TN304.1/.94。

549.9 电子装置的应用→入相关各类

　　　＊说明：各种电子装置的应用需根据著作相关内容入相关各类。如回旋加速器入 TL54；
　　　　　　　　电子显微镜入 TN16。

550　①海洋工程.②船舶工程→①P75 ②U66　参见：452；517；683。

[550.1 参见 551]

550.9 造船业：生产与流通→F407.474

　　　＊说明：参照 530.9 下说明取号。

550.91 造船政策·行政→F407.474；550.92 船舶法. 海事法令. 海事代理人→D912.29　参见：325.5；
　　　550.93 造船经济. 造船金融. 船舶保险→①F407.474 ②F840.63；550.95 造船业经营·会计→
　　　F407.474。

<551/556 造船学 >

　　　＊造船学、船舶科学入此。

551　造船理论→①U661 ②U662　参见：534.1。

551.1 船体复原与动摇→U661.32

551.2 船体阻力与推动→U661.31

551.3 舵与旋转→U661.3

551.4 船体强度与振动→U661.4

551.5 ①船舶设计·②制图→①U662 ②U662.2

551.9 船舶算法：吃水，干舷，吨数，纵倾→U662.2

552　①船体构造·②材料·③施工→①U663 ②U668 ③U671

552.1 构造设计→U663

*552.11/.18 如不需细分，可均入上位类分号 U663。如需细分，可据著作内容入相关各类。552.11 船首、船尾→U663.5；552.12 船舷→U663.3；552.14 甲板→U663.6；552.16 船内区划，水密隔离→U663；552.17 封闭装置→U663；552.18 船内配置→U663.8。

552.2 造船材料→U668

552.3 根据材料划分船的种类：构造与设计→U674.93

   *552.33 木船、木铁船→U674.931；552.34 混凝土船→U674.932；552.35 钢船→U674.933。

552.7 根据推动力划分船的种类：构造与设计→U674.92

   *552.72 橹桨船→U674.92；552.73/.74 帆船、机帆船→U674.926；552.75 汽船→U674.923；552.76 原子能船→U674.921。

552.8 ①船体施工.②焊接.③涂饰→①U671 ②U671.8 ③U671.91

552.9 ①造船处.②下水→①U673 ②U671.5

553 船体装备.船舶设备→U664/667

553.1 居住·卫生设备：供水，通风，空调房→①U664.5（供水、空调）②U667.9（卫生、炊事设备）③U664.85

553.2 电气设备.无线装置→U665

553.3 ①防水·排水·灭火·隔音装置→①U664.8 ②U667.7

553.4 掌舵装置→U664.3

553.5 配管装置→U664.84

553.6 救生设备→U667.6

553.7 系船设备→U667.4

553.8 装卸设备.载货装置→U664.4

554 轮机工程→U664.1 参见：533。

   *说明：如不需细分，554.3/.8 可均入上位类分类号 U664.1；554.9 造船辅助装置入 U664.5；造船推动装置入 U664.3。

555 船舶修理.保养→U672

555.9 ①海上救难：②沉船·触礁船的打捞→①U676.8 ②U676.6

556 各类船舶·舰艇→U674

   *说明：(1)556.3/.6 商船、客船、客货两运船、货船等各类运输船入 U674.11/.13，如不需细分，可均入上位类分类号 U674.1。

     (2)556.7 特殊船入相关各类。556.73 渡船→U674.192；556.74 拖船.驳船→U674.18；556.75 起重船→U674.35；556.76①救援船.②消防船.③电缆敷设船→①U674.23 ②U674.24 ③U674.34；556.79 小型艇→U674.91。

     (3)556.9 军舰入 U674.7 下相关各类。如不需细分，可均入上位类分类号 U674.7。参见：397；559.59。

556.91 战斗舰→U674.71；556.92 巡洋舰→U674.72；556.93 航空母舰→U674.771；556.94 海防舰→U674.71；556.95 炮舰→U674.73；556.96 水雷舰.驱逐舰→U674.74；556.97 潜水舰→U674.76；556.98 布雷舰.扫雷舰→U674.772；556.99①特殊舰艇.②导弹艇→①U674.77 ②U674.762。

557 航海.航海学→U675

557.07 ①研究法.指导法.②航海教育→①U675-3 下相关各类 ②U675-4 下相关各类

557.079 ①船舶职员考试.②航海技术考试→①U676.2 ②U675

557.1 船舶运用术.船舶操纵法(操船)→U675.9 下相关各类。航海日志入 U675.85。

557.2 航海仪器.航海工具→U666.15 下相关各类

557.3 船法.船位决定法→U675.5/.6

    ＊说明：潜水航行、台风区航行、沿岸航法、夜航等各种条件下的航行可均入上位类分类号 U675.5；船位测定入 U675.6；航海天文学、气象学等入 U675.1；航海历书宜入 P197.3。

557.4 ①船舶通信.②船舶信号→①U675.7 ②U675.3

557.5 ①航路标识：②灯塔，③灯船，④浮标→①U644.4 ②U644.42⁺1 ③U644.42⁺4 ④U644.43⁺3 参见：517.88。

557.6 引航员.引导航路→U675

557.7 航道.航道测量→U675.4

557.78 航路图.海图.航道报告→U675.8

    ＊海洋区分

557.8 ①海难.②海上治安→①U676.8 ②D 类相关类下 参见：325.55。

558 海洋开发→P74

558.3 调查技术→P741 参见：452。

558.4 ①资源开发：②海底石油，天然气→①P744 ②P744.4，海洋生物资源开发入 P745。

558.5 海洋空间利用→P756.8 参见：517.9；518；683。

558.6 ①海洋能量利用：②潮汐能.③波浪能→①P743 ②P743.3 ③P743.2 参见：543.6。

558.7 海水利用→P746

558.9 潜水技术.潜水业.潜水机械→P754.3 参见：785.2。

559 武器.军事工程→TJ 参见：390。

559.09 兵器工业：生产与流通，军事行政→F407.48

    ＊说明：参照 530.9 下说明取号。

559.1 枪械→TJ2 参见：789.7。

    ＊559.11 弹道学→TJ012；559.12①枪管.②炮身→①TJ203⁺.1 ②TJ303⁺.1；559.13 炮架→TJ303；559.14 火炮→TJ3；559.15 机关枪→TJ23/26；559.16①步枪.②手枪→①TJ22 ②TJ21；559.17 子弹.弹壳→TJ4。

559.2 火工品→TJ45

    ＊559.22 火箭弹→TJ415，参见：559.5；559.23 手榴弹→TJ51⁺1；559.24 地雷→TJ51⁺2；559.25 深水炸弹→TJ65；559.26 水雷→TJ61；559.27 鱼雷→TJ63；559.28 炸弹→TJ414。

559.3 化学武器→TJ92

559.39 生物武器.细菌武器→TJ93

559.4 ①装甲武器：②坦克，装甲车辆→①TJ81 ②TJ811 参见：537。

559.5 航空武器.诱导导弹·火箭武器→TJ7 下相关各类 参见：538.68；559.22。

559.6 ①光学武器.②声波武器.③电气武器.电子武器→①TJ95 ②TJ96 ③TJ97

559.7 核武器→TJ91

559.8 防御武器.防空技术.伪装→TJ 相关各类

    ＊说明：分类号转换时，根据著作内容入相关各类。如防空导弹入 TJ761.1⁺3；武装卫星入

TJ861。

559.9 军事土木→E95

560 ①金属材料工程.②矿山工程→①TF；TG ②TD

560.9 矿业经济→F407.1

说明：参照 530.9 下说明取号。

*.91 矿业政策·行政.矿业法.矿业权；.92 矿业史（地理区分）；.93 矿业金融.财政；.95 矿业经营.会计.矿山评价；.96 矿山劳动。

561 采矿.选矿→TD 参见：459。

561.1 矿床.应用地质学.应用矿物学→①TD1 ②P61

* 地理区分

561.2 矿山测量→TD17 下相关各类

561.3 ①勘探.②钻探→①P62 ②P634；P633

说明：各种勘探方法入 P627/632 下相关各类。

*561.32 重力勘探→P631.1；561.33 磁法勘探→P631.2；561.34 电法勘探→P631.3；561.35 电磁法勘探→P631.3⁺25；561.36 超声波勘探→P631.5；561.37 化学勘探→P632；561.38 放射性勘探→P631.6；561.39 钻探→P634；P633。

561.4 开坑.开采.挖掘→①TD2 ②TD8

*561.41 开坑规划→TD21/22；561.42 ①井巷掘进.②爆破→①TD26 ②TD23；561.43 井内结构.支架→TD35；561.44 开采作业→TD8；561.46 井内开采.竖井→TD803；561.47 露天开采→TD804。

说明：各类矿产的各式开采方法入相关各类。如煤矿的露天开采入 TD824。

561.5 矿山机械·设备→TD4

561.6 矿山运输→TD5

* 各类矿山运输与设备入 TD52/58 下相关各类。如井下运输入 TD52；斜井运输入 TD55；地面运输入 TD56。

561.7 井内设备·装置→TD6/7 下相关各类

*561.71/.73 井内通风（包括人工通风）入 TD72，井内瓦斯入 TD712；561.75/.76 井内照明、供暖、矿山信号等矿山电工均入 TD6 下相关各类；561.77 矿山排水入 TD74。

561.8 选矿.矿石处理→TD9

*561.81 样品→TD926.3；561.82 手选→TD92；561.83 重介质选矿.重力选矿→TD922；561.84 浮游选矿→TD923；561.85 磁力选矿→TD924；561.86 静电选矿→TD924；561.88 矿泥的处理→TD926；561.89 选矿设备→TD45。

561.9 矿山灾害·安全.矿山卫生→TD7 下相关各类

*561.93 瓦斯爆炸→TD712；561.94 塌陷.侧壁塌方→TD327；561.95 矿山事故→TD77；561.98 ①矿山卫生.②矿山职业病→①TD78 ②R135 参见：498.87。

562 各种金属矿床·开采→TD85

562.1 ①金.银.铂矿.②水银矿→①TD863 ②TD864

562.2 铜矿→TD862.1

562.3 ①铅矿.②锡矿.③镉矿→①TD862.2 ②TD862.4 ③TD865

562.4 ①锰矿.②钨.钼矿→①TD861.2 ②TD864

562.5 铝矿→TD862.5

562.6 ①铁矿.②镍.钴矿.③铬矿→①TD861.1 ②TD864 ③TD861.3

562.7 放射性金属矿(镭、钍、铀)→TD868

562.8 稀有金属矿石→TD864

<563/566 冶金 >

563 冶金.合金→①TF ②TG 参见:501.41。

563.1 化学冶金学→TF11

563.3 冶金炉→TF06

563.4 ①电冶金.②电解冶金→①TF111.5 ②TF111.52

563.5 金属分析.试金→TG115

563.6 ①物理冶金学.②金属组织学→①TG11 ②TG113

563.7 金属腐蚀→TG17 参见:566.76。

563.8 合金学→TG13

<564/565 各种金属 >

564 钢铁→TF4/7

  说明:总论钢铁冶炼的著作入 TF4;炼铁入 TF5;炼钢入 TF7。

564.09 钢铁业:生产与流通→F407.31

   说明:参照 530.9 下说明取号。

564.1 练铁法.生铁.熟铁→TF5 下相关各类

564.11 炼铁原料·材料→TF52

564.13 炼铁炉[高炉]→TF57

564.14 电炉炼铁法→TF555

564.2 炼钢法.钢[碳钢]→TF7

   *564.21/.28 各种炼钢法入 TF71/747 下相关各类。

564.5 钢铁分析→①TF513(铁)②TF701.3(钢)

564.6 钢铁的组成·性质→①TG142.1(钢)②TG143(铸铁)

564.7 铁锈→TG17

564.8 特殊钢→TF764

564.9 炼铁厂·钢铁工厂设备→①TF58(炼铁厂)②TF758(炼钢厂)③TF31/34(设备)

565 非铁金属→TF81/89

   * 非铁金属加工入此。

565.1 ①贵金属.②水银→①TF83 ②TF819.1 参见:756.3。

565.2 铜→TF811

565.3 重金属→TF81 下相关各类

   *565.32/.33 铅 →TF812;565.34 锡 →TF814;565.35 镉 →TF819.2;565.36 锑 →TF818;565.37
   铋→TF817;565.38 轴承合金→TG146。

565.4 高温熔融金属→TF84 下相关各类

   *565.42 锰→TF84;565.43 钨→TF841.1;565.44①钼.②铌→①TF841.2 ②TF841.6。

565.5 轻金属→TF82 下相关各类 参见:572.23。

*565.52 铝→TF821;565.53 镁→TF822;565.54 钛→TF823;565.55 铍→TF824;565.56 碱金属→TF826;565.57 碱土金属→TF827。

565.6 其他→TF81/84 下相关各类

*565.61 镍→TF815;565.62 钴→TF816;565.63 铬→TF81。

565.7 放射性金属→TL2

565.8 ①稀有金属;②锆,③硒→①TF84 ②TF841.4 ③TN304.1

566 金属加工.制造冶金→TG 参见:501.54;756。

566.1 铸造.铸物工业→F407.41

*说明:参照 530.9 下说明取号。

566.11 铸物砂.铸物用金属材料→TG22

566.12/.13 木模、铸模制作→TG241

566.14 熔解.化铁炉作业→TG243

566.17 ①补修.②检查→①TG246 ②TG247

566.18 特种铸造→TG249

566.19 ①铸物工厂.②铸造机械→①TG28 ②TG23

566.2 塑性加工.锻工→TG31

566.3 热处理:淬火,回火,正火,退火→TG307

566.4 压延法.拉伸成型.压出成型.纤维缠绕成型.冲压成型→TG33/37

566.5 压缩加工.钣金加工→TG38

566.6 熔接:融接,压接→TG4

*566.61 熔接材料→TG42;566.62/.66 各种焊接工艺→TG44 下相关各类;566.67 瓦斯切割→TG48;566.68 焊接.铆接→TG447;566.69 熔接机器→TG43。

566.7 表面处理.防侵蚀→TG17 下相关各类

566.8 粉末冶金→TF12

567 煤炭→TD82

567.09 煤炭行业经济→F407.21

*说明:参照 530.9 下说明取号。

567.091 煤炭政策·行政·法令→F407.21;567.092 炭业历史·情况(地理区分)→F407.21;567.093 煤矿金融.煤矿市场.煤矿价格→F407.21;567.095 煤矿经济·会计→F407.216.7;567.096 煤炭劳动→F407.214。

567.1 煤炭矿床.煤炭地质学.煤炭田→P618.11

* 地理区分. 取号方法:P618.110.6+3/7(世界地区号)。

567.2 煤炭勘探.煤炭测量.煤炭钻探→P618.110.8

567.4 煤炭开坑.采煤法→TD823/825 下相关各类

567.5 煤矿机械·工具→TD4

567.6 搬运.储存煤→TD5

567.7 ①井内空气流通·②照明·③排水→①TD72 ②TD62 ③TD74

567.8 选煤.煤炭分析→TD94(可仿 TD91/92 分)

567.9 煤矿灾害·安全·卫生→TD7 下相关各类

568 石油→TE

　　* 石油提炼·化学工业参见 575.5。

568.09 石油经济·政策·行政·法令→F407.22

　　　* 说明：参照 530.9 下说明取号。

568.1 石油矿床.石油地质学.油田→P618.13

　　* 地理区分.取号方法：P618.130.6+3/7（世界地区号）。

568.2 ①石油勘探.石油钻探.②石油测量→①P618.13 ②TE15

568.4 ①凿井.②采油→①TE2 ②TE3

568.6 ①输送原油.②储存油：③输油管，④油罐车，⑤油船→①TE83 ②TE82 ③TE832 ④TE834
　　⑤TE835

568.7 炼制石油：蒸馏法，洗涤法→TE62

568.8 天然气采集：石油气，甲烷气→TE37

569 非金属矿物.土石开采业→TD87

　　* 说明：下面列出的仅为中图法上位类分类号，如不需细分，取此号即可；如需细分，入相关下
　　　位类分类号。

569.1 ①硫黄.②石墨→TD871 ②TD875

569.2 ①岩盐.萤石.②石英.硅石.③燧石→①TD871 ②TD873 ③TD874

569.3 ①石灰岩.②白云岩.菱镁矿→①TD872 ②TD873

569.4 ①长石岩.②云母.石棉.③滑石.蜡石→①TD873 ②TD877 ③TD875 参见：579.2。

569.5 磷矿.磷灰石.硝石→TD871

569.6 ①重晶石.②石膏.③明矾→①TD875 ②TD876 ③TD871

569.7 黏土矿物→TD873

569.8 沙土.建筑石材→TD872

569.9 琥珀.宝石→TD878，刚玉和石榴石入 TD874。参见：755.3。

570 化学工业→TQ 参见：430。

570.9 经济.政策.行政.法令→F407.7

　　　* 说明：参照 530.9 下说明取号。

570.93 生产费用.市场.价格→F407.76

570.95 经营·会计→F407.76

570.99 代用品工业.废物利用→①F407.7 ②X78

571 化学工程.化学机器→TQ0 下相关各类 参见：501.26。

　　*571.01 工业物理化学.化学工业计算法→TQ01；571.1①化学机器.②材料→①TQ05 ②TQ04；
　　571.2/.6 粉体、混合与搅拌、分离、蒸发与结晶等各种化工过程→TQ02 下相关各类；571.7 工
　　业用炉→TQ054；571.8 高压装置.减压装置.高压化学工业→TQ052；571.9 工业用水·废水→
　　①TQ085 ②X78，参见：519.4。

<572/579 各种化学工业 >

572 电气化学工业→TQ15 参见：431.7。

　　*572.1 电池.蓄电→TM911/912；572.11 一次电池→TM911.1；572.12 二次电池→TM912；572.2 电
　　解工业→TQ151；572.4 电热化学工业→TQ16；572.48 电石工业→TQ161；572.5 放电化学工业→

TQ15;572.6 高频化学工业→入 TQ 相关各类;572.7 光化学工业→①TQ57②TQ422 参见: 740.13;742.2;572.8 催化化学工业→TQ426。

573 ①陶瓷工业.②硅酸盐化学工业→①TQ174 ②TQ17

573.1 ①硅酸盐化学.化验.②窑业原料.③窑炉.机器→①TQ170.1 ②TQ170.4 ③TQ170.5

573.2 陶瓷器.制陶业→TQ174 下相关各类 参见:751。

　　*573.21 化学.化验→TQ174.1;573.23 原料与 573.29 釉→TQ174.4;573.24 生产过程与 573.28窑→ TQ174.6;573.25/.27 各类陶瓷制品→TQ174.7。

573.3 黏土制品→①TQ174.7 ②TU522.1/.3

　　*573.35/.36 砖瓦宜入 TU522.1/.2;573.37/.38 陶瓷管、瓷砖入 TQ174.76。

573.4 耐火材料→TQ175

573.5 玻璃→TQ171

　　*573.51 化学.化验→TQ171.1;573.53 原料→TQ171.4;573.54 各种生产过程→TQ171.6;573.56 特殊玻璃→TQ171.73;573.57 各类玻璃制品→TQ171.7。

573.6 ①人造石.②人造宝石→①TQ177 ②TQ164

573.7 珐琅制品→TQ173

573.8 水泥→TQ172 参见:511.7;751.8。

　　*573.81 化学.试验→TQ172.1;573.83 原料→TQ172.4;573.84 烧成.完成→TQ172.6;573.86/.87 各种水泥制品→TQ172.7;573.88①水泥工厂.②机器.装置→①TQ172.8 ②TQ172.6;573.89 ①石灰.②石膏.③砂浆→①TQ177.2 ②TQ177.3 ③TQ177.6。

573.9 优良陶瓷→TQ174

574 化学药品→TQ 下相关各类

　　* 酸碱工业入 TQ11,医药品参见 499.1,农药参见 615.87。

574.2 气体工业→TQ116 氨工业参见 574.6。

　　* 说明:574.22/.28 各类气体入 TQ116 下相关各类,如氧气和氮气工业入 TQ116.1;氢气工业 入 TQ116.2。

574.3 无机酸→TQ111

　　*574.31 硫酸→TQ111.1;574.32 硝酸→TQ111.2;574.33 盐酸→TQ111.3;574.34 磷酸→TQ126. 3;574.35 砒酸→TQ111;574.36 碳酸→TQ127。

574.4 碱工业→TQ114 参见:574.72。

574.5 氯气工业→TQ124.4 参见:669。

574.6 氮气工业→TQ116.1

574.65 氨气合成工业→TQ113

574.7 无机工业药品→TQ462 下相关各类 参见 TQ12/13。

　　*574.72 碱性化合物→TQ462$^+$.12,参见:574.4;574.73 卤化合物→TQ462$^+$.7;574.74 硫化 物→TQ462$^+$.6;574.75 磷→TQ462$^+$.5;574.76 碳化合物→TQ462$^+$.4;574.77 硅酸.硅酸盐→ TQ462$^+$.4;574.78 硼酸.硼酸盐.硼化合物→TQ462$^+$.3;574.79 金属化合物→TQ462 下相关 各类。

574.8 有机工业药品→TQ463 下相关各类

574.82 碳氢化合物→TQ463$^+$.21 参见 TQ22。甲烷、乙烯、乙炔、苯、萘、卤均入此号。

574.83 醇类→TQ463⁺.23 参见：658.5 和 TQ223。甲醇、乙醇、丁醇、乙醚、苯酚入此号。

574.84 乙醛.酮→TQ463⁺.24

574.85 ①有机酸[羧酸.脂肪酸].②酯→①TQ463⁺.25 ②TQ463⁺.3

574.86 硫化合物→TQ463⁺.27

574.87 氮化合物→TQ463⁺.26

574.9 化学肥料.肥料工业→TQ44 参见：613.4。

 *574.92 氮肥→TQ441；574.93 磷酸肥→TQ442；574.96 钾肥→TQ443；574.97 混合肥料→TQ444。

575 ①燃料.②爆炸物→①TQ51 ②TQ56 参见：592.5。

575.1 燃料化学.燃料实验.燃烧工学.热能计算→TQ511 下相关各类

 *575.14 固体燃料→TQ517.3；575.15 液体燃料→TQ517.4；575.16 气体燃料→TQ517.5。

575.2 木材干馏→TQ351.2，甲醇、木炭等各种产品入 TQ351.27。

575.3 ①煤炭干馏.②煤炭化学工业→①TQ52 ②TQ53

 * 煤的高温干馏入 TQ522，低、中温干馏入 TQ523；575.31 煤炭化学入 TQ53 下相关各类；575.34 煤气.煤气事业.焦炉气入 TQ54。

575.4 燃气种类→TQ542

575.44 发生炉煤气→TQ542.5

575.45 水煤气→TQ542.4

575.46 液化石油气.液化天燃气→TE626.7

575.5 石油工业→TE6 采油.送油.储存油参见 568。

575.51 石油化学→TE621

575.52 ①炼油法：②蒸馏法，③裂化法，④改质法，石油提炼→①TE624 ②TE624.2 ③TE624.3 ④TE624.5

575.57 石油制品→TE626

 *575.571 汽油→TE626.21，参见：538.39；575.572 煤油→TE626.22；575.573 轻油和[575.576] 绝缘油→TE626.9；575.574 重油→TE626.25；[575.575]润滑油→TE626.3。

575.58 ①沥青.②石蜡→①TE626.8⁺6 ②TE626.8⁺8

575.59 天然气工业[甲烷气]→TE64

575.6 石油化学工业[石油化工]→TE65

575.7 人造石油工业→TE66

575.8 火柴.燃火材料→TQ568

575.9 火药.炸药→TQ56

 *575.91①化学.②实验→①TQ560.1 ②TQ560.72；575.92/.93 各类炸药→TQ561/564；575.95 起爆药→TQ563；575.97①火具.②火工品→①TQ565 ②TQ567；575.98 烟花.爆竹→TQ567.9；575.99 贮藏.经营.火药库.产业爆炸及事故→①TQ560.79 ②X932。

576 油脂类→TQ64

576.1 油脂提取·精炼→TQ64

 *576.11 油脂化学.试验→TQ641；576.13 原料→TQ642；576.14/.15 提取方式、精炼法→TQ644；576.16 食用油脂→TS22；576.17 植物油→TQ645.1，参见：617.9；658.6；576.18 动物油→TQ645.3，

参见:648.9;668.2。

576.2 油脂的加水分解.油脂分解工业→TQ645

　　*576.24 甘油.单酸甘油酯→TQ645.5;576.25 脂肪酸→TQ645.6;576.27 其他→TQ645 下相关各类;
　　576.28 亚麻油→TQ645.8。

576.3 油脂的硬化.硬化油工业→TQ648

576.4 蜡烛→TQ55　参见:383.95。

576.5 表面活性剂→TQ423

576.53⁺ 肥皂→TQ648

576.59 合成洗剂→TQ649

576.6 香料→TQ65　参见:439.1。

　　*576.61 香料化学→TQ651;576.63 天然香料→TQ654;576.64 萜烯类→TQ65;576.65/.66 合成
　　香料→TQ655。

576.7 化妆品.芳香品→TQ658

　　*576.72①香水.②化妆水→①TQ658.1②TQ658.2;576.73/.74 各类护肤用品→TQ658.2;576.75/.76 美
　　容用品→TQ658.5;576.77 牙膏→TQ658.4。

576.8 涂料.涂饰→TQ63

　　*576.81 涂料化学.试验→TQ630.1;576.82 天然涂料和 576.85 合成树脂涂料→TQ633;576.83
　　原料和 576.87 辅助材料→TQ630.4;576.84 油漆.洋漆→TQ631;576.86①特殊涂料.②鞋油→
　　①TQ635 ②TQ638;576.88 涂料工厂→TQ630.8,机械与设备入 TQ630.5;576.89 涂料施工方法→
　　TQ639。

576.9 颜料.画图工具→TQ62　参见:022.6。

　　*576.95 油墨→TQ628.5,有机颜料→TQ616.8;576.96 特殊颜料→TQ628;576.97 各类绘画颜
　　料→TQ628.9;576.98 墨水→TS951.23;576.99 铅笔→TS951.12。

577 染料→TQ61　染色参见 587。

577.1 染料化学→TQ610.1

577.2 酸性染料→TQ615.1

577.3 碱性染料→TQ615.3

577.4 直接染料→TQ615.4

577.5 媒染染料→TQ615.7

577.6 还原染料→TQ616.2

577.7 硫化染料→TQ613.4

577.8 冷染染料→TQ615.5

577.9 其他染料→①TQ616.9 ②TQ61 下相关各类

577.92 溶性染料→TQ616.7

577.93 醋酸纤维染料→TQ615

577.94 食用染料→TQ617.1

577.99 天然染料→TQ611　参见:617.8。

578 高分子化学工业→TQ31　参见:431.9;658.7。

578.2 橡胶.橡胶工业.弹性橡胶→TQ33

* 说明：一般性问题入 TQ330 下相关各类。

*578.22 胶乳.橡浆→TQ331;578.23 生橡胶.原料橡胶→TQ330.3;578.24 橡胶和胶乳生产工艺→TQ330.5.制品成型工艺→TQ330.6;578.25 再生橡胶→TQ335;578.26 合成橡胶→TQ333;578.27 ①橡胶制品.②胶乳制品→①TQ336 ②TQ337;578.28 橡胶工厂的机械.设备→TQ330.4;578.29 橡胶的老化和保存→TQ330.7⁺5。

578.3 天然树脂→TQ351.4 参见:658.7。

　　* 虫胶入 TQ431.9。

578.4 合成树脂→TQ32 参见:751.9。

　　<578.43/.45 各种合成树脂 >→TQ321/328

　　*578.43 热固性树脂→TQ323;578.44 热塑性树脂（聚合型）→TQ325;578.45 离子交换树脂→TQ425.23;578.46 成型加工→TQ320.66;578.47 塑料制品→TQ320.7;578.48 塑料工厂的机器设备→TQ320.5。

<578.5/.7 化学纤维工业 >→TQ34 参见:586.1。

578.5 纤维素化学工业→TQ352

578.6 化学纤维(人造纤维)→TQ34 参见:586.6。

　　*578.63/.67 各类再生纤维均可入上位类分类号 TQ341;578.68 石英、石棉等各类无机纤维入 TQ343,玻璃纤维宜入 TQ171.77。

578.7 合成纤维→TQ342 参见:586.6。

　　* 说明：各类合成纤维均可入上位类分类号 TQ342。578.73 聚酰胺纤维（尼龙、锦纶）→TQ342⁺.1;578.74 聚乙烯醇系纤维→TQ342⁺.4。

579 其他的化学工业→TQ9 或相关各类

　　*579.1 粘胶粘工业→TQ43，参见:668.4;579.2 石棉工业→TQ176，参见:569.4;579.9⁺ 生物工业→Q81;579.93⁺ 遗传工程→Q78;579.95⁺ 细胞工程→Q813;579.97⁺ 发酵工业→TQ92。

580 制造工业→TS

581 金属制品→TS91

　　*581.1/.3 各种材料的金属制品→TS914.1，制罐→TS914.7;581.4 建筑用金属网→TS914.3;581.5/.7 小五金、厨房用品和刀具→TS914.2;581.8 金属家具→①TS914.26 ②TS914.27;581.9 ①大头针,针等小铁器,②钉→①TS914.29 ②TS914.6。

582 办公设备.家庭机器.乐器→TS 下相关各类

　　*582.1 缝纫机→TS941.561，参见:593.48;582.3 办公设备→TS951.4，参见:336.56;582.33⁺ 打字机→TS951.43,参见:809.9;582.4 自动贩卖机→TH692.62;582.5 洗衣机,吸尘器,厨房电器等家庭机器→TM925 下相关各类;582.7①乐器制造.②留声机→①TS953 ②TS954.1,参见:763。

583 木工业.木制品→TS6 参见:754。

583.5 木箱,行李箱,木盒等容器→TS665.2

583.7 家具→TS664 参见:597;758。

　　*583.71 设计.制图→TS664.01;583.72 材料和 583.74 辅料→TS664.02,工艺入 TS664.05;583.73 涂饰→TS664.05;583.75/.77 各种用途的家具→TS665 下相关各类;583.78①藤制家具.②竹制家具→①TS664.3 ②TS664.2。

583.8 木工机器→TS64

583.9 竹·藤·棕·草等加工及制品→TS959.2 参见：657.84。

584 皮革工业.皮革制品→TS5 参见：755.5。

   *584.1 化学.试验→TS51；584.3 原料皮.生皮处理→TS522；584.4 鞣（革）操作→TS54；584.5 鞣皮加工.操作→TS55；584.6 代用皮革→TS565，参见：668.3；584.7 皮革制品→TS56；584.8 制革机械.设备→TS53；584.9 皮革的保存与加工→TS5。

585 造纸工业→TS7 参见：022.6。

585.1 化学.试验→TS71

585.3 ①原料.②制浆.纸浆→①TS72 ②TS74 参见：618.7；658.4。

   *585.32 和 585.38 原料入 TS72，585.33/.36 各种制浆法如不需细分，可均入 TS743，各种纸浆入 TS749。

   例：585.33 化学制浆法入 TS743⁺.1。

585.4/.5 各种制浆和造纸工艺→TS74/75 下相关各类，纸产品入 TS76 下相关各类。

   例1：585.4 漂白入 TS745；加填.染色入 TS753.9

   例2：585.51 新闻纸、印刷纸入 TS764.1

585.6 日本纸.手抄纸→TS76，手抄纸工艺入 TS756，手抄纸产品入 TS766。

585.7 ①纸制品.②纸器工业→①TS767 ②TS959.4

585.8 制纸工厂的机械·设备→TS73

586 纺织工业→TS1 参见：593.4；618；753。

   * 说明：纺织工业下的各类工业经济史均入部门经济类下。

586.09 纺织产业→F407.81

   * 说明：参照 530.9 下说明取号。

   *586.091 纺织工业政策·行政·法令→①F407.816 ②D912.29 ③F43/47；586.092 历史.事件（地理区分）→①F43/47 ②F416.81；586.093 金融.市场.生产费→①F407.815 ②F407.816；586.095 经营.会计→F407.816.7；586.096 纤维劳动→F407.814。

586.1 一般性问题→TS101/109 下相关各类 参见：578.5/.7。

   * 说明：分类号转换时，根据著作内容入相关各类。一般性问题中的纺织物理.纺织化学等基础科学入 TS101；试验入 TS101.92；质量检查入 TS101.91；纺织纤维入 TS102 下相关各类。

586.17 纺织制品→TS106

586.18 纺织工业机械·设备→TS103

586.2 棉业.纺织业→TS11

   * 说明：586.21/.22 参照 530.9 下说明取号。

586.21 行政.法令.经济.经营.市场→①F407.816 ②D912.29 ③F43/47 ④F407.815；586.22 历史·事件（地理区分）→①F43/47 ②F416.81

   *586.23 原棉.棉花→TS102.2⁺11；586.24 制棉.脱脂棉→TS113；586.251/.256 各种棉纺和棉织工艺→①TS114 ②TS115；586.257 废纺→TS114.4；586.27 棉制品→TS116；586.28 棉纺工厂机械.设备→TS112。

586.3 麻纤维.麻纱工业→TS12

* **说明**：586.31/.32 参照 530.9 下说明取号。

586.31 行政.法令.经济.经营.市场→①F407.816 ②D912.29 ③F43/47 ④F407.815；586.32 历史·事件（地理区分）→①F43/47 ②F416.81

 *586.33 麻纤维→TS102.2⁺2；586.34 制纤→TS123；586.35 麻纺和麻织工艺→①TS124 ②TS125；586.37 麻制品→TS126；586.38 制麻工厂机械·设备→TS122。

586.4 绢工业.丝纺织工业→TS14

 * **说明**：586.41/.42 参照 530.9 下说明取号。

586.41 行政.法令.经济.经营.市场→①F407.816 ②D912.29 ③F43/47 ④F407.815；586.42 历史·事件（地理区分）→①F43/47 ②F416.81

 *586.43 茧.丝→TS102.3⁺3；586.45 绢系纺织工艺→①TS144 ②TS145；586.47 绢制品→TS146，混纺织物→TS106.8；586.48 绢系工厂机械·设备→TS142。

586.5 毛纺织工业→TS13

 * **说明**：586.51/.52 参照 530.9 下说明取号。

586.51 行政.法令.经济.经营.市场→①F407.816 ②D912.29 ③F43/47 ④F407.815；586.52 历史·事件（地理区分）→①F43/47 ②F416.81

 *586.53 动物毛→TS102.3⁺1；586.54/.56 各类毛纺和毛织工艺→①TS134 ②TS135；586.57 羊毛制品→TS136；586.58 羊毛工厂机械·设备→TS132。

586.6 化学纤维纺织工业→TS15 参见：578.6；578.7。

 * **说明**：586.61/.62 参照 530.9 下说明取号。

586.61 行政.法令.经济.经营.市场→①F407.816 ②D912.29 ③F43/47 ④F407.815；586.62 历史·事件（地理区分）→①F43/47 ②F416.81

 *586.63 原料→TS102.5；586.65 纺织工艺→①TS154 ②TS155；586.67 化纤制品→TS156。

586.7 织物工业[机业]→TS18 参见：753.3。

 * **说明**：586.71/.72 参照 530.9 下说明取号。

586.71 行政.法令.经济.经营.市场→①F407.816 ②D912.29 ③F43/47 ④F407.815；586.72 历史·事件（地理区分）→①F43/47 ②F416.81

 *586.73①织物解剖·计算.试验.②品质检查→①TS181 ②TS181.9；586.74 织物图案→J51 下相关各类；586.75/.76 各类针织工艺→TS184；586.77 织物→TS186；586.78 织物工厂机械·设备→TS183。

586.8 编织物工业 [针织品工业].编织物.蕾丝→TS18，针织布料衣服参见 589.218。

586.9 其他纤维工业：毛毡，地毯，坐垫→TS17

587 染色加工.染色业→TS19 参见：593.7。

 * 工艺参见 753.8；染料参见 577。

587.1 染色化学.试验→TS190.1

587.3 ①染色用水.②染色药剂→①TS190.3 ②TS190.2

587.4 染色图案→J51 下相关各类

587.5 精炼.漂白→①TS190.5（总论）②TS192

<587.6/.7 各种染色方法 >→TS193.5 下相关各类

587.6 浸染→TS193.51

*587.62/.67 各种纤维及其制品的染色可均入 TS193.8,如有需要,可再仿 TS190.6 分;587.68 各种染料染色方法可均入上位类分类号 TS193.6;587.682/.688 各种合成染料染色方法可均入上位类分类号 TS193.63。

587.7 印染→TS194

587.8 染色机械→TS193.3

587.9 印花机械:洗涤机.干燥机→TS194.3

588 食品工业→TS2 参见:498.5;519.79。

588.09 行政.法令.经济.经营.市场→①F407.82 ②F407.825 ③F407.826 ④D912.29

* 说明: 参照 530.9 下说明取号。

588.1 ①砂糖.制糖业.②甜味调味品→①TS24 ②TS264

588.12 甘蔗糖→TS245.1

588.13 甜菜糖→TS245.2

588.14 制糖工艺→TS244

588.17 ①葡萄糖.②甘薯糖.③麦芽糖→①TS245.4 ②TS245.9 ③TS245.5

588.18 制糖机械·设备→TS243

588.19 人工调味料→TS264

588.2 淀粉→TS23

588.3 面包.点心类→TS213.2 参见:596.6。

*588.32 面包类→TS213.21;588.33 饼干类→TS213.22;588.34 和 588.38 各种糖果、糖类→TS246.5;588.35/.37 糕点类→TS213.23;588.39 其他类点心→TS213/219 下相关各类。

588.4 ①饮料制造工业:②碳酸饮料,苏打汽水,③柠檬水,果汁,④酸性饮料→①TS27 ②TS275.3 ③TS275.5 ④TS275.9

588.5 ①发酵工业.②酒类→①TQ92 ②TS26

588.51 酿造学.发酵微生物学.工业微生物学→①TQ920.1 ②TS261.1

<588.52/.58 各种酒类 >

*588.52 清酒 [日本酒]→TS262.4;588.53 老酒→TS262;588.54 啤酒→TS262.5;588.55①果酒,②葡萄酒→①TS262.7 ②TS262.6;588.56 酒精→TS262.2;588.57 蒸馏酒→TS262.3;588.58①配制酒.②鸡尾酒→①TS262.8 ②TS972.19。

588.6/.7 调味料→TS264,酱油、辣酱油、食用醋、豆酱等均入此。

588.8 制冰业→TS277

588.9 食品保存:保存食品→①TS205 ②TS29(罐头工业) 参见:667.9。

*588.93⁺ 罐头→①TS205.6 ②TS29;588.95⁺ 冷冻食品→TS205.7;588.97⁺ 速成食品、即食食品→TS217。

589 其他的杂工业→①TS94 ②TS95

589.2 服装.随身物品→TS941 参见:383.1;593。

* 说明: 服装工业、成品服装的制造与贩卖入此;家庭裁缝制作入 593。

589.21 服装→TS941

* 说明: 589.211⁺/.219⁺ 各种服装制品如不细分,均可入上位类分类号 TS941.7。

589.211⁺ 和服→TS941.743.13;589.213⁺/.214⁺ 西服→TS941.712;589.215⁺ 女装→TS941.717;

589.216+ 童装→TS941.716+.1；589.217+ 特定用途的服装→TS941.73；589.218+/.219+ 各种材料的服装如不细分，均可入上位类分类号 TS941.77。

<589.22/.29 各种随身物品、服装>→入相关各类

589.22 ①内衣和衬衣.②衣领.领带.③手帕.④皮带、腰带、日式服装配饰等服各种配饰→①TS941.713 ②TS941.723 ③TS941.729 ④TS941.72

589.23 袜子→TS941.763.8

589.24 手套→TS941.724

589.25 鞋类→TS941.763.8

589.26 帽子→TS941.721

589.27 手提包→TS941.729

589.28 纽扣.扣子.按扣→TS941.729

589.29 寝具.卧具.蚊帐→TS941.75

589.3/.5 制伞.制扇→TS959.5；灯笼、手杖、滑雪杖、刷子、扫帚等入 TS959.9。

589.7 ①书房用具.②运动用具.③玩具→①TS951 ②TS952 ③TS958 参见：507.9。

　　*589.73+ 文具→TS951；589.75+ 体育用品→TS952，参见：780.67；589.77+ 玩具→TS958，游乐活动器具入 TS952.8，参见：759。

589.8 烟→TS4

589.9 其他→①TS959.9 ②TS 下相关各类 参见：617.7。

590 家政学.生活科学→TS97

591 家庭经济·经营→TS975 参见：365.6；367.3。

　　* 家庭生活的陈设、布置、管理等均入 TS975 下相关各类；家政用人、钟点工等家政服务入 TS976.7；591.8 家庭簿记入 TS976.15。

592 家庭理工学→入相关各类

　　*说明：有关家庭物理、家庭化学、家庭电气、照明等入相关各类。

593 服装.裁缝→TS973，服装设计与制作入 TS94 下相关各类。 参见：383.1；589.2。

593.1 和服.日式裁剪→TS941.743.13

　　*说明：593.11/.18 可不细分，均入此号。

593.2 ①中式服装.②朝鲜服装→①TS941.742 ②TS941.743.12

593.3 西服→TS941.712

593.36 ①妇女装.②童装→①TS941.717 ②TS941.716+.1

593.39 内衣类→TS941.713

593.4 衣服材料→TS941.4 参见：586。

593.48 裁缝用具.缝纫机使用法→TS941.56 参见：582.1。

593.5 衣服管理[衣类整理]→①TS973.1 ②TS973.2 ③TS973.3 ④TS973.4

593.7 家庭染色→TS973.1，染发入 TS974.22。 参见：587。

593.8 服饰用品→TS973.4 参见：383.3。

594 手工艺→TS93 参见：750。

　　* 手工艺染色参见 753.8。

　　*594.1 手工艺材料·图案设计→各类手工艺材料入 TS93 下相关各类，图案设计宜入 J5 下相关

各类;594.2/.4 刺绣、编结、制毯均→TS935 下相关各类;594.5 金属手工艺→TS934;594.6 捏花工艺→TS935.5;594.8 纸花.干(燥)花→TS938;594.7 纸袋工艺品和 594.9 其他工艺品→TS939。

595 美容美发→TS974 参见:383.5。

    *595.3[+] 理发→TS974.2;595.4[+]①接发.②烫发.③修甲→①TS974.25 ②TS974.21 ③TS974.15;595.5[+] 美容→TS974.1;595.6[+] 瘦身法→TS974.14。

596 食品.料理→①TS971 ②TS972 参见:498.5。

    * 食物史参见 383.8。

596.1 食品营养→TS201.4

596.2 样式料理法.菜单→TS972.1 下相关各类

    *596.21 日本料理→TS972.119;596.22①亚洲料理:朝鲜,韩国料理,②中国料理→①TS972.119 ②TS972.117;596.23 西洋料理→TS972.118。

596.3 材料式料理→TS972.12 下相关各类 参见:628.8。

    *596.33[+] 肉料理→TS972.125;596.35[+] 海鲜料理→TS972.126;596.37[+] 蔬菜料理→TS972.123;596.38[+] 面类→TS972.13。

596.4 季节·场所式料理→TS972.15

596.5 共同饮用.集团供食→TS972.166

596.6 面包.点心类→TS213.2 参见:588.3。

596.7 饮料:酒,咖啡,茶,鸡尾酒→TS27

596.8 食物做法:摆台→TS972.32 参见:791.8。

596.9 厨房用具.餐具→TS972.2

597 住宅.家用日用器具→TS973 参见:365.3;527;583.7;758;757.8。

<597.1/.7 家用器具 >

    * 说明:597.1/.7 各类家用器具如床上用品、地毯、窗帘、地板装饰等→TS973;597.5 收纳设备如书架、衣橱等和收纳方法→TS976.3;597.9 居住卫生→TS975.7。

598 家庭卫生→R 相关各类 参见:492;498.3。

598.2 结婚医学→R169,性卫生入 R167。 参见:367.9;384.7。

598.3 ①疾病的预防.②家庭医学→①入相关各类,如婴幼儿疾病预防入 R174[+].6 ②R499

598.4 ①家庭疗养.②家庭看护→①入相关各类,如高血压病的中医家庭疗养法入 R259.441 ②R473.2

598.5 ①家庭常备药.②救急法→①R97 下相关各类 ②R459.7 参见:499。

599 育儿→TS976.31 参见:376.1;493.9。

    * 说明:分类号转换时,总论家庭育儿的著作入 TS976.31,专论入 B844.1、G61、G78、R174 等相关各类。

599.1 ①儿童房间.②寝具→①TU241.049 ②TS665.1

599.2 衣服.尿布→TS941.716[+].1

599.3 ①喂乳.②食物.婴儿辅食→①R174[+].4 ②TS972.162

599.4 沐浴.睡眠→R174

599.5 运动.外出→R174[+].2

599.7 看小孩→TS976.7

599.8　①玩具.②绘本→①TS958.5 ②宜入Ⅰ类

599.9　习惯.教育→①G61（学前、幼儿教育）②G78（家庭教育）

　　＊家庭教育（幼儿期）参见 379.911。

6 类 (产业)>>>

6 大类为产业类,包括农业、林业、水产业、商业、运输业和通信业,主要对应中图法的 S、F、U 和 TS 类。

<600/609>

> *** 说明：**因中图法将产业根据不同的学科内容分为不同的大类,600/609 在进行分类号转换时,需根据著作具体内容入相关各类。600/608 仅列出 NDC 类目名称,不再进行分类号的具体转换,由各馆编目人员根据类目名称相应取号。如有需要,可依总论复分表进行细分。

600 产业

> *** 说明：**农、林、水产业及商业入此,工业入 500。

601 产业政策·行政.综合开发 参见:333.5。

> *** 地理区分**

602 产业史及相关情况.物产志 参见:202.5。

> *** 地理区分。产业考古学入此。**

603 参考图书

604 论文集.评论集.讲演集

605 连续性出版物

606 团体:学会,协会,会议

606.9 博览会.共进会.商品展览会.国际商品展览会

> *** 地理区分**

607 研究法.指导法.产业教育 参见:375.6。

608 丛书.全集.选集

609 度量衡.计量法→①TB9 ②相关各类 参见:501.22;535.3。

> *** 一般常见的国际单位入此。**

<610/660 农林水产业 >

> *** 说明：**NDC 将所有与农、林、水产业相关的内容均集中在 610 中,在进行分类号转换时,

广义上的农业,或含农业、林业、牧业、渔业两种以上的总论性著作入 S,专论入相关各类。总论和专论如需细分,可依总论复分表分。

例:610.1 农牧一体化的原理与技术入 S。

<610/650 农林业 >

610 农业→S

610.1 农学.农业技术→①S ②S-0 下相关各类

610.12⁺ 农学史.农业技术史及相关情况→①S3-09 ②S-09

* 地理区分。取号方法:S3-09+3/7(世界地区号)

例:610.121(=610.12+-1 日本地区号)日本农学史入 S3-093.13(=S3-09+313 日本地区号)

610.19 农业数学.农业统计学.农业统计调查→S-05

[610.2 参见 612]

610.6 团体:学会,协会,会议→S-2 下相关各类 参见:611.6。

610.7 ①研究法.指导法.②农业教育→①S-3 下相关各类 ②S-4 下相关各类

610.76 农业研究所·试验所→S-24

611 农业经济→F3

* 说明:(1)NDC 将农业经济理论、世界农业经济、各国农业经济、农业相关法律等集中在 611 下相关各类,在进行分类号转换时,需根据著作内容确定分类号。

(2)农业经济理论入 F30;世界农业经济入 F31;中国农业经济入 F32;各国农业经济入 F33/37 下相关各类;农业相关法律入 D9 下相关各类。NDC 类号下注明"地理区分"的,分类号转换时,各国农业经济先依世界地区表分,再依 F33/37 下专类复分表分(《中图法》P97)。

(3)611.1/.9 列出的中图法分类号为农业经济理论的转换号,世界和各国的农业经济转换号可参考 611 下说明和取号方法取号。日本各地的农业经济均不细分,均入 F331.3 日本农业经济类下相关各类即可。

* 取号方法:

各国农业经济:F3+3/7(世界地区号)+ 专类复分号。

各国农业法令:D9+3/7(世界地区号)+24(农业经济管理法复分号)

611.1 农业政策·行政·法令.农政学→①F30 下相关各类 ②D912.4

* 说明:农业经济学、农业政策学等农业经济理论入 F30;农业政策入各国农业经济政策类下;611.12 农业法入 D9 下相关各类。

* 参照 611 下说明和取号方法取号。

例1:日本农业法入 D931.324(=D9+313 日本地区号 +24 农业经济管理法复分号)

例2:日本农业政策入 F331.30(=F3+313 日本地区号 +0 政策复分号)

611.2 农用地.农地.土地制度→F301 下相关各类 参见:324.33;331.83;334.6。

611.21 地租论→F301.4 参见:331.85。

611.22 土地制度史及其相关情况→F301.1 参见:322。

* 地理区分

* 例:611.221(=611.22+-1 日本地区号)日本土地制度史入 F331.311(=F3+313 日本地区号 +11 土地制度复分号)

611.23 ①土地政策.②农地改革.③农地法→①F301.0 ②F301.1 ③D9 下相关各类

    *说明:农地改革入 F301.1,农地法入 D9 下相关各类。

611.24 开垦→F301.2 参见:614.5。

    *地理分区。参照 611 下说明和取号方法取号。

611.26/.28 地租、地价→F301.4

611.29 水利问题→F303.1 参见:324.29;517.6;614.3。

611.3 粮食问题.粮食经济→F307.11 参见:334.39。

    *其他法:粮食问题 365.2。

611.4 农产品市场→F304.3

    * 一般常见的农产品入此,园艺参见 621.4,畜产品参见 641.4。

    *说明:611.42/.43 入 F304.2。

611.5 农业金融.农业票据→①F302.6 ②F83 下相关各类

    *其他法:338.66。

611.59 农业保险→F84 下相关各类

    *说明:农业保险概论入 F840.66;各国农业保险入 F843/847,先依世界地区表分,再仿 F842 分,如有必要,各种类型的保险再仿 F840.6 分。

    *取号方法:F84+3/7(世界地区号)+6(各种类型保险仿分号)+6(农业、林业保险仿分号)

    例:日本农业保险入 F843.136 或 F843.136.6

611.6 农业合作社.农业团体→F306.4 参见:335.6;610.6。

    * 地理区分。参照 611 下说明和取号方法取号。

611.7 农业经营→①F304 ②F306 下相关各类

    *说明:611.73 经营方式中有关轮种、一年两熟、一年三熟、旱田耕种、水田耕种等各种耕作法入 S34 下相关各类。

611.8 农户经济→F304.8

611.9 农村·农民问题→入相关各类

    *说明:有关农村劳动力利用与转换入 F304.6。

[611.902 参见 611.92]

611.91 农村人口:离村,归农,过疏,出外做活→F304.6

611.92 农村事情.各地的农民问题.农村调查→D 类相关各类

    * 地理区分。

    *取号方法:D7+3/7(世界地区号)+69(社会调查专类复分号)。

    例:611.921(=611.92+-1 日本地区号)日本农村调查报告分析入 D731.369(=D7+313 日本地区号 +69 专类复分号)。

611.95 农民阶层:地主,自耕农,佃农→D 类关于阶级、阶层的相关类下。

    *取号方法:D7+3/7(世界地区号)+61(阶级、阶层的专类复分号)。

611.96 农民工会·运动.佃户争议·调停→D42 下相关各类

    * 地理区分。农民武装起义入历史或者农业史。

611.97 ①农村教育.②农村娱乐→①G725 ②G241.3;G89 参见:379。

611.98 农村生活.农村改善→①C916 ②D58 ③D73/77 参见:365。

611.99 ①农村医学.②农村卫生→①R 下相关各类 ②R127 参见 498;498.4。

612 农业史及相关情况→S-09

  * 地理区分。**取号方法**:S-09+3/7(世界地区号)

  例:612.1(=612+-1 日本地区号)日本农业史入 S-093.13(=S-09+313 日本地区号)

612.9 农业地理→F319.9

  * 各国的农业地理参见 612.1/.7。

  * 说明:各国农业地理参照 611 下说明和取号方法取号。

  例:612.91(=612.9+-1 日本地区号)日本农业地理入 F331.399(=F3+313 日本地区号 +99 农业经济地理复分号)

613 农业基础学→S1

613.1 农业气象学.产业气象→S16 参见:468.5;663.2。

613.2 农业物理学→S12 参见:420。

613.3 农业化学→S13 参见:430;464。

613.4 肥料.肥料学→S14 参见:574.9。

613.41 肥料政策·行政·法令.肥料经济→F407.76

  * 说明:参照 611 下说明和取号方法取号。

<613.42/.47 各种肥料 >

613.42 自给肥料:屎尿,家畜粪,家禽粪→①S141.1(人粪尿)②S141.2 ③S141.3(禽肥)
  参见:615.71。

613.43 ①绿肥.②堆厩肥→①S142 ②S141.4;S141.2 参见:615.71。

613.44 氮肥→S143.1

613.45 磷肥→S143.2

613.46 钾肥→S143.3

613.47 ①石灰肥料.②混合肥料.③化肥→①S143.91 ②S143.4;S143.5 ③S143

613.48 肥料分析.肥料试验→S14-33

613.49 ①肥料的调和.②施肥.③肥效→①S147.4 ②S147.2 ③S147.5

613.5 土壤.土壤学→S15 参见:455;519.5。

  * 特定地区的土壤入 613.59。

613.51 ①农业地质学.②土壤侵蚀→①S15 ②S157

  * 土壤污染参见 519.5。

613.52 土壤物理学→S152

613.53 土壤化学→S153

613.54 ①土壤的生成.②土壤形态学→①S151 ②S152.2

613.55 土壤的气候→S151⁺.23

613.56 土壤微生物→S154.3

613.57 ①土壤性质.土壤分类:②沙土,壤土,黏土→①S155 ②S155.5⁺1

613.58 ①土壤分析.②土壤试验.③土性调查→①S151.9 ②S15-33 ③S159

613.59 ①各地的土壤.②土壤性质图→①S159.3/.7 ②S159.9

  * 地理区分。转换时依世界地区表分,入 S159 下相关各类。

* 取号方法:S159+3/7(世界地区号);S159.9+3/7(世界地区号)

例:613.591(=613.59+−1 日本地区号)日本土壤调查入 S159.313(=S159+313 日本地区号)

613.6 农业生物学→S18

　　* 说明:613.65/.86 有关总论性的著作入 S18 下相关各类,专论入相关各类。

613.65 农业微生物学→S182 参见:465。

613.7 农业植物学→S184 参见:471.9。

613.8 农业动物学→S185 参见:481.9;615.86。

613.86 农业昆虫学→S186 参见:486。

　　* 说明:分类号转换时,专论入相关各类。

　　例:害虫入 S433;益虫入 S476;森林昆虫学入 S718.71。

613.9+ 农业废弃物→X71

614 农业工学→S2

614.1 农业测量→S29

614.2 ①农业土木.②土地改良→①S26 ②S156

　　* 地理区分。转换时依世界地区表分,入相关各类。

614.3 农业水利.农业用水.灌溉排水→S27 参见:517.6;611.29。

　　* 地理区分。转换时依世界地区表分,入 S279.3/.7 下相关各类。

　　* 取号方法:S279+3/7(世界地区号)

　　例:614.31(=614.3+−1 日本地区号)日本农田水利入 S279.313(=S279+313 日本地区号)

614.4 耕地整理.交换分合→S28

614.5 开垦.填海造田.填埋洼地→S28 参见:517.3;611.24。

614.6 农业构造物:农业用道路,水路桥,贮水池,虹吸管→S26

614.7 ①农业建筑物:②农舍,农民住宅→①S26 ②TU241.4 参见:527。

　　614.6/.7 总论农业建筑、饲养建筑等入 S26,专论入相关各类。

　　例:农业工程用的建筑物入 TU262,栽种建筑物入 TU261,农用辅助建筑物入 TU266。

614.8 ①农业机械化.②农业用机械.农具→①S23 ②S22

614.82 农业用动力.农业用动力机械→S21 参见:533.4。

614.821 家畜利用→S211

614.823 ①太阳能.②水力.③风力→①S214 ②S212 ③S213 参见:533.6;534.32;534.7。

614.824 电力:农用发动机,农用马达→S21 下相关各类 参见:542.12/.13。

614.84 农具:锄头,铁铲,镰刀→S221

614.85 ①农用机械:②种植机械,③培育机械,④播种机械,⑤耕种机,⑥收割机→①S22 ②S223
　　　　③S223.1 ④S223.2 ⑤S222 ⑥S225

614.89 ①农用搬运车.②农用飞机.③农用拖拉机→①S229 ②S25 ③S219 参见:537.95。

614.9 农业电气化→S24 农用电力参见 614.824。

615 作物栽培.作物学→S3

　　* 各种作物栽培参见 616/618;625/627。

615.2 遗传.育种.繁殖→S33

615.21 遗传.育种学.品种改良→S330 参见:579.9。

615.22 ①交配技术.②人工授粉→①S334 ②S334.2⁺2

615.23 种子.选种.采种→S333

615.3 ①种植方法:②播种,③连种,轮种,一年两熟制,一年三熟制→①S34 ②S352 ③S344 参见: 611.73。

615.4 环境.作物生态学→S314

    * 土壤,肥料,气候参见 613。

615.5 ①栽培种植:②整地,③施肥,④播种,⑤种植,⑥移植→①S35 ②S341.2 ③S147.2 ④S352 ⑤S359 ⑥S359.2

615.6 ①田间管理:②间苗,③除草,中耕,整枝,灌水→①S36 ②S363 ③S365

615.7 各种栽培法→S316/318

    * 说明:一般常见的栽培法入此,各种农产品、果实类作物的各种栽培方法入 616/618 和 625/627。

615.71⁺ 有机栽培.有机农业→S318 参见:613.42/.43。

615.73⁺ 水耕栽培.营养液栽培→S317

615.75 温室栽培:塑料简易温室栽培→S316

615.8 病虫害及其防除.作物保护学.农业灾害→S4

    * 总论入此,专论入相关各类。

615.81 ①植物病学.②植物病理学→①S432 ②S432.1 **其他法**:471.6。

615.82 ①病毒.②细菌病→①S432.4⁺1 ②S432.4⁺2

615.83 ①菌核病.②寄生植物病.③杂草危害→①S432.4 ②S432.6 ③S451

615.84 ①寄生虫病:壁虱,昆虫,②线虫→①S433 ②S432.4⁺5

615.85 机能障碍病→S432.9

615.86 昆虫危害.害虫与天敌.动物危害→S433 参见:613.8。

615.87 农业药剂[农药]:药剂散布→S48 参见:519.79;574。

615.88 由天气导致的农业灾害→S42

615.881 ①洪涝灾害.②台风灾害.③干旱灾害→①S422 ②S424 ③S423

615.884 冷害.寒害.霜害.冻害.雪害.冰雹灾害→①S425(霜害)②S426(寒潮)③S427(冰雹、雪害)

615.889/.89 其他农业灾害→S429

615.9 ①收获:②收割,③贮藏→①S37 ②S372 ③S379 谷物贮藏参见 616.19。

615.95/.96 包装.运输.上市→S377

<616/618 各种农作物→S5 下相关各类 >

616 食用作物→S5

    * 说明:616.1/.9 分类号转换时,有关各种食用作物的品种、遗传育种、播种栽培、田间管理、土壤、施肥、灌溉、排水、收获、加工、贮藏等一般性问题均可仿 S50 分(《中图法》 P473—P474)。各馆如需细分,可入下面中图分类号的相关下位类。

    例:小麦的田间管理入 S512.105(=S512.1 小麦 +05 田间管理仿分号)

616.1 禾谷类农作物.谷物→S51

616.19 谷物贮藏→S510.93

616.2 ①稻:水稻,②旱稻→①S511 ②S511.6

616.21 品种→S511.02

616.22 育苗.秧田.温床育苗→S511.04

616.23 发育.发芽.生长.成熟.出穗.开花.结实→S511.04

616.24 土壤.肥料→S511.06

616.25 整地.施肥→S511.06

616.26 ①除草.②灌溉.排水→①S511.053 ②S511.07

616.27 特殊栽培法:直接播种,一年两种,培土,轮种→S511.04

616.28 病虫害→S435.11

616.29 收获.收量.干燥.贮藏.运输.上市.包装→S511.09

<616.3/618>

> **＊说明**:616.3/618 NDC 类目均只给出大类,不再像 616.2 进行细分,在分类号转换时,各馆如有需要,可根据著作具体内容,参照 616 下说明和 616.2 中图分类号的给号方法进行相应转换。

> **例**:616.3 小麦育苗入 S512.104(=S512.1 小麦 +04 播种、栽植、育苗仿分号)

616.3 小麦.小麦种植.一般麦类→S512.1

616.4 大麦.青稞→S512.3

616.5 燕麦→S512.6

616.6 杂粮→入相关各类 参见:611.35。

616.61 玉米→S513

616.62 ①高粱.②小米.③黍子.④稗子→①S514 ②S515 ③S516 ④S519

616.66 荞麦→S517

616.67⁺ 薏苡→S519

616.7 豆类:黄豆,红小豆→S52 下相关各类 参见:626.3。

616.8 ①芋类:②番薯,③马铃薯→①S53 下相关各类 ②S531 ③S532 参见:626.4。

616.9 饲肥料作物:饲料作物,草肥作物→①S54 下相关各类(饲料) ②S55 下相关各类(肥料)

617 经济作物→S56

617.1 ①糖料作物:②甘蔗,③甜菜,④甜高粱→①S566 ②S566.1 ③S566.3 ④S566.5
制糖参见 588.1。

617.2 淀粉作物:魔芋→①S632 ②S53

617.3 ①饮料作物:②咖啡,③可可→①S571 ②S571.2 ③S571.3

617.4 茶→S571.1 制茶参见 619.8。

617.5 烟→S572 制烟参见 589.8。

617.6 香料作物.香辛料作物→S573 参见:619.91。

617.7 药用作物→S567 参见:499.87;589.9。

617.8 染料作物→S574 参见:577.99。

617.9 油料·树液作物→①S565(油菜籽、芝麻等油料作物) ②S575(漆树、野漆树) ③S576(树脂、橡胶等胶液料作物) 参见:576.17;578.2。

618 纤维作物→S561 参见:586。

618.1 棉花.木棉→S562

618.2 ①苎麻.②亚麻.③大麻.④黄麻.⑤洋麻.⑥苘麻.⑦蕉麻→①S563.1 ②S563.2 ③S563.3 ④S563.4 ⑤S563.5 ⑥S563.6 ⑦S563.9

618.7 纸料:葡蟠,雁皮,黄瑞香→S56 参见:585.3。

618.8 灯心草→S564⁺.4

    * 凉席材料的作物入此。

618.9 藤萝.柳树→S564

619 农产物制造·加工→①S37 ②TS2 下相关各类

    * 说明:分类号转换时,根据著作内容,总论农产物加工品、制造品入 S37 下相关各类;专论某一种农产品加工入 S5 下相关各类;农产食品加工制造入 TS21 下相关各类。

    例:大豆的加工入 S565.109;大豆制食品加工入 TS214.2。

    * 园艺品参见 628;砂糖参见 588.1;烟参见 589.8;畜产品参见 648;麦秆加工参见 583.9。

[619.1 共同事项→TS20 下相关各类]

    *619.11 用水. 废水→TS201.6;619.12 燃料. 动力→TS20;619.15 工程→TS20;619.16 发酵微生物→TS201.3;619.18 农产制造机械→TS203。

619.2 精粮.压碎粮→TS212

619.3 粉类.制粉→TS211

619.39 面品类.制面→TS213

619.6 大豆·豆类制品→TS214

619.7 芋类加工.魔芋→TS255

619.8 制茶→TS272

619.89 ①咖啡.②可可.③可乐→①TS273 ②TS274 ③TS275

619.9 其他的农产品加工→参照 619 下说明入相关各类

619.91 调味料:胡椒,辣椒,咖喱粉→TS264 参见:617.6。

619.92 除虫菊制品.蚊香→TQ453

620 园艺→S6

[620.2 参见 622]

621 园艺经济·行政·经营→F307.13

    * 说明:参照 611 下各类目设置及取号方法进行分类号转换。

621.1 园艺政策·行政·法令;621.4 园艺产品市场及价格(* 地理区分);621.7 园艺业经营。

622 园艺史及现状→S6-09

    * 地理区分

623 ①园艺基础科学.②病虫害→①S601 ②S436

624 ①温室.②温床.③园艺用具→①S625 ②S624 ③S22

    * 个别作物栽培入 625/627。

<625/627 各种园艺 >→S63/68

    * 说明:各种园艺入 625/627,NDC 将各种园艺的共同事项入各类之下,即 62X.1(X 取号 5-7),各种园艺 62X.11/.19 类目设置相似,.11-.19 类目设置分别为:.11 品种→S602、.12 育种与繁殖→S603、.13 经营管理→S605、.14 土壤与肥料→S606、.15 播种与栽植→S604、.16 管理→S605、.17 栽培法.温室栽培→S604、.18 病虫害及其防

治→S436、.19 收获 / 加工 / 包装 / 贮藏→S609。中图法将各种园艺的一般性问题单独列出，入 S60 下相关各类。

* 分类号进行转换时有两种取号方法：一是集中入 S60 下相关各类；二是仿 S60 分，入相关园艺下。各馆可自行选择。

例 1：果树的遗传育种入 S603.2 或 S660.32（=S66 果树园艺 +032 遗传育种仿分号）

例 2：苹果遗传育种入 S661.103.2（=S661.1 苹果 +032 遗传育种仿分号）

625 果树园艺→S66

*说明：参照 625/627 下说明取号。

[625.1 共同事项]→入相关各类

625.11 果树品种→S660.2

625.12 果树育种与繁殖→S660.3

625.13 果园的经营管理→S660.5

625.14 果树的土壤与肥料→S660.6

625.15 栽培→S660.4

625.16 管理→S660.5

625.17 特殊栽培法→①S624 ②S625

625.18 果树的病虫害及其防治→S436.6

625.19 果实的收获·贮藏·包装·运输→S660.9

625.2 仁果类→S661

625.21 苹果→S661.1

625.22 梨→S661.2

625.23 榅桲→S661.9

625.24 枇杷→S667.3

625.3 柑橘类→S666

625.32⁺ 蜜柑类→S666.1

625.35⁺ 金橘类→S666.9

625.37⁺ ①其他种类的柑橘：②柠檬.③橘子→①S666 下相关各类 ②S666.5 ③S666.2

625.4 柿类→S665.2

625.5 核果类→S662

625.51 ①桃子.②李子.③杏子.④梅子→①S662.1 ②S662.3 ③S662.2 ④S662.4

625.55 樱桃→S662.5

625.6 浆果类→S663

625.61 葡萄→S663.1

625.62 无花果→S663.3

625.63 醋栗→S663.9

625.64 蓝莓→S663.2

625.65 木莓类→S663

625.66 石榴→S665.4

625.7 坚果类→S664

625.71 板栗→S664.2

625.72 核桃→S664.1

625.73 杏仁→S664.9

625.8 热带果树→S667

625.81 香蕉→S668.1

625.82 菠萝→S668.3

625.83 木瓜→S661.6

625.84 芒果→S667.7

625.85 榴梿→S667.9

625.86 牛油果→S667.9

625.87 荔枝→S667.1

625.88 龙眼→S667.2

626 蔬菜园艺→S63

   *说明:参照 625/627 下说明取号。

[626.1 共同事项]→入相关各类

626.11 品种→S630.2

626.12 育种.繁殖.采种→S630.3

626.13 菜园管理→S630.5

626.14 土壤.肥料.气候→S630.6

626.15 栽植.播种.施肥→S630.4

626.16 管理:疏苗,摘菜→S630.5

626.17 ①促成栽培②温室栽培→①S622 ②S625

626.18 病虫害及其防治→S436.3

626.19 收获.出货→S630.9

626.2 果菜类:瓜类,茄类,莓类→S641/642

626.21 南瓜→S642.1

626.22 黄瓜→S642.2

626.23 西瓜→S651

626.24 甜瓜.真桑瓜→S652

626.25 ①丝瓜.②葫芦瓜→①S642.4 ②S642.6

626.26 茄子→S641.1

626.27 西红柿→S641.2

626.28 辣椒.青椒→S641.3

626.29 草莓→S668.4

626.3 豆类→S643 红小豆,大豆参见 616.7。

   * 刀豆→S643.2;豌豆→S643.3;豇豆→S643.4;扁豆→S643.5;蚕豆→S643.6;花生→S565.2。

626.4 根菜类→①S631 ②S632

626.41 芋头→S632.3

626.42 山芋.薯蓣→S632.1

626.43 菊芋.洋姜→S632.9

626.44 萝卜→S631.1

626.45 芜菁→S631.3

626.46 胡萝卜→S631.2

626.47 牛蒡→S631.9

626.48 ①藕.②生姜.③马蹄→①S645.1 ②S632.5 ③S645.3

626.5 叶菜、蔬菜→S634/637

626.51 ①大白菜.②芥菜.③野油菜→①S634.1 ②S637 ③S634.3

626.52 ①卷心菜.②洋白菜→①S634 ②S635

626.53 菠菜→S636.1

626.54 ①葱.②洋葱.③韭菜.④大蒜.⑤薤菜→①S633.1 ②S633.2 ③S633.3 ④S633.4 ⑤S633.9

626.56 ①莴笋.②茼蒿.款冬→①S636.2 ①S636.9

626.57 芹菜→S636.3

626.58 ①龙须菜.②土当归→①S644.6 ②S644.9

626.6 花菜类：花椰菜→S635.3

626.7 菌类→S646

626.9 家庭菜园→S63

627 花卉园艺[花草]→S68 参见：793.3。

    * 花语、国花、县花均入此。

    说明：参照625/627下说明取号。

[627.1 共同事项] →入相关各类

627.11 品种.分类→S680.2

627.12 育种.繁殖.采种→S680.3

627.13 花园管理→S680.5

627.14 土壤.肥料.气候→S680.6

627.15 栽植.播种.施肥.培育→S680.4

627.16 ①管理：修剪.摘顶芽.②浇水→①S680.5 ②S680.7

627.17 ①促成栽培.②温室栽培→①S622 ②S625

627.18 病虫害及其防治→S436.8

627.19 包装.打包.出货→S680.9

<627.4/.7 各种花卉 >

627.4 ①一、二年生草本植物：②牵牛花,③大波斯菊,向日葵,④凤仙花→①S681 ②S681.6 ③S681.9
    ④S681.1

627.5 ①宿根类.②多年生草本植物→①S682.1 ②S682

    说明：627.53⁺/.58⁺均入上位类 S682.1。

627.6 ①球根植物：②美人蕉,③水仙,④大丽花,⑤郁金香,⑥百合→①S682.2 ②S682.2⁺2 ③S682.
    2⁺1 ④S682.2⁺61 ⑤S682.2⁺63 ⑥S682.2⁺65

627.7 观赏花木→S684/687

    说明：分类号转换时,总论观赏树木的著作入 S684;专论观花树木入 S685;专论观果树木入

S686;专论观叶树木入 S687。用于营造庭园的花木参见 629.75。

627.73⁺ 樱花→S685.12

627.74⁺ 杜鹃.映山红→S685.21

627.76⁺ 山茶→S685.14

627.77⁺ 玫瑰→S685.12

627.78⁺ 仙人掌→S682.33,多肉植物入此。

627.8 盆栽→S688.1

627.83⁺ 花草盆栽→S688.1

627.85⁺ 赏叶植物→S687,用于观赏的水草入此。

627.9 花卉的用途→①S688 ②J5 下相关各类

    *说明:用于室内装饰、花束、花篮、盆景等入 J 类,常见的花卉装饰参见 793。

628 园艺的使用→TS255

628.2 果干:柿子干,葡萄干→TS255.42

628.3 果酱→TS255.43

628.4 果汁→TS275.5

628.5 番茄制品→TS255

628.7 榨菜→TS255.5

628.8 咸菜类→TS255.5

629 造园学.园林学→①TU986 ②S688 参见:518.85;650。

629.1 森林美学.造园美学.风致.风景论→TU986 参见:290.13。

629.2 庭园→TU986.5

629.21 日本庭园→TU986.631.3

629.22⁺ 东洋式庭园→TU986.6

629.23⁺ 西洋式庭园→TU986.6

629.3 公园.绿地→TU986.5 参见:518.85。

629.32 儿童公园.儿童游乐园→TU986.5⁺6

629.35 道路公园→TU986.5

629.4 自然公园·国立公园→TU986.6

    *地理区分。转换时依世界地区表分,入 TU986.63/.67 下相关各类。

    *取号方法:TU986.6+3/7(世界地区号)

629.5 造园计划.公园设计.造园材料→TU986.2

629.6 ①公园土木·庭园设施.②建筑→①TU986.3 ②TU986.4

    *说明:629.61/.67 园门、水景、假山、亭台楼阁、娱乐设施等各种园林建筑可不再细分,均入 TU986.4

629.7 营造庭园的植物→S68 下相关各类

    *说明:都市景观用的植物及造型入此。

629.8 墓地[陵园]→TU986.5 参见:518.85。

    *说明:有关陵园设计的著作入 TU251.2。

629.9 公园·庭园的维持管理→TU986.3

630 蚕丝业→S88

630.1 蚕丝学.养蚕学→S881

[630.2 参见 632]

631 蚕丝经济·行政·经营→F307.3

    *说明:(1)蚕业经济理论著作入农业部门经济类下 F307.3(畜牧业、饲养业),如需细分,可仿
          F301/306 分。各国蚕丝业入 F33/37 类下。

          (2)631.1/.7 各馆可参照下面的样例和 611 下说明进行分类号转换,入相关各类。

    例1:631.7 蚕丝业企业经营管理入 F307.36(=F307.3 饲养业 +3 农业经济组织经营与管理仿
          分号)

    例2:631 日本蚕丝业扩张政策研究入 F331.363(=F3 农业经济 +313 日本地区号 +63 饲养业专
          类复分号)

631.1 蚕丝业的政策·行政·法令→①F307.310 ②F307.3 ③D912.4

631.4 蚕茧·丝绸的生产费.价格.供给与需求.贸易→①F307.342 ②F307.34

631.5 蚕丝业的金融.蚕丝业的共济互助制度→①F307.344 ②F307.36

631.6 蚕丝业的合作→F307.36

631.7 蚕丝业的经营.劳动→①F307.36 ②F307.34

632 蚕丝业的历史和现状→①F316.39 ②F33/37

    *地理区分。转换时依世界地区表分,各国蚕丝业的历史和现状入各国农业部门经济类下。

    *取号方法:F3+3/7(世界地区号)+63(畜牧业、饲养业专类复分号)

    例:632.1(=632+-1 日本地区号)日本蚕丝业史入 F331.363(=F3+313 日本地区号 +63 专类复
         分号)

633 蚕学.蚕养基础学→S881 参见:486.8。

633.1 蚕体解剖学→S881.2⁺5

633.2 蚕体生理学→S881.2⁺1

633.3 蚕体遗传学→S881.2⁺6

633.4 蚕体病理学.蚕病→S884

633.5 蚕的有害动物→S884.7

633.6 蚕卵.幼蚕.蚕蛹.蚕蛾→S882

633.7 蚕业气象→S881.4

633.8 桑树生物化学→S888.2

634 蚕种→S882

634.2 蚕的品种.蚕的品种改良.选种→S882.2

634.4 ①蚕种的保护储藏.②蚕种的冷藏→①S882.3⁺2 ②S882.3⁺3

634.5 蚕的催青法和孵化→S882.3⁺4

634.6 人工孵化→S882.3⁺5

634.9 采种.蚕种制造→S882.3⁺1

635 饲育法→S883

635.13 春蚕饲养→S883.3

635.14 夏秋蚕饲养→S883.5

635.15 秋蚕饲养→S883.5

635.16 初冬蚕饲养→S883.1

635.2 扫立法→S883

635.3 蚕的饲料.给桑法.调桑→①S883.9 ②S889(其他饲料) ③S883.7

635.4/.5 幼蚕、壮蚕饲养→S883.6

635.6 收茧→S886

635.9 ①野蚕:②柞蚕,③天蚕→①S885.9 ②S885.1 ③S885.3

636 桑→S888

636.1 桑树的品种.育种→S888.3

636.2 桑苗→S888.3⁺22

636.3 ①栽培种植.制作方法.②桑树繁殖法→①S888.4 ②S888.3⁺2

636.4 土壤.肥料.施肥→S888.5

636.7 ①桑树的病虫害.②气象灾害→①S888.7 ②S888.74

636.8 桑叶的采收方法.储存桑叶→S888.3⁺21

636.9 桑园的管理·经营→S888.4

637 ①蚕室.②蚕具→①S887.1 ②S887.3

638 蚕茧→S886

　　* 杀蛹→S886.2⁺1;干茧→S886.2⁺2;储茧→S886.2⁺3;茧质→S886.1;品质检定→S886.3;形态,分
　　　级→S886.4。

639 制丝.生丝.蚕丝的利用→TS143 参见:586.4。

639.1 丝的特性.丝的物理.丝的化学→TS143.1

639.2 作为原材料的蚕茧.选茧法→TS143.2

<639.3/.6 制丝 >→TS143.2

639.3 煮茧→TS143.2⁺22

639.4 缫丝→TS143.2⁺23

639.5 制丝机械设备.用水→①TS142.221 ②TS142.1⁺1(制丝初加工机械设备)

639.6 生丝的品质·检查·分等级(按优劣)→TS141.9

639.7 丝绸的加工→TS145

639.8 特殊的生丝:粗丝,野蚕丝→TS102.3⁺3

639.9 蚕丝的副产品:桑条,蚕沙,蚕蛹→S886.9

640 畜牧业→S8

640.1 畜产学.乳畜学→S81

[640.2 参见 642]

641 畜产业的经济·行政·经营→F307.3

　　* 说明:631蚕丝业经济与641畜产业经济下位类目设置相似,因此可参照631下说明及取号
　　　　方法取号。641.5有关家畜保险理论的著作入 F840.66,各国家畜保险入 F843/847 下相
　　　　关各类。

642 畜产历史.现状→①F316.39 ②F33/37

　　* 地理分区。参照632下说明和取号方法取号。

例:642.1(=642+-1 日本地区号)日本畜产业历史入 F331.363(=F3+313 日本地区号 +63 专类复分号）

643 家畜的繁殖.家畜的饲料→S81 下相关各类

   说明:总论入此,专论入相关各类。

643.1 家畜的育种.品种改良→S813　参见:579.9。

643.2 ①家畜的繁殖.②人工授精→①S814 ②S814.3

643.3 ①家畜的营养.②喂食法→①S815.1 ②S815.2

643.4 ①家畜的饲料:②粗饲料,③浓厚饲料→①S816 ②S816.5 ③S816.4

643.5 草地.放牧→S815.2

643.9 青贮饲料→S816.5⁺3

644 ①家畜的管理.②牲口圈.③工具→①S815 ②S815.9 ③S817

   * 有关于畜产的环境问题入此。

645 家畜·畜产动物分论→S82　参见:395.8。

   * 畜产加工参见 648。

645.2 马→S821　参见:489.8;788.5;789.6。

645.21 马政→S821-01

645.22 ①马的育种·②繁殖→①S821.2 ②S821.3

645.23 ①马的饲料.②喂食法→①S821.5 ②S821.4⁺2

645.24 马的培养·管理→S821.4

   * 训练、调教参见 789.6。

645.26 马的疾病→S858.21　参见:649。

<645.29/.9>

   说明:645.29/.9 各种家畜在分类号转换时,均可仿 S821.1/.7 分。

   例:645.5 猪的人工授精入 S828.3⁺4(=S828 猪 +[S821.]3⁺4 人工授精仿分号)

   注:类号中列出"[S821.]",目的是向馆员展示如何仿分取号,实际应用中需要去掉。

645.29 骡子.驴→S822

645.3 牛→S823　参见:489.85。

   说明:645.32/.36 类目设置与取号方法参照 645.2 进行,S645.39 各种品种的牛入 S823.8。

645.4 白羊.山羊→S826　参见:489.85。

645.5 猪→S828　参见:489.83。

645.6 狗→S829.2　参见:489.56。

645.7 猫→S829.3

645.9 玩赏动物[宠物]→S865.3

   * 猫、狗之外的玩赏动物入此号。

645.99⁺ 其他种类的有用动物及利用→①S829.9(其他家畜) ②S865 下各类(野生动物)

   说明:645.2/.9 以外的动物均入上述分类号。

   *①骆驼.②大象、猴子、熊等.③水貂→①S824 ②S865.3⁺1 ③S865.2⁺2

646 家禽各论.鸟类饲养→S83　参见:395.8;488。

646.1 鸡.养鸡业→S831

646.12 ①鸡的育种.②繁殖→①S831.2 ②S831.3

646.13 ①鸡的饲料.②喂食法→①S831.5 ②S831.4⁺2

646.14 ①鸡舍.②育雏.③点灯养鸡→①S831.4⁺5 ②S831.4⁺4 ③S831.4

646.16 鸡的疾病→S858.31

646.2 ①火鸡.②野鸡.山鸟.③驼鸟→①S832 ②S865.3⁺4 ③S839

646.3 孔雀→S865.3⁺9

646.4 鹌鹑→S837

646.5 鸽→S836 参见：693.9。

646.7 ①鸭.②鹅→①S834 ②S835

646.8 小鸟：供玩赏用→S865.3

646.9⁺ 蜜蜂.养蜂.昆虫→S89 参见：486.7。

    * 其他法：647。

646.98⁺ 昆虫的饲养培育→S899

[647] 蜜蜂.昆虫→S89 参见 646.9。

<647.1/.6 养蜂 >

[647.1] 养蜂的经济·经营→F307.3

    * 参照 631 下说明及取号方法取号。

[647.2] ①蜜蜂的繁殖.②蜜源.蜜用植物→①S892 ②S897

[647.3] ①蜂箱.②用具→①S894.4 ②S894 下相关各类

[647.4] 管理→S894

[647.5] 病虫害及预防→S895

[647.6] ①蜂蜜.②蜜蜡.③蜜制品→①S896.1 ②S896.2 ③S896

[647.9] 昆虫的饲养培育：金琵琶，独角仙→S899

648 畜产制造.畜产物→①S87 ②TS251/253

    * 说明：畜禽产品的综合利用入 S87 下相关各类。

648.1 乳和乳制品.乳畜业→①TS252 ②S879.1

648.12 牛乳的物理学和化学→TS252.1

648.13 机械.装置→TS252.3

648.14 ①挤乳方法.②杀菌→①TS252.2 ②TS252.4

648.15 牛乳的种类→S879.1

<648.16/.18 乳制品 >→TS252.5

648.16 奶油→TS225.2⁺3

648.17 黄油→TS252.5

648.18 乳酪.酸乳酪[凝乳]→TS252.54

648.19 除了牛以外的动物乳→S879.1

648.2 肉和肉制品→①TS251 ②S879.2

    * 说明：648.2/.24 包括了 648.25/.29 的各种畜产动物的肉类加工。

648.21 肉的物理和化学.肉食卫生→TS251.1

648.22 屠畜.食肉解体→TS251.4

648.24 食肉加工.食肉储藏→TS251.4/.6

<648.25/.29 各种食肉 >

648.25 牛肉→TS251.5⁺2

648.26 猪肉→TS251.5⁺1

648.27 鸡肉→TS251.5⁺5

648.28 羊肉→TS251.5⁺3

648.29 其他的食肉→TS251.5

648.3 蛋及蛋制品→①TS253 ②S879.3

648.9⁺ 畜产动物的副产物→①S879 下相关各类 ②TS251.9 参见：576.18。

    *说明：各类畜产业的副产品加工及利用入 TS251.9；乳品业副产品加工与利用入 TS252.9；
        畜禽产品的其他综合利用入 S879 下相关各类。

649 兽医学.比较医学→S85 参见：645.26；645.36。

  *645/646 收录了各种家畜的疾病，分类号转换时，均入 S858 下相关各类。

649.1 兽医解剖学·组织学·发生学→S852.1

649.2 ①兽医生理学·物理和化学·②药理学→①S852.2 ②S859

649.4 ①兽医病理学·②微生物学·③免疫学·④寄生虫学→①S852.3 ②S852.6 ③S852.4 ④S852.7

649.5 ①兽医诊断学·②内科学·③传染病学→①S854.4 ②S856 ③S855

649.6 ①兽医外科学·②眼科学·③耳鼻咽喉科学→①S857.1 ②S857.6 ③S857.7

649.7 兽医产科学.兽医临床繁殖学→S857.2

649.8 家畜卫生.兽医公共卫生学→S851

    * 地理区分

649.89⁺ 法兽医学→D912.4

649.9 ①家畜药学.②动物药事→①S859 ②S859.6

650 林业→S7 参见：629。

650.1 林学.森林生产学→S71

[650.2 参见 652]

651 林业经济·行政·经营→F307.2

  *说明：(1)日本近世以前的林业经济、行政、经营入 652。

      (2)参照 611 下说明和取号方法取号，下面列出理论部分的转换号作为参考。

      (3)林业经济理论著作入农业部门经济类下 F307.2（林业），如需细分，可仿 F301/306
      分。各国林业入 F33/37 类下。有关林业金融、保险的著作入 F83、F84。法律入 D9 下相
      关各类。

  例 1：651.7 林业企业经营管理入 F307.26（=F307.2 林业 +6 农业经济组织经营与管理仿分号）

  例 2：651 日本林业扩张政策研究入 F331.362（=F3 农业经济 +313（日本的世界地区号）+62 林
    业专类复分号）

651.1 森林政策[林政学]·行政·法令→参照 611 和 651 下说明和取号方法取号

651.12 森林法→D912.6

    * 例：日本森林法入 D931.326（=D9+313 日本地区号 +26 自然资源与环境保护法复分号）

651.2 林政史→F316.29

651.3 森林土地所有者.森林地价→F307.214

651.4 林产物市场·价格.木材市场·商业→F307.24

651.5 森林金融.森林保险→①F840.66（理论）②F843/847

　　　其他法：338.66。

651.6 森林合作工会→F307.26

651.7 森林经营管理.林业劳动→F307.24

651.8 森林数学.森林计算·森林价格算法.森林较利学→S711

651.9 农家林业.山村问题→S7 参见：361.76。

652 森林史.林业史·状况→①S7-09 ②F316.29

　　　* 地理区分。参照 632 下说明和取号方法取号。

652.9 森林地理→S717

　　　* 各国的林业地理参见 652.1/.7。

　　　* 取号方法：S717+2/7（世界地区号）

　　　例：652.91（=652.9+-1 日本地区号）日本森林地理入 S717.313（=S717+313 日本地区号）

653 ①森林生态.②造林→①S718 ②S72

653.1 林地学.地质.地形.土壤.肥料.气象→①S718 ②S714 ③S716

653.12⁺ ①森林植物学.②树木学→①S718.3 ②S718.4

653.17⁺ 森林生态学：林相，林型，原始森林→S718.5

653.18⁺ 树木的分布.森林带→S717.1

653.2 森林植物.树木→S717.2/.7

　　　* 地理区分。转换时依世界地区表分，入 S717.2/.7 下相关各类。各地的名树、巨树入此。

653.3 ①树艺.树种.种苗.②苗木.苗圃→①S722 ②S723

653.4 ①人工造林.②天然更新→①S725.7 ②S754.1

653.5 抚育作业：除伐，疏伐，修剪枝叶→S753

<653.6/.8 各种森林树种 >

653.6 针叶树→S791

653.7 阔叶树→S792

653.8 单子叶树→S795

653.9 保护林的造林→S727.2

654 森林保护→S76

654.2 人为损害→S766

654.3 烟害→S766

654.4 森林火灾→S762

654.5 气象灾害→S761

654.6 地质灾害→S761.9

654.7 ①植物灾害.②树病学→①S765 ②S763

654.8 动物灾害.森林动物学→S764

654.86 森林昆虫学.森林害虫→S763 参见：486。

655 森林管理→S75

655.1 ①森林经理学.②生产计划→①S757 ②S757.4

655.2 测树学→S758

655.3 林木成长学→S75

655.4 材积学.收获表→S758.6

655.5 施业计划→S757.4

655.6 施业林→S759

656 森林工程→S77

656.1 森林测量→S771

656.2 森林土木→S773

656.21 林道→S773.3

656.22 桥梁→S773.4

656.23 索道→S773.9

656.24 森林轨道→S773.2

656.3 森林机械·器具→S776

656.5 ①森林治水.整顿山林的工作.②防沙工程→①S774 ②S775 参见:517.5。

    *说明:656.55 中有关防风固沙林宜入 S727.23。

656.7 荒废地的恢复:荒地→S77

657 森林利用.林产业.木材业→S78

657.1 伐木→S782

657.11 爬树.爬树法→S782

657.12 采伐→S782.1

657.13 集材→S782.2

657.14 造材→S782.1

657.15 运材→S782.5

657.16 贮材→S782.3

657.2 木材的构造及性质.木材理学→S781

    *说明:有关木材的构造与识别、物理性质、化学性质等均入 S781,如需细分,可根据著作具

        体内容入 S781 下相关各类。

657.3 制材.制材工场.制材机械·装置→TS64 参见:583。

657.4 木材干燥.人工干燥→S782.31

657.5 ①木材保存.②木材腐朽·防腐.防虫→①S782.3 ②S782.33

657.6 木质材料.改良木材:胶合板,层合板,集成板,三合板→TS65

657.7 木材加工·黏合·着色·涂装→TS6 下相关各类 参见:583。

657.8 森林副产物→S789

657.9 竹材→TQ351

658 林产制造→TQ351

[658.1] 木材干馏→TQ351.2 参见 575.2。

658.2 ①木材炭化.②木炭产品→①TQ351.21 ②TQ351.27⁺7

658.3 森林化学.木材化学.木材组成·分析→TQ351.01

658.4 ①木材纤维:②木素→①TQ351.3 ②TQ351.37·7

    * 制纸原料的纸浆参见585.3。

658.5 木材糖化.木材发酵→TQ351.3 参见:574.83。

658.6 油脂.蜡→TQ351.47 参见:576.17。

658.7 树脂→TQ351.47 参见:576.82;578.3。

658.9 单宁→TQ94 参见:439.6;584.4。

659 狩猎→S86 参见:787.6。

    *①猎枪,猎具,②猎犬,③狩猎鸟兽的习性,④狩猎法,狩猎权→①S866 ②S829.2 ③S864 ④D912.4

    * 说明:中国狩猎法入 D922.4;各国入 D93/97 下相关各类

    * 取号方法:D9+3/7(世界地区号)+24(农业经济管理法专类复分号)

    例:日本狩猎法入 D931.324(=D9+313 日本地区号 +24 专类复分号)

659.7 ①鸟兽的保护·繁殖:禁猎,②禁猎区→①S863 ②S863.·1

660 水产业→S9

660.1 水产学→S91

[660.2 参见 662]

660.6 水产学会·团体→S9-2 下相关各类

    * 渔业合作社,水产合作社参见661.6。

660.7 ①研究法.指导法.②水产教育→①S9-3 下相关各类 ②S9-4 下相关各类

    * 水产教育的教授科目参见 375.6。

661 水产经济·行政·经营→F307.4

    * 近世以前的水产经济、行政、经营入 662。

    * 说明:参照 651 下说明取号。

661.1 渔业政策·行政.渔业制度→F307.4;661.12 渔业法→D912.4;661.4 水产物价格及市场.流通和消费→F307.44;661.5 水产金融. 渔业资本. 渔业票据→F307.4;661.6 渔业保险→F840.66;661.7 渔业经营→F307.4;661.8 渔家经济→F307.4;661.9 渔村.渔民问题.渔港→F307.4。

662 水产业及渔业史·情况→①F316.49 ②S9-09 ③F33/37

    * 地理分区。参照 632 下说明和取号方法取号。

    例:日本水产业史入 F331.364(=F3+313 日本地区号 +64 渔业、水产业专类复分号)

662.9 水产地理→S92

663 水产基础科学→S91

663.1 海洋和陆水→S913 参见:452.3。

663.2 水产气象学→S915 参见:451.24;613.1。

663.3 水产物理学→S911

663.4 水产化学→S912

663.6 水产生物学→S917

663.7 水产植物学→S917.3

663.8 水产动物学→S917.4

663.9 ①水产保护学.②鱼病学.③病虫害和天敌→①S94 ②S941 ③S943/947

663.96 赤潮→S944.3⁺49 参见:519.4。

663.97 捕鱼限制.禁渔期→S937

<664/666 渔业各论 >

664 捕鱼.渔业各论→S9 下相关各类

664.1 ①渔场.渔期.渔况.②捕鱼量→①S931.4 ②S934 人工鱼礁入 S953.1。

　　　* 地理分区

<664.2/.3 根据渔场划分的种类 >

664.2 淡水渔业→S964

664.3 海水渔业→S967

<664.4/.5 根据渔具·捕鱼方法而定的鱼的类别 >

664.4 根据渔具·捕鱼方法→①S972(渔具) ②S973.2(网鱼法)

664.5 工船式渔业→S972.6/.7

<664.6/.9 各种鱼类·水产动物 >

664.6 鱼类→S965

<664.61/.68 海产鱼类 >→S965.3

　　　* 说明:各馆如不需细分,可均入上位类 S965.3。

664.61 ①鲑鱼·②鳟鱼→①S965.232 ②S965.399

664.62 ①鲱鱼·沙丁鱼→①S965.316 ②S965.399

664.63 ①鲣鱼·青花鱼·旗鱼.②金枪鱼.③带鱼→①S965.399 ②S965.332 ③S965.326

664.64 ①竹荚鱼·鲯鳅类·②鰤鱼→①S965.399 ②S965.335

664.65 鳕鱼类→S965.321

664.66 鲽鱼·比目鱼类→S965.399

664.67 ①鲷鱼·石首鱼·笠子鱼·鲉科海水鱼·②鲈鱼→①S965.399 ②S965.211

664.68 其他的海产鱼类→①S965.399 ②S965.3 下相关各类

664.69 淡水鱼→S965.1/.2

664.691 香鱼→S965.226

664.692 日本银鱼→S965.224

664.693 ①鲤鱼.②鲫鱼→①S965.116 ②S965.117

664.694 泥鳅→S966.4

664.695 ①鳗鲡鱼.②鲶鱼→①S965.223 ②S965.128

664.7 贝类.甲壳类.软体类·棘皮类→①S968.3 ②S966.1 ③S968.2 ④S968.9

　　　* 说明:664.71/.75 各种贝类均入 S968.3;664.76 淡水甲壳类入 S966.1;海水甲壳类入 S968.2;
　　　　　 664.77/.79 软体类、棘皮类等均入 S968.9。

664.8 海藻类→S968.4

664.9 海兽类→S968.8

664.93⁺ 其他的水产动物→①S968.9 ②S966.9

665 渔船.渔具→S97

665.2 渔船→S972.7

665.23 渔船装置→S972.7

665.25 渔业无线→S972.7⁺6 参见：547.6。

665.26 工作船→S972.6 参见：556.68。

665.29 捕鲸船→S972.64

665.3 ①捕鱼机器·装置.②集鱼灯.③鱼群探测器→①S972.6 ②S972.63 ③S972.61

665.5 渔具：网线，浮标，钩→S971

665.6 渔网→S972.1

665.8 器材.燃料→S972.7

666 水产增殖.养殖业→S95/96

[666.1 共同事项]

666.11 品种改良.育种→S961 参见：579.9。

666.12 ①繁殖.②产卵.③孵化→①S961.1 ②S961.1⁺3 ③S961.1⁺4

666.13 饲料→S963

666.15 ①造池.②鱼道.③鱼梯→①S955 ②S956.3 ③S956.2

666.16 人工孵化→S961.2⁺3

666.17 人工授精→S961.2⁺2

666.18 ①养殖场.②装置→①S954 ②S969

666.2 淡水养殖法＜一般＞→S964

666.3 海水养殖法＜一般＞→S967

<666.6/.8 其他的水产资源增殖·养殖＞

666.6 鱼类增殖[养鱼]→S965/966

    *NDC 取号时仿 664.6 分。例：666.61(=666.6+[664.6]1)鲑鱼.鳟鱼的增殖

    注：类号中列出"[664.6]"，目的是向馆员展示如何取号，实际应用中需要去掉，仅保留仿分号
       "1"即可。

666.7 贝类·软体类·甲壳类的增殖→S968.3

666.74 珍珠养殖→①S968.31 ②S968.35 ③S966.2

666.79 ①乌龟.鳖.鳄鱼.②食用蛙.③蛇→①S966.5 ②S966.3 ③S966.9

666.8 藻类增殖→S968.4

666.9 观赏鱼→S965.8

667 水产制造.水产食品→①TS254 ②S985 ③S986

    *说明：水产品原料处理与加工设备入 S985 下相关各类；水产成品加工及设备入 S986（参见
       TS254）；水产食品加工宜入 TS254；水产加工工业机械与设备入 TS254.3。

667.1 化学水产加工.水产机器·装置→①TS254.1 ②S985 ③S986

    *说明：水产加工工业的基础科学，如水产品生物化学、微生物学等均入 TS254.1。其他生产机
       器与设备，参照 667 下说明取号。

<667.2/.9 水产加工品＞

    *说明：667.2/.4 水产食品加工与保藏可均入 TS254.4，如有需要，可仿 TS205 分；667.5/.8 各
       种水产制品均入 TS254.5；667.9 水产罐头制品宜入 TS295⁺.4。

668 水产物利用.产品→S986

    *说明：668.1/.8 可不细分，均入上位类分类号 S986。

669 制盐.盐业→TS3 参见:574.5。

670 商业→F7

670.1 商业概论.商学→F710

670.19 商业数学→F710 会计数学参见 336.901。

[670.2 参见 672]

670.9 商业通信.商业作文.商业用语→入相关各类

　　* 语言区分

　　*说明:(1)分类号转换时,需根据著作内容入相关各类。如有关商务写作理论方面的著作入
　　　　　H052;各语言商务写作根据语言区分,入相关语言写作类下。

　　　　　(2)如愿集中,可均入上位类分类号 F7 类下。

　　例:商务英语写作入 H315,中国服务业规范用语入 F718。

671 商业政策·行政→①F715.2 ②F733/737

　　*说明:各国商业政策·行政入各国商业类下。

　　*取号方法:F73+3/7(世界地区号)+ 仿分号(仿 F72 分)

　　例:日本商业政策入 F733.130(=F73+313 日本地区号 +0 方针政策仿分号)

672 商业历史·情况→F733/737

　　* 地理区分。

　　*取号方法:F73+3/7(世界地区号)+9(贸易史仿分号)

672.9 商业地理→F733/737

　　*说明:各国商业地理,先依世界地区表分,再仿 F72 分。

　　*取号方法:F73+3/7(世界地区号)+99(商业地理仿分号)

　　例:672.91(=672.9+-1 日本地区号)日本商业地理 F733.139.9(= F73+313 日本地区号 +99 仿
　　　　分号)

<673/676>

　　*说明:(1)商业理论、国内商业入 F71 下相关各类;各国国内商业入 F73 下各类。

　　　　　(2)673/676 列出的分类号仅为理论和国内商业的转换号,各国商业可参考此号进
　　　　　行相应转换。

　　　　　(3)各国商业取号方法:F73+3/7(世界地区号)+ 仿分号(仿 F72 分)

　　例:日本推销术介绍入 F733.134(=F73+313 日本地区号 +4 商品流通仿分号)

673 商业经营.商店→F71 参见:331.84。

　　* 营业管理[业务管理]入此。其他法:336.71/.73。

673.1 ①店员.②商店规则→①F718 ②F715

673.2 ①商店管理.②商业订货→①F715 ②F713.2

673.3 买卖.买卖促进.推销术.推销员→F713.3

673.32+ 买卖契约:垄断经销契约→F715.4

673.34+ ①访问买卖.无实体店买卖.②委托买卖→①F713.36 ②F713.6

673.36 通信买卖→F713.36

673.37 分期付款买卖→F830.5

673.38 商品陈列法:橱窗陈列.展览→F713.7

673.39⁺ 自动贩卖机→F716

<673.5/.9 各种商店 >

673.5 批发→F713.31

673.6 中介业→F713.6

673.7 ①零售业:零售市场,杂货店,②专卖店→①F713.32 ②F717.6

673.8 商场.超级市场.连锁店→F717.6

673.9 服务业→F719 下相关各类

　　　* 说明:673.93⁺/99⁺ 各种商业服务入 F719.2/.9 下相关各类;旅馆业入 F719.2;餐饮业入 F719.3;
　　　　　　娱乐业入 F719.5(彩票业入此号);其他服务业均入 F719.9。

674 广告.宣传→F713.8

　　* 其他法:336.74。

[674.01 参见 674.1]

[674.02 参见 674.2]

<674.1/.8 广告的一般事项 >

674.1 广告理论·心理·伦理→F713.80 参见:361.46。

674.2 广告历史及情况→F713.8–09

　　　* 地理区分。转换时依世界地区表分,入 F713.8–09 下相关各类。

　　　例:674.21(=674.2+–1 日本地区号)日本广告史入 F713.8–093.13(= F713.8–09+313 日本地
　　　　区号)

674.3 商业美术·摄影.商业设计→F713.81 参见:727。

674.4 广告代理业→F713.8

<674.5/.8 其他的媒体广告 >

674.5 直接广告→F713.85

674.6 广告媒体→F713.85

674.7 广告宣传用的印刷物→F713.853

674.8 室外广告.交通广告→F713.859

674.9 各个商品·各个企业的广告→①入相关各类 ②F713.841

　　　* 专论某种商品、企业的广告入相关各类。

　　　例:674.9 通信业手绘 POP 广告入 J524.3

675 销售学→F713.3 参见:331.84。

675.1 商品.商品学→F76 下相关各类。

675.17 商品检验→F760.6

675.18 ①商品包装.②商标→①F760.3 ②F760.5

675.2 市场调查.市场预测→F713.52

675.3 商品化.商品计划→F712

675.4 销售途径.商品流通机构.配给组织→F713.1

675.5 批发市场→F713.58 参见:621.4;661.4。

　　　* 说明:专论各种商品市场入 F3/6 相关各类。

676 商品交易所→F713.58 证券交易所参见 338.16。

678 国际贸易→①F74 ②F75 参见:611.48。

　　*说明:分类号转换时,有关国际贸易的著作入 F74 下相关各类;有关各国贸易的著作先依世界地区表分,再依 F753/757 下专类复分表分(《中图法》P112)。

　　*取号方法:F75+3/9(世界地区号)+ 专类复分号

　　例:日本对外贸易政策入 F753.130(=F75+313 日本地区号 +0 对外贸易政策复分号)

[678.01] 贸易理论·思想.国际价值观→F740 参见 333.6。

[678.02 参见 678.2]

678.1 贸易政策·行政·法令→①F741 ②D9 下相关各类 参见:338.95。

678.11/.12 自由政策、保护贸易→F741.2

678.13 输出取缔·检查.禁止进出口.走私贸易→F741.1

678.14 ①出口补偿.②贸易保险→①F746 ②F840.685

　　*说明:各国贸易保险入 F843/847 下相关各类。

678.15 贸易管理.贸易统制.国营贸易→F740.4

678.18 倾销.联合抵制→F741.23

678.2 贸易史及情况→①F749 ②F753/757

　　*地理分区。参照 678 下说明和取号方法取号。

　　例:日本对华贸易史入 F753.139(=F75+313 日本地区号 +9 贸易史复分号)

678.3 ①通商条约·协议.②关税.海关→①F744 ②F745 参见:345。

678.4 贸易实务→F740.4 参见:338.62。

678.5 贸易品.国际商品.国际市场→F746.2/.9(可仿 F762/769 分)

678.6 贸易合作→F742

678.9 贸易统计→入相关各类

　　*地理区分。参照 678 下说明和取号方法取号。有关贸易统计方法入 F740.6。

680 运输.交通→F5

[680.2 参见 682]

681 交通政策·行政·经营→F5 下相关各类

　　*说明:(1)分类号转换时,681/687 各种交通运输经济理论入 F50 下相关各类;总论世界各国交通运输经济入 F51 下相关各类;专论各国交通经济入 F513/517 下相关各类,如有必要,可再依 F513/517 下专类复分表分(《中图法》P102);交通法入 D9 下相关各类;运输经济学入 F50。

　　(2)681.3/.8 总论入此,专论某种交通运输相关事宜的著作入相关各类。

　　*取号方法:F51+3/7(世界地区号)+ 专类复分号

　　　　　　　　D9+3/7(世界地区号)+229.6(交通运输经济专类复分号)

　　例1:日本交通运输政策入 F513.130(=F51+313 日本地区号 +0 政策复分号)

　　例2:日本交通法入 D931.322.96(=D9+313 日本地区号 +229.6 交通运输经济法复分号)

681.1 交通政策.交通统制→①F511.0 ②F513/517

681.2 交通行政.交通法→①F506.17 ②D912.296 参见:325.37。

　　例1:交通行政入 F506.17(=F506+17 行政管理仿分号)

　　例2:日本交通行政入 F513.136(=F51+313 日本地区号 +6 交通运输企业组织与经营管理复

分号）

681.3　交通安全.交通事故→①X951（总论）②入相关各类（专论）

　　例：公路运输安全入 U492

681.4　交通经营→F506

681.5　旅客→F506

681.6　①货物.②集装箱运输→①F506 ②U169

681.8　都市交通→F57　参见：318.7；518.84。

682　　交通史及状况→①F511.9 ②F513/517

　　＊地理分区

　　例：682.1（=682+-1 日本地区号）日本交通史入 F513.139（=F51+313 日本地区号 +9 交通史复
　　　　分号）

682.9　交通地理.交通地图→①F511.99 ②F513/517

　　例：682.91（=682.9+-1 日本地区号）日本交通地理入 F513.139.9（=F51+313 日本地区号 +99
　　　　交通地理复分号）

683　　海运→①F55 ②F550.72（海洋运输）　参见：550；558.5。

　　＊说明：参照 681 下说明和取号方法取号，入 F55、U692 下相关各类；各国海运如有必要，可再
　　　　仿 F552 分。

　　＊取号方法：F55+3/7（世界地区号）+ 仿分号（仿 F552 分）

　　例：683.21 日本海运史入 F553.139（=F55+313 日本地区号 +9 交通史仿分号）

[683.02 参见 683.2]

683.1　海运政策·行政·法令→①F551.0 ②F550.6 ③D912.296　参见：325.5。

　　＊海事法，船舶安全法参见 550.92；造船政策参见 550.91。

683.2　海运史·状况→①F551.9 ②F553/557

　　　＊地理分区

683.3　海运经营·金融·会计→F550.6

683.4　海运工资→F550.6

683.5　旅客→U695.1

683.6　货船票据.货物.货物装载法：装船文件→U695.2　参见：325.53；557.14。

683.8　海员：船长，船员→U676.2　参见：325.52

683.9　港湾.商港→U658 下相关各类　参见：517.8。

[683.902 参见 683.92]

683.91　港湾政策·行政·法令→参照 681 下说明和取号方法取号

683.92　港湾史及状况→U659

　　　＊地理分区。取号方法：U659+3/7（世界地区号）

683.93　港湾管理→F55

684　　内河·运河交通→F550.71

685　　陆运.汽车运输→F54　参见：537。

　　＊说明：参照 681 下说明和取号方法取号。

[685.02 参见 685.2]

685.1 陆运政策·行政·法令→①F541.0 ②F540.5 ③D912.296

685.2 陆运史·状况→①F541.9 ②F543/547

　　　* 地理区分

　　　例:685.21(=685.2+-1 日本地区号)日本陆运史入 F543.139(=F54+313 日本地区号 +9 历史
　　　　仿分号)

685.4 停车场.汽车站台→F540.3,有关停车场设计的著作入 TU248.3。

<685.5/.6 各种运输 >→F540.5

685.7 高速道路.汽车车道→F540.3,有关设计方面的著作入 U412.36。

685.78⁺ 道路地图→①K99 ②F513/517

　　　* 说明:观光地图宜入 K99 游览图类下,交通图入交通地理类下。

685.8/.9 轻车辆,小运送,快递→F540.7

686 铁路→F53

　　　* 车辆参见 536;铁路工学参见 516;电气铁路参见 546。

[686.02 参见 686.2]

686.1 铁路政策·行政·法令→①F531.0 ②F530.6 ③D912.296

　　　* 说明:参照 681 下说明入 F53 相关各类。各国铁路运输经济入 F533/537,可仿 F532 分。法令
　　　　入 D9 下相关各类。铁路警察入 D 类公安工作类下。

　　　* 取号方法:F53+3/7(世界地区号)+ 仿分号(仿 532 分)

　　　例1:日本铁路警察入 D731.335(=D7+313 日本地区号 +35 公安警察专类复分号)

　　　例2:日本铁路政策入 F533.130(=F53+313 日本地区号 +0 方针政策仿分号)

686.2 铁路史及状况→①F531.9 ②F533/537

　　　* 地理分区

　　　例:686.21(=686.2+-1 日本地区号)日本铁路史入 F533.139(=F53+313 日本地区号 +9 铁路史
　　　　仿分号)

686.3 铁路经营→F530.6/.9 下相关各类

686.4 铁路运费→F530.5

686.5 旅客→U293

686.6 货物运输→U294

686.7 ①运行.②驾车.配车③列车运行.④铁路事故→①U29 ②U292 ③U292.4 ④U298

686.9 路面电车.单轨电车.缆车→F530.7

　　　* 地理区分

687 航空运输→F56 参见:538。

　　　* 说明:参照 686.1 下说明和取号方法取号。

　　　* 取号方法:F56+3/7(世界地区号)+ 仿分号(仿 F562 分)

　　　例:687.21(=687.2+-1 日本地区号)日本航空事业史入 F563.139(=F56+313 日本地区号 +9 航
　　　　空事业史仿分号)

[687.02 参见 687.2]

687.1 航空政策·行政·法令→①F561.0 ②F560.6 ③D912.296

687.2 航空事业史及状况→①F561.9 ②F563/567

    * 地理区分

687.3　航空经营→①F560.6　②F560.7　③F560.8

687.38⁺　航空乘务员→F560.9

687.4　航空运费→F560.5

687.5　旅客→F560.83

687.6　货物→F560.84

687.7　运行.航空事故→①F560.7　②V328　③V352

687.9　飞机场→①F560.8　②V351

    * 地理区分

688　仓库业→F253　参见：611.47。

　　* 说明：如不需细分，688 下相关各类可均入上位类分类号 F253。

689　观光事业→F59

　　* 说明：各国观光经济入 F593/597；相关法令入 D9 下相关各类。

　　* 取号方法：F59+3/7（世界地区号）+ 仿分号（仿 F592 分）

　　例 1：日本观光政策入 F593.130（=F59+313 日本地区号 +0 方针政策仿分号）

　　例 2：日本观光事业史入 F593.139（=F59+313 日本地区号 +9 旅游业史仿分号）

689.1　观光政策·行政·法令→①F593/597　②F590　③D912.29

689.2　观光事业史及状况→①F591.9　②F593/597

689.3　观光事业经营→F590

689.4　观光地计划.观光开发→F590.3

<689.5/.9　观光设施 >→F590 下相关各类

　　　* 说明：有关观光设施规划和管理入 F590.32；689.5/.9 下有关游乐园、旅行社、会馆、酒店
　　　　　　（地理区分）、度假村，如不需细分均可入上位类分类号 F590.6。

690　通信事业→F6

[690.2 参见 692]

691　通信政策·行政·法令→①F631.0　②F606　③D912.296　④F633/637

　　* 说明：通信经济理论入 F60 下相关各类；各国的通信政策·行政入 F633/637 相关类下；法令入
　　　　D9 下相关各类。

　　* 取号方法：F63+3/7（世界地区号）+ 仿分号（仿 F632 分）
　　　　　　　　D9+3/7（世界地区号）+229.6（通信经济管理法专类复分号）

　　例 1：日本通信政策入 F633.130（=F63+313 日本地区号 +0 方针政策仿分号）

　　例 2：日本通信行政入 F633.134（=F63+313 日本地区号 +4 通信企业组织与经营管理仿分号）

　　例 3：日本通信法入 D931.322.96（=D9+313 日本地区号 +229.6 通信经济管理法专类复分号）

　　例 4：通信行政管理入 F606.1

692　通信事业史及情况→①F631.9　②F633/637

　　* 地理区分。参照 691 下说明和取号方法取号

　　例：692.1（=692+−1 日本地区号）日本通信事业史入 F633.139（=F63+313 日本地区号 +9 通信业
　　　史仿分号）

692.9　通信地理→①F631.99　②F633/637

例：692.91（=692.9+-1 日本地区号）日本通信地理入 F633.139.9（=F63+313 日本地区号 +99 通信地理仿分号）

693 邮寄.邮政事业→F61 参见：686.56。

[693.02 参见 693.2]

693.1 邮政政策·行政·法令·条约→①F631.0 ②F633/637 ③D912.296

　　*说明：参照 691 下说明和取号方法取号。

693.14 邮寄费用→F615

693.2 邮政史及情况→①F631.9 ②F633/637

　　* 地理区分

693.3 ①邮政局：②业务，③职员→①F616 ②F618 ②F619

693.4 小件邮包→F618.1

693.5 邮政汇款→F618.3

693.6 电子邮政→F618

693.7 外国邮政.航空邮政→F618.1

693.8 邮票.明信片.邮戳→F618.9

693.9 ①其他通信：②信鸽→①F618 ②S836 参见：646.5。

694 电信事业→F62 参见：547。

[694.02 参见 694.2]

694.1 电信政策·行政·法令·条约→①F631.0 ②F633/637 ③D912.296

694.2 电信史及情况→①F631.9 ②F633/637

　　　* 地理区分

694.3 ①经营.②业务.③劳务.④财务.会计→①F626 ②F626.12 ③F626.111 ④F626.115

694.4 电信：电报，电传→F626.2

694.5 数据传送→F626.3

694.6/.7 电话、国际电信电话→①F626.12 ②F627

　　　*说明：694.61/.68⁺ 可不再细分，均入此号。话务员入 F626.13。

699 广播电视事业→①G22 ②J99

　　*说明：分类号转换时，根据著作具体内容相应取号。总论电视事业的著作入 J99 下相关各类；
　　　　　　专论广播电视工作和事业入 G22 下相关各类；各国广播电视入 G229.3/.7，如有必要，
　　　　　　可仿 G229.2 分；法令入 D9 下相关各类。

　　*取号方法：J99+3/7（世界地区号）+ 仿分号（仿 J992 分）
　　　　　　　　G229+3/7（世界地区号）+ 仿分号（仿 G229.2 分）
　　　　　　　　D9+3/7（世界地区号）+28（传媒法、信息法专类复分号）

　　例 1：日本电视政策入 G229.313.0（=G229+313 日本地区号 +0 方针政策仿分号）

　　例 2：日本广播事业史入 G229.313.9（=G229+313 日本地区号 +9 事业史仿分号）

　　例 3：日本电视法入 D931.328（=D9+313 日本地区号 +28 传媒法、信息法专类复分号）

[699.02 参见 699.2]

699.1 播放政策·行政·法令.收视费→①G229.3/.7 ②G221 ③D912.8

699.2 播放史及情况→①G229.19 ②G229.3/.7

* 地理区分

* **说明：**NDC 将各国的播放政策·行政·法令入此,分类号转换时,参照 699 下说明取号。

699.3 经营.业务.劳务.财务→①G221 ②G222 ③J95

699.38 民间播放→G22

699.39⁺ 播音员.新闻广播员→G222.2

699.6 播放节目:节目制作,收视率→①G222.3 ②G223 ③J95

* **说明：**分类号转换时,669.6 下具体各类节目宜入 J95 下相关各类。如科学纪录片、教学片、科普片等教育节目入 J953;戏剧、音乐节目可入 J951;新闻片、纪录片等入 J952。

699.63 教育节目→J953

699.64 报道节目→J952

699.65 运动播放→J971.6

699.66 音乐节目→J959

699.67 戏剧·电视剧.表演·娱乐节目→①J951 ②J959

699.68⁺ 其他节目→J959

699.69 国际播放→①G229.25 ②G229.3/.7

699.7⁺ 有线播放:有线电视→①G22 ②TNT949.194

[699.71] 有线广播政策·行政·法令→①G229.3/.7 ②D912.8 ③D93/97

* **说明：**各国广播政策与行政入 G229.3/.7,先依世界地区表分,再仿 G229.2 分;各国广播法入 D93/97 传媒法、信息法类下。

* **例：**日本有线广播政策入 G229.313.0(=G229+313 日本地区号 +0 仿分号)

日本有线广播法入 D931.328(=D9+313 日本地区号 +28 传媒法、信息法)

[699.72] 有线广播史·概况→G229.3/.7

699.73⁺ 有线播放事业→①G221 ②G222 ③G229.3/.7

699.76⁺ 有线播放节目→G222

699.78⁺ 有线播放与地域社会→G229.3/.7

* 地理区分

699.8 播放与社会→G223

7 类(艺术)>>>

　　7 大类包含美术、音乐、戏剧、运动等各种艺术和娱乐,主要对应中图法里的 J、G8、TB8 三个大类。7 大类中标识有"地理区分"的十进分类号,在分类号转换时,需依据世界地区表进行相应的转换,如中图法中没有明确标明"依世界地区表分"时,地区号码用"(　　)"加以标识。各国艺术家的列传均入 K 类。

700　艺术·美术→J　建筑参见 520;造园参见 629。

　　*说明:NDC 在 700/730 采用共同区分号"–087"来代表美术图集,在进行中图法分类号转换时可入各国作品之下。

　　例 1:721.087(=721 日本画 +–087 美术图集)日本名画集入 J231(313)

　　例 2:730.87(=73[0]版画 +–087 美术图集)世界版画展图鉴入 J237

* 注:NDC 取号时,需去掉 730 末尾的"0",然后再附加"–087"。例 2 中的"[0]"为方便工作人员了解 NDC 取号规则而列出,实际取号时只取"73"即可。

701　①艺术理论.②美学→①J0 ②J01

　　*说明:分类号转换时,总论艺术美学的著作入 J01,专论入 J2/9 相关各类。

　　例:701.1 艺术美学简论入 J01;720.1 绘画美学入 J201。

701.1　①艺术哲学.②美学.美学史→①J0–02 ②J01

　　* 其他美学　参见:119。

701.2　艺术思想史→J110.9

701.3　艺术社会学.艺术民族学.艺术经济学→J0–05

701.4　艺术心理学→J0–05

701.5　艺术解剖学→J064

701.6　自然美→J01

702　艺术史.美术史→①J110.9 ②J13/17

　　* 地理区分

　　*说明:702.02/.07 世界艺术史入 J110.9 下相关各类,702.1/.7 各国艺术史、美术史入 J13/17 下相关各类。

* 取号方法：J1+3/7（世界地区号）+ 仿分号（仿 J11 分）

　　例：702.21（=702+-21 朝鲜地区号）朝鲜艺术史入 J131.209（=J1+312 朝鲜地区号 +09 仿分号）

702.01　艺术史学. 美术史学→J110.9

<702.02/.07　各时代 >

702.02　①先史·原始·未开化的艺术. ②美术考古学→①J110.9 ②K85 相关各类

　　　　参见：202.5；389。

702.03　①古代美术. ②罗马美术史→①J110.92 ②J110.93

702.04　中世美术 5—14 世纪→J110.93

702.05　近代美术 15—18 世纪→①J110.93（15—17 世纪中叶）② J110.94（17 世纪中叶—18 世纪）

702.06　近代美术 19 世纪→J110.94

702.07⁺　现代美术 20 世纪→J110.95

702.09　宗教艺术. 宗教美术→J196

　　　　* 各国的宗教艺术参见 702.1/.7。

　　　　*702.096 伊斯兰教艺术→J196.4；702.097 神道艺术→J196.9；702.098 佛教艺术→J196.2，参见：186.7；702.099 基督教艺术→J196.5，参见：196.7。

<702.1/.7　各地域艺术史·美术史 >→参照 702 取号方法取号

702.1　日本艺术史·美术史→J131.309

　　* 说明：702.12/.16 有关日本各时代的艺术史、美术史的著作可不细分，均入 J131.309；如有需要，可再仿 J110.9 进行时代细分，入相关各类。

702.17　古社寺→J19

　　　　* 以各个古社寺为主的艺术、美术均入此。

702.19　日本各地→J131.309

　　* 说明：中图法的世界地区表对日本各地不再细分，分类号转换时，日本各地的艺术史、美术史均入 J131.309。

702.2/.7　各国艺术史·美术史→J13/17 下相关各类

　　* 说明：参照 702 下说明和取号方法取号。

　　　　例：702.53（=702+-53 美国地区号）美国艺术史入 J171.209（=J1+712 美国地区号 +09 仿分号）

702.8　艺术家. 美术家 < 列传 >→K81 下相关各类

　　* 说明：参照 280 下说明和取号方法取号。

702.9　乡土艺术 < 一般 >→J193

703　参考图书→J-6 下相关各类

703.8　美术品目录→入相关各类　参见：069.9。

　　* 说明：分类号转换时，特定的美术目录入相关各类。

704　论文集. 评论集. 讲演集→J-53

705　连续性出版物→①J-54 ②J-55

706　①团体：学会，协会，②会议→①J114-26 ②J114-27

706.9　美术馆. 展览会→J114-28

707　①研究法. 指导法. ②艺术教育→①J-3 下相关各类 ②J114-4 下相关各类

　　* 说明：分类号转换时，有关艺术教育的著作入 J114-4；有关幼儿园、小学、中学、大学各级各类的美术教育著作宜入 G 类下相关各类。

708 ①丛书.②全集.选集→①J-51 ②J-52

708.7⁺ 美术图集→①J111 ②相关各类

    * 说明：NDC 将无法确定领域的美术图集入此,特定的美术图集入相关各类。分类号转换时,无法确定领域的美术图集入上位类分类号,特定的美术图集入各国作品相关类下。

    例1：708.7 欧洲绘画作品集入 J23

    例2：723.35 法国画集入 J231(565)

709 艺术政策.文化遗产→①入相关各类 ②J13/17

    * 地理区分。转换时依世界地区表分,入各国艺术政策、文化遗产类下。

    * 文化遗产目录入 703.8,图集入 708.7;特定的文化遗产目录以及图集入相关各类。

    例：709.22 中国艺术方针政策入 J120.0

709.1 日本.文化遗产的指定·保护:国宝,重要文化财产→入相关各类

    * 说明：分类号转换时,各种遗迹名胜、稀有动植物、非物质文化遗、建筑物等的保护入相关各类。

    例：709.1 日本地名文化遗产保护入 K931.36

<710/770 各种艺术美术 >

<710/750 各种美术 >

710 雕塑→J3

    * 说明：雕塑理论入 J30 下相关各类。

[710.2 参见 712]

711 ①雕塑材料·②技法→①J316 ②J31

    * 与雕塑相关的材料和技法均入此,各类雕塑的材料和技法入 713/718。

711.1 构图.设计→J306

711.2/.3 材料,媒介,工具→J316

711.4 方法→J304

711.5 修理·保存方法→J317

711.6/.7 各种雕塑法→J312

711.8 浮雕→J312.2

711.9 假面→J5 工艺美术类下

    * 狂言面具参见 773.9;能乐面具参见 773.4;舞乐.伎乐面具参见 768.2。

712 ①雕塑史.②各国的雕塑→①J309 ②J33 下相关各类 ③J305

    * 地理区分。转换时依世界地区表分,入 J3 下相关各类。

    * 说明：NDC 将有关雕刻史、雕刻研究与评论集中入 712 类下,分类号转换时,雕刻史入 J309;雕刻评论与欣赏入 J305;各种雕塑的雕刻史、研究与评论入 713/718 相关各类,分类号转换时入 J31 下各种雕塑类下。

712.1/.7 各国雕刻→①J33 ②J305 ③J309

    * 说明：分类号转换时,有关评论、欣赏的理论方法入 J305;各国雕刻作品入 J33 下相关各类;各国的雕刻家列传入 K81 下相关各类。

*取号方法:J305+3/7(世界地区号);J331/339+(世界地区号)

　例:日本木雕作品集入 J332(313)=J332+(313)日本地区号

712.8 雕塑家<列传>→①K81 下相关各类 ②J305

　*说明:参照 280 下说明和取号方法取号。

<713/718 各种雕塑>

713 木雕→J314.2

　*说明:分类号转换时,有关木雕史、研究、评论以及木雕的材料和技法的著作均入 J314.2,图集入 J322 或 J332。

714 石雕→J314.3

　* 参照 713 下说明。

715 金属雕刻.铸造→J314.4

　* 参照 713 下说明。

717 黏土雕塑.塑造→①J314.7(泥塑)②J314.8(陶雕)

　* 参照 713 下说明。明器参见 751.4。

718 佛像→①J315 ②J329;J339 参见:186.8。

　*说明:718.1/.9 不需细分,均入上述分类号。佛像雕塑的理论和技法入 J315(宗教雕塑),作品入 J329 或 J339。

719⁺ 装饰品→J313.3

　* 参照 713 下说明。

720 绘画→J2

720.1 ①绘画的理论·②美学→①J20 ②J201

720.2 绘画史<一般>→J209

　*说明:分类号转换时,依世界地区表分,入 J209.3/.7 各国绘画史。

　例:日本绘画史入 J209.313(=J209+313 日本地区号)

720.28 画家<列传>→①K81 下相关各类 ②J203

　*说明:参照 280 下说明和取号方法取号。

720.6 团体:学会,协会,会议→J2-2 下相关各类

720.69 画廊.展览会→J2-28

720.7 研究法.指导法.画塾→J2-3 下相关各类 参见:375.72。

720.79 鉴赏法→J205 参见:707.9。

720.8 ①丛书.②全集.选集→①J2-51 ②J2-52

720.87⁺ 画集→①J22 ②J231/239

<721/723 各种绘画>

721 日本画→J2 下相关各类

　*说明:(1)NDC 将有关日本画的历史、图集、研究、评论、材料和技法的著作集中入 721,分类号转换时将涉及多个类目,需根据著作的具体内容选择相应的分类号。有关日本画理论的著作入 J20/21 下相关各类;日本画的研究与评论入 J205.313;日本画史入 J209.313;绘画材料和工具入 J211.6,绘画作品入 J23 下相关各类。

　　(2)721.1/.9 列出的分类号为绘画作品转换号,如涉及相关理论部分,参照下面列出

的分类号所代表的内容,入 J20/21 相关各类。

721.02 日本绘画史→J209.313

 *说明:日本绘画史可不细化到各时代,均入此号。

 * 近代以前的洋画史入此,近代洋画史入于 723.1。

721.1 佛象画→J239(313)

721.2 大和画.画卷:土佐派,住吉派,复古大和画派→J232(313)

721.3 水墨画.汉画→J232.9

721.4 狩野派→J232(313)

721.5 装饰画:宗达·光琳派→J238.9(313)

721.6 写生画:元山·四条派,岸派→J232(313)

721.7 人文画:南画.俳画→J232(313)

721.8 浮世画→J237(313) 参见:724.15;724.18。

721.9 明治以后的日本画→J231(313)

722 东洋画→J2 下相关各类

 *说明:722 下包含了东洋画的历史、图集、研究、评论、材料和技法,取号方法参照 721 下说明进行。722.1/.8 各国绘画作品入"J23X(地区复分号)","X"取号范围为 1~9,需根据著作具体内容选取。

 例:722.1 朝鲜油画作品入 J233(312)

722.1 朝鲜画→J23X(312)

722.2 中国画→J22

 *722.23⁺/.27 历代作品入 J222.2/.6。

722.3 东南亚→J23X(33)

722.5 印度→J23X(351)

[722.6] 西南亚.波斯→J23X(37)

722.7⁺ 西南亚.中东→J23X(37)

[722.8] 阿拉伯→J23X(371) 参见 722.7。

723 洋画→J2 下相关各类

 *说明:723 下包含了洋画的历史、图集、研究、评论,以及材料和技法,723.02/.07 按时代划分的洋画,可入 J110.9 下相各类。画家的传记研究以及评论,据其国籍进行相应的转换,入 K81 下相关各类,取号方法参照 280 下说明进行。

 *723.1/.7 各国绘画根据著作内容入相关各类,取号方法参照 721 和 722 下说明进行。

 例:723.37 意大利绘画作品集入 J231(546)

<724/725 绘画材料·技法 >

724 ①绘画材料·②技法→①J211.6 ②J21

 *绘画史以及画集参见 721/723。

<724.1/.6 按样式分 >

724.1 日本画.东洋画:水墨画,南画,文人画,俳画→J21

[724.2] 素描→J214 参见 725。

<724.3/.6 洋画 >

724.3 洋画.油画→J213

724.32 画料→J213.6

724.33 用具→J213.6

724.39 颜料画.蜡笔画→J216

724.4 ①水彩画.②丙烯画→①J215 ②J213.9

724.5 按题材类别的画法→J211.2

724.51 宗教画→J211.29

724.52 ①历史画.②战争画→①J211.23 ②J211.21

724.53 风俗画→J211.24

724.55 人物画→J211.25

*724.552/.558 各类人物、肖像可不细分,均入 J211.25。

724.56 风景画→J211.26

724.57 静物画→J211.27

724.58 动物画→J211.28

724.59 其他主题→①J211.29 ②J211.22

724.6 壁画→J218.6

724.7 色彩.彩色→J206.3 参见:425.7。

    * 色彩＜一般＞参见 757.3。

724.8 画室模特→J21

724.9 画框.装裱.修复.保存.临帖.复制品→J211.7

725 素描→J214

  * 素描作品集参见 721/723;各种素描教育参见 375.72;儿童的图画教育参见 376.156。

725.1/.2 素描的构图、线条、轮廓以及绘画技法→J214

<725.3/.6 按材料类别划分的素描 >

725.3 木炭画→J214.3

725.4 蜡笔画.粉蜡画→J216

725.5 铅笔画.银笔画→J214.1

725.6 钢笔画→J214.2

726 漫画.插画.儿童画→J218 下相关各类

726.1 漫画.戏剧化.讽刺画→J218.2 动画 778.77。

726.101/.107 漫画·讽刺画理论及技法→J218.2 参见:019.53。

726.5 插画.插图→J218.5 参见:022.39。

  * 说明:NDC 将限定主题的插画及文章入相关主题,不限定主题的插画集入 721/723 相关各
    类。分类号转换时,无论是否限定主题,各国的插画作品都根据作者的国籍入 J238.5。

  例:783.7 棒球入门插画入 J218.5

726.501/.507 插画.插图理论及技法→J218.5

726.6⁺ 画本→J218

  * 低年级和儿童画本入此。

726.601/.607 画本理论及技法→J218 参见:019.53。

726.7　儿童画.幼儿画→J219　参见：375.72；376.156。

726.8　影像→J218.9　影绘参见798。

726.9　粘贴画.剪贴画→①J528.1（中国）②J538.1（各国）③G613.6（幼儿贴画）

727　画刊设计.图案设计→J51

　　＊图案＜一般＞入此，图案的运用入相关主题。

　　＊工业设计参见501.83；商业设计参见674.3；设计＜一般＞参见757。

727.6　海报→①J524.3（中国）②J534.3（各国）

727.7　日历→①J524.9（中国）②J534.9（各国）

727.8　装饰文字：艺术字，花押字→①J292.13（中国）②J293（外文）

728　书.书法→J29　参见：022.2；022.6；141.98；202.8；375.73。

[728.02 参见 728.2]

728.07　技法.研究法.指导法→J29-3 下相关各类

　　＊拓本技术收集于此。

728.1　书体论→J29

728.2　书法史.书法家以及流派→J29 相关各类

　　＊说明：分类号转换时，中国书法史入 J292-09；外文书法史入 J293；中国书法家的评论、研究
　　　　　及书法流派入 J292.1 下相关各类；外国书法家的评论、研究及书法流派、外文书法史
　　　　　入 J293；书法家的传记入 K81 下相关各类。

　　＊728.21（日本）和 728.22（中国）参照上述说明取分类号。

728.3　材料：笔，墨，纸，砚，界尺→J292.19

728.4　汉字的书体以及书法→J292.1

728.5　假名文字的书体以及书法→J293

728.7　落款.署名→J292.4　印章参见 739。

728.8　书法集.字帖→①J292.2 ②J293

　　＊说明：分类号转换时，中国书法家的作品或作品集入 J292.2/.3 相关各类；外国书法家的外
　　　　　文作品和外文书法入 J293；外国人所作的汉字书法作品入 J292.28。

728.9　英语字帖或者教材→J293

730　版画→J217

　　＊版画指导（小·中·高等学校）参见 375.72。

[730.2 参见 732]

731　版画材料·技法→J217

　　＊各类版画材料和技法入 733/737。

732　版画史.各国版画→①J217 ②J237

　　＊地理区分

　　＊说明：分类号转换时，依世界地区表分，版画史入 J217；各国版画入 J237（世界地区号）；有关
　　　　　版画的研究与评论均入 J217。

732.8　版画家＜列传＞→①K81 下相关各类 ②J203

　　＊取号方法参照 280 下说明进行。

＜733/737 各类版画＞→J217

  *说明：733/737 包括木版画、石版画、铜版画等各类版画；各类版画的历史、研究、评论、材料和技法均入 J217；中国版画作品入 J227；各国版画作品入 J237。

739 印章.篆刻.印谱→J292.4

740 摄影→①J4 ②TB8

  *说明：分类号转换时，根据著作具体内容取号，有关摄影艺术的著作入 J4，有关摄影技术的著作入 TB8。

740.1 ①摄影的理论·②美学→①J40 ②J401

740.12 摄影光学→TB811

740.13 摄影化学→TB812 参见：431.5；572.7。

740.2 摄影史→J409

  *地理区分。转换时依世界地区表分，入 J409.3/.7 下相关各类。

  *取号方法：J409+3/7（世界地区号）

  例：740.21(=740.2+-1 日本地区号)日本摄影史入 J409.313(=J409+313 日本地区号)

740.28 摄影师＜列传＞→①K81 下相关各类 ②J403

  *说明：参照 280 下说明和取号方法取号。

  *摄影家作品的评论与欣赏入 J405 下相关各类，取号方法参照 J405 下说明进行。

740.6 团体：学会，协会，会议→J4-2 下相关各类

740.69 展览会.竞演会→J4-28

＜742/747 摄影技术＞

  *说明：综合性的摄影普及读物、摄影艺术入 J41 下相关各类；专业摄影入 TB8 下相关各类；拍摄技术入 TB82；摄影技术入 TB86。

742 ①摄影机器·②材料→①TB85 ②TB84

742.2 感光材料→TB84 参见：572.7；578.57。

742.4 摄影药品·处方→TQ577.4

742.5 摄影机器[相机]→TB85 参见：535.85。

742.6 镜头→TB851 参见：535.87。

742.8 设备：工作室，暗室→TB854

743 摄影技术→J41

743.3 彩色照→TB861

743.4 人像照.裸体照→J413

743.5 风景照.快照→J414

743.6 生物.生态照→J419.5

743.7 ①静物照.②艺术照→①J412 ②J413

743.8 报道照→J419.1

744 冲洗印刷→TB88

744.3 冲洗→TB881

744.4 修整→TB885

744.5 放大照片→TB882

744.6 洗印.印刷→①TB886 ②TB882

744.9 ①底片·②正片→①TB881 ②TB882

745 印刷技术→TB88

　　* 蓝图法、电子印刷法、缩微法均入此。

746 特殊照片→TB86 下相关各类

746.3 ①X 线照片.②紫外线.红外线照片→①TB867 ②TB866

746.4 ①显微镜.②望远镜照→①TB873 ②TB879

746.5 ①航空宇宙.②水底照片→①TB879 ②TB868

746.6 高速度照片→TB872

746.7 录像→TB878　参见：547.88；778。

746.8 ①移动.立体照片.②投射→①TB863 ②TB877　参见：778.9。

747 摄影应用→TB89

　　* 说明：专论入相关各类。

747.9 印纸以外的照片→TB886

748 摄影集→①J42(中国)②J43(各国)

　　* 说明：分类号转换时，根据著作具体内容入 J42/43 下相关各类。

　　例 1：日本摄影作品综合集入 J431(313)

　　例 2：日本风光摄影作品集入 J434(313)

749 印刷→TS8

　　* 出版参见 023；装订参见 022.8；编辑参见 021。

[749.02 参见 749.2]

749.09 印刷业→F407.84

　　　* 说明：分类号转换时，印刷业经济入 F407.84；世界印刷业经济入 F416.84；各国印刷业经
　　　　　 济入 F43/47，再依 F43/47 下专类复分表分(《中图法》P100—P101)。

　　　* 取号方法：F4+3/7(世界地区号)+ 专类复分号

　　　例：日本印刷业入 F431.368(=F4+313 日本 +68 轻工业、手工业专类复分号)。

749.1 底稿制作制版＜一般＞→①TS804(总论) ②TS81/87(专论)

749.2 印刷史→①F416.84 ②F43/47　参见：020.2；022.3。

　　　* 地理区分。参照 749.09 下说明和取号方法取号

　　　* 说明：中图法规定工业部门经济史入部门经济类下，分类号转换时，世界印刷史入 F416.84,
　　　　　　 各国印刷史入"68 轻工业、手工业"类下。

　　　例：日本印刷史入 F431.368

749.3 ①印刷机器·用具.②印刷墨水→①TS803 ②TS802　墨水参见 576.98。

＜749.4/.9 各类印刷＞→TS81/87

749.4 活版.凸版印刷→TS81

749.41 活字.活字铸造→TS811

749.42 拣字.排字.排版→TS812

749.44 纸型.铅版→TS813.2

749.5 ①平版印刷：②石版，③珂罗版，④胶版→①TS82 ②TS828 ③TS829 ④TS827

　　　参见：734。

749.6 ①凹版印刷;②照相凹版→①TS83 ②TS833 参见:735。

749.7 特殊印刷→TS85

749.8 ①孔版;①誊写版.②丝网印刷法→①TS871 ②TS871.3 ③TS871.1

749.9 纸张以外的印刷→TS85

①陶器印刷,玻璃印刷,玻璃纸印刷,②金属印刷,③塑料印刷→①TS851⁺.9 ②TS851⁺.2 ③TS851⁺.1

750 工艺→J5 参见:594。

* 家庭工艺参见 592.7;(小·中·高等学校)手工课程参见 375.72。

* 说明:(1)分类号转换时,根据著作具体内容取号。有关工艺美术理论的著作入 J50 下相关各类;工艺美术史入 J509,依世界地区表分;各国的各种工艺美术理论、工艺美术史、作品集、技法等入 J53 相关各类,先仿 J52 分,如有必要,可再依世界地区表分,并用括号"( )"加以标识。

(2)751/756 各种工艺美术的理论、技法和作品集转换时,根据工艺美术类别取号。中国入 J523/529;各国入 J533/539;各类工艺美术史可入各种工艺美术类下。一般图书馆取到上述类分类号即可,有特殊分类要求的图书馆,可根据著作具体内容进行国别、种类细分。

(3)下面列出的中图分类号,用圈码数字①和②分别代表中国和各国工艺美术转换号。

* 取号方法:J53+ 仿分号(仿 J52 分)+(3/7)世界地区号

例:751.1 日本陶瓷工艺入 J537(=J53+7 陶瓷工艺美术仿分号)或 J537(313)

751 陶瓷工艺→①J527 ②J537

751.1 日本→J537(313)

751.2 东洋→J537(世界地区号)

751.3 西洋.其他→J537(世界地区号)

<751.4/.8 各类陶瓷工艺 >→①J527.1/.9 ②J537.1/.9

751.4 黏土工艺 < 一般 >.装饰砖·花瓷.陶器:土俑,明器,古瓦→①J527 ②J537

751.5 玻璃工艺.彩色玻璃→①J527.3 ②J537.3 参见:573.579。

* 玻璃画参见 724.69。

751.7 搪瓷工艺.景泰蓝→①J527.1 ②J537.1

751.8 水泥.石膏工艺→①J527.9 ②J537.9 参见:573.8。

751.9 塑料工艺→①J529 ②J539 参见:578.4。

<752/759>

* 说明:752/759 各类工艺的历史、材料、技法可不细分,752/759 类下的下位类均入下面列出的中图分类号。

752 漆工艺→①J527 ②J537 参见:576.82。

[752.02 参见 752.2]

752.2 漆工史→①J527 ②J537

752.3/.6→①J527 ②J537

753 染织工艺→①J523 ②J533 参见:586。

[753.02 参见 753.2]

753.2 染织史→①J523 ②J533

753.3 纺织→①J523.1 ②J533.1 参见：586.7。

753.4 钱包.串珠编织→①J523.4 ②J533.4

753.7 刺绣→①J523.6 ②J533.6

753.8 印染→①J523.2 ②J533.2 参见：587。

754 木竹工艺→①J528.5 ②J538.5 参见：583。

　　*说明：纸工艺入此。

754.3⁺/.7→①J528.5 ②J538.5

754.9 纸工艺→①J528.1；J528.2 ②J538.1；J538.2

755 ①宝石·牙角器·②皮革工艺→①J526.1；J536.1 ②J529；J539

755.5/.7 皮革、道具、玳瑁工艺→①J529 ②J539

756 金属工艺→①J526 ②J536 参见：566。

756.1/.7→①J526 ②J536

756.8 古董.古器物→①J525 ②J535

757 设计.装饰美术→①J525 ②J535 参见：727。

758 美术家具→①J525.3 ②J535.3 参见：583.7；597。

　　*说明：美术家具宜入生活用具装饰美术类下。

759 玩偶玩具→①J529 ②J539 参见：507.9；589.77。

　　* 木偶戏人偶参见 777。

759.9 乡土玩偶.乡土玩具→①J529 ②J539

760 音乐→J6

[760.1 参见 761]

[760.2 参见 762]

760.6 团体：学会，协会，会议→J6–2 下相关各类

760.69 音乐厅.音乐会.音乐公演→J6 下相关各类

760.7 ①研究法.指导法.②音乐教育→①J6–3 下相关各类 ②J6–4 下相关各类

　　* 音乐课程（小·中·高等学校）参见 375.76；音乐教育（幼儿）参见 376.157。

760.79 音乐鉴赏.音乐评论→J605

760.8 ①丛书.②全集.选集.③作品集.名曲解说集→①J6–51 ②J6–52 ③J64；J65

760.9 唱片音乐.音频机器→J6–79 参见：547.33。

<761/768 音乐 >

761 音乐的一般理论.音乐学→①J60 ②J61

761.1 ①音乐哲学.②音乐美学→①J60–02 ②J601

761.12 ①音乐音响学.②音乐生理学→①J611.1 ②J611.2 参见：424.6；491.375。

761.13⁺ 音乐社会学→J60–052

761.14 音乐心理学→J60–051 参见：141.22。

761.15⁺ 民族音乐学→J607

761.2 ①乐谱.②记谱法.读谱法：③音阶→①J613 ②J613.2 ③J613.6

761.3 节奏→J613.7

761.4 旋律法[旋律]→J614.6

761.5 和声学[和声]→J614.1

761.6 对位法→J614.2

761.7 乐式→J614.3

761.8 作曲法→J614.5

761.9 演奏.指挥→J615

762 音乐史.各国音乐→①J609 ②J605

    ＊地理区分

    ＊说明：分类号转换时,世界音乐史依国际时代表分入 J609.1 下相关各类；各国音乐史转换时依世界地区表分,入 J609.3/.7 下相关各类；专史入相关各类,如器乐史入 J620.9。

762.03 古代：希腊,罗马→J609.12

762.04 中世 5—14 世纪：罗马式,哥特式→J609.13

762.05 15—18 世纪：文艺复兴,巴洛克式,古典派→①J609.13 ②J609.14

762.06 19 世纪：罗马派,国民音乐派→J609.14

762.07+ 20 世纪—：印象派,现代音乐派→①J609.15(20 世纪) ②J609.16(21 世纪)

762.8 音乐家 < 列传 >→①K81 下相关各类 ②J603

    ＊说明：NDC 将各国音乐家的研究和评论入 762.1/.7(地理区分),分类号转换时需依据世界地区表分入 J605 下相关各类；特定音乐家的作品研究和评论入相关各类；音乐家传记入 K81 下相关各类。

    ＊取号方法参照 280 下说明进行。

    例 1：762.34 贝多芬传入 K835.165.76

    例 2：763.2 贝多芬钢琴奏鸣曲作品研究入 J624.17

<763/764 乐器 >

763 乐器.器乐→J62

    ＊说明：(1)乐器的历史、律调、演奏法、教学法、乐谱集等均入 763。

        (2)分类号转换时,各种器乐理论和演奏法如有需要,可依 J62/629 下专类复分表细分(《中图法》P187)。

    例：763.2 钢琴演奏法入 J624.16(=J624.1 钢琴 +6 演奏法、教学法专类复分号)

763.2 钢琴→J624.1

763.3 风琴→J624.2

763.35 管风琴→J624.2

763.39 手风琴→J624.3

763.4 弦乐器：弓弦乐器→J622

763.42 小提琴→J622.1

763.43 中提琴→J622.2

763.44 大提琴→J622.3

763.45 低音大提琴→J622.4

763.5 拔弦乐器→J623

763.51 竖琴→J623.1

763.52 班卓琴→J623.9

763.53 曼陀林→J623.4

763.55 吉他→J623.2

763.56/.58 其他弹拨乐器→J623.9

763.6 吹奏乐器→J621

763.62 角笛→J621.9

763.63 小号→J621.6

763.64 长号→J621.7

763.65 短号→J621.6

763.66 大号→J621.7

763.67 萨克斯圆号→J621.8

763.7 木管乐器→J621

763.72 长笛.短笛→J621.1

763.73 ①单簧管.②角号→①J621.4 ②J621.9

763.74 萨克管→J621.2

763.75 ①欧巴.②英国圆号→①J621.9 ②J621.8

763.77 巴松管→J621.9

763.79 口琴→J624.4

763.8 打击乐器→J625

763.82 木琴→J625.1

763.83 铁琴→J625.2

763.84 定音鼓→J625.4

763.85 大鼓.铃鼓→J625.5

763.86/.88 铜钹.铃.三角铃.响板→J625.9

763.9 电子音乐.电子乐器→J628

    *说明:电子琴(电风琴)入 J628.1。

764 乐器合奏→①J627 ②J647.6 ③J657.6

    *说明:(1)分类号转换时,有关器乐合奏理论与演奏法的著作入 J627;中国的器乐合奏曲入 J647.6 下相关各类;各国器乐合奏曲入 J657.6。一般图书馆取到上述类分类号即可,有特殊分类要求的图书馆,可根据著作具体内容再进行仿分。如需进行国家区分,依据作者的国籍,依世界地区表分,并用"( )"来标识。

        (2)中国和各国的器乐合奏曲中图转换号分别用圈码数字①和②来标识。

    *取号方法:J657+ 仿分号(仿 J647 分)+(3/7)世界地区号

    例1:764 美国器乐曲作品集入 J657(712)

    例2:764.31 中国管弦乐交响曲入 J647.611

764.1 乐器编辑法→J627

764.2 室内音乐→①J647.64 ②J657.64

    *说明:764.22/.26 二重奏、三重奏等各种重奏曲均入上述分类号,可不再细分。

764.3 管弦乐→①J647.61 ②J657.61

764.31 交响曲→①J647.611 ②J657.611

764.32 组曲.小夜曲→①J647.61 ②J657.61

764.34 变奏曲→①J647.61 ②J657.61

764.35 序曲.前奏曲.间奏曲→①J647.617 ②J657.617

764.36 混合曲.幻想曲→①J647.61 ②J657.61

764.37 舞曲→①J647.618 ②J657.618

764.38 进行曲→①J647.61 ②J657.61

764.39 协奏曲→①J647.62 ②J657.62

    * **说明**：NDC 取号时，764.39 可仿 763.2/.7 分。分类号转换时，多种乐器合奏的协奏曲入上述分类号；特定乐器的协奏曲入相关各类，如有需要，可再仿 J647.1/.59 下专类复分表分（《中图法》P189）。

    例 1：764.392（=764.39+[763.]2 钢琴仿分号）中国的钢琴协奏曲入 J647.413（=J647.41 钢琴乐曲 +3 协奏曲专类复分号）

    例 2：764.3944（=764.39+[763.]44 大提琴仿分号）中国的大提琴奏鸣曲入 J647.235（=J647.23 大提琴乐曲 +5 奏鸣曲专类复分号）

    注：类号中列出"[763.]"，目的是向馆员展示如何取号，实际应用中需要去掉。

764.4 弦乐合奏→①J647.66 ②J657.66

764.6 吹奏乐→①J647.65 ②J657.65

764.7 ①轻音乐. ②爵士乐.摇滚乐→①J647.692；J657.692 ②J647.695；J657.695

764.8 其他合奏→①J647.69 ②J657.69 ③J647.6 或 J657.6 下相关各类

765 宗教音乐.圣乐→①J616.2 ②J639 ③J642.8 ④J649 ⑤J652.8 ⑥J659

    * **说明**：(1)宗教音乐可分为理论、歌曲和乐曲三大类，756.1（器乐）和 756.2/.6（声乐）进行分类号转换时，根据著作具体内容选择相应的分类号。如进行国家区分，可依世界地区表分，并用"（　）"来标识。

    (2)宗教声乐理论与演唱法入 J616.2；宗教器乐理论入 J639；中国宗教歌曲入 J642.8，乐曲入 J649；各国宗教歌曲入 J652.8，乐曲入 J659。

    例：756.2 受难曲、756.3 安魂曲、756.6 圣歌等均入 J652.8。

<766/767 声乐 >

766 戏剧音乐→①J617 ②J642.4；J643 ③J652.4；J653

    * **说明**：参照 765 说明取号。分类号转换时，根据著作具体内容入相关各类。戏剧音乐理论入 J617；中国戏剧歌曲入 J642.4，乐曲入 J643；各国戏剧歌曲入 J652.4，乐曲入 J653。

767 声乐→①J642 ②J652 ③J616 参见：911.6。

    * **说明**：中国和各国的声乐中图转换号分别用圈码数字①和②来标识。

767.08 歌曲集→①J641 ②J651

    *767.3/.4 的歌曲集入此号，767.5/.9 歌曲集入相关各类。

767.1 ①发声法. ②歌唱法→①J616.1 ②J616.2

767.3 独唱→①J642.51 ②J652.51

767.31 儿童→①J642.6 ②J652.6

767.32 女声：女高音，女中音，女低音→①J642.3 ②J652.3

767.36 男声:男高音,男中音,男低音→①J642.3 ②J652.3

767.4 合唱.重唱→①J642.53(合唱);J642.52(重唱) ②J652.53(合唱);J652.52(重唱)

767.5 民谣集.国歌→①I27 下歌谣类(民谣集);J642.0(国歌) ②各国歌谣类下;J652.0(国歌)

767.6 团体歌:学生歌曲.校歌.宿舍歌.职业歌曲→①J642.9 ②J652.9

767.7 学校歌曲.童谣→①J642.9 ②J652.9 参见:909.1。

767.8 通俗歌曲→①J642.1 ②J652.1

＊说明:流行歌曲、爵士歌曲、摇滚歌曲均入此号。

767.9 台词的合白→①J642.9 ②J652.9

768 日本传统音乐→①J633.13 ②J658.313

＊说明:768.1 下各种乐器如三味线、独弦琴、二胡等的器乐理论和演奏法不细分,均入 J633.13;

768.2/.9 各类古典音乐不再细分,均入 J658.313。

769 舞剧.芭蕾→J7

＊地理区分

＊说明:分类号转换时,中国芭蕾舞入 J722.5;各种舞剧入 J723/723.9(芭蕾舞剧入此号);各国芭蕾舞入 J732.5;各种舞剧入 J733/733.9。如进行国家区分,可依世界地区表分,并用"( )"来标识。

＊地方舞蹈参见 386.8;舞蹈参见 799。

769.1 日式舞剧→J733 歌舞伎参见 774.9。

＊说明:各种日式舞剧可均入 J733 下相关各类,如有需要可入 J733.X(313),X 取号范围为 1—4。

769.9⁺ 芭蕾→①J722.5 ②J732.5

＊地理区分。参照 769 下说明取号

770 戏剧→J8

＊说明:分类号转换时,戏剧理论入 J80 下相关各类;舞台艺术入 J81 下相关各类。

＊歌剧参见 766.1;剧本·戏曲集参见 9X2;剧作法参见 901.2;舞蹈参见 769。

[770.2 参见 772]

770.9 公演.审查.宣传等→J89 下相关各类

<771/777 戏剧 >

771 剧场.演出.演技→J81

771.5 舞台装置→J814

771.55 舞台照明→J814.4 参见:545.67。

771.56 音响效果→J814.5

771.6 演出.舞台监督→J811

771.7 演技.演员演技→J812

771.8 舞台服装.打扮→①J816 ②J815

772 ①戏剧史.②各国戏剧→①J809 ②J83

＊地理区分

＊说明:(1)各国的演员及个人传记、研究及评论入 722.1/.7。分类号转换时,依世界地区表分,戏剧史入 J809;评论入 J805。各国的各种戏剧入 J83 下相关各类,如有必要,可依创作

者的国家分,国家地区号用"( )"加以标识。

（2）NDC 将日本各种戏剧的戏剧史入 773/777,分类号转换时均入 J809.313。

例 1:772.37(=772+-37 意大利地区号)意大利戏剧史入 J809.546(=J809+546 意大利地区号)

例 2:772.37(=772+-37 意大利地区号)意大利话剧入 J834(546)(=J834 话剧 +546 意大利地区号)

772.8 演员 < 列传 >→①K81 下相关各类 ②J803

　*说明:参照 280 下说明与取号方法取号。

<773/777 各类戏剧 >

773　能乐.狂言→J833(313) 参见:912.3。

　*说明:773.2/.9 可均入 J833,如需细分,可再依 J832/833 下专类复分表分(《中图法》P195)。

　例:773.4 日本能乐面具入 J833.5(313)(=J833 歌舞剧艺术 +5 化装和服装复分号 +313 日本地区号)。

774　歌舞伎→J833(313) 参见:912.4/.5。

　*说明:参照 773 下说明取号。

775　各类戏剧→J837(313)

　*说明:775.1/.8 均入 J837,如有需要,参照 773 下说明取号。

777　木偶剧→J837(313)

　*说明:参照 773 下说明取号。

778　电影→J9 参见:535.85;746.7。

　* 剧本参见 9X2。

[778.02 参见 778.2]

778.09　①电影产业:电影审查,②电影配售,③电影进出口,④电影院,门票,⑤电影政策→①J94; J99 ②J943.1 ③J943.11 ④J946 ⑤J992.0(中国);J993/997(各国)

　*取号方法:J99+3/7(世界地区号)+0(方针政策仿分号)

　例:778.09 日本电影政策入 J993.130(=J99+313 日本地区号 +0 方针政策仿分号)

778.2　①电影史.②各国电影→①J909 ②J95/97

　* 地理区分

　*说明:分类号转换时,依世界地区表分,电影史入 J909 下相关各类;各国电影事业史入 J99 下相关各类;各国的各种电影入 J95/97 下相关各类;778.21/.27 各国电影人的研究与评论入 J905.3/.7;电影人的综合评论入 J903;导演入 J911;演员入 J912。

　例:778.21 日本电影史入 J909.313;日本导演黑泽明研究入 J911.1。

778.28　电影人 < 列传 >→①K81 下相关各类 ②J903

　*说明:参照 280 下说明和取号方法取号。

<778.3/.5　电影制作.演出.演技 >

778.3　①电影导演·②演员.演技.配角→①J911 ②J912

778.4　电影制作以及演出和摄影技术→J93 下相关各类

778.49　放映技术.宽屏幕电影.立体电影→J943.3

778.5　分镜头脚本→J92

778.7　各类电影→J95/97

例：日本恐怖片《午夜凶铃》入 J951.1。

778.74 新闻电影→J952

778.77 动画电影→J954

778.8 电视剧.广播剧→J95/97 参见：699.67；779.9；901.27。

778.9 幻灯→J98

779 大众表演→J8 下相关各类

　　* 大众表演包括曲艺、狂言、杂技艺术等，可参照 772 下说明取号。

779.1 曲艺→①J826 ②J837

779.12/.15 评书、相声等→①J826 ②J837

779.16 口技→①J828 ②J838

779.17 综艺表演→①J826 ②J837

779.2 狂言→J833（313）

779.3/.7 魔术.杂耍.马戏.口技等杂技艺术→①J828 ②J838

779.8 连环画剧→①J827 ②J837 参见：375.19。

779.9 播放表演→J9 参见：699.67；778.8。

　　* 电视演员入此。

780 体育→G8

　　* 体育＜一般＞社会体育、体育赛事入此。

　　* 校园体育参见 374.98；体操，游戏（幼儿教育）参见 376.157；保健体育参见 375.49。

780.1 体育理论.体育学→G80

780.11 体育力学→G804.6

780.13 体育社会学→G80–051

780.14 体育心理学→G804.8

780.18 体育测定.运动能力→G804.49

780.19 体育医学→R87

780.193 运动生理学→G804.2 参见：491.367。

780.198 运动卫生学→G804.3

780.6 团体：学会，协会，会议→G8–2 下相关各类

780.67 体育设施.运动器材→G818 参见：589.75。

780.69 ①运动大赛；②奥运会，③国民体育大会；④国际伤残人运动会→①G81 ②G811.21 ③G811.23/.27 ④G811.228

780.7 ①研究法.指导法.②训练.③裁判→①G80–3 下相关各类 ②G808 ③G808.25；G811.33 参见：375.49。

781 体操.游戏→G83 参见：374.98。

781.2 体操系列：瑞士体操，丹麦体操，德国体操→G83

781.4 徒手体操→G831

　　*①道具体操，②健美操，③广播体操，④集体造型体操→①G831 ②G831.3 ③G831.1 ④G831.4

781.5 器械体操.体操比赛→G832

　　*①鞍马，②高低杠，③跳马，④吊环，⑤单杠，⑥平衡木，⑦自由体操，⑧蹦床，⑨健美运动→

①G832.8 ②G832.5 ③G832.2 ④G832.6 ⑤G832.3 ⑥G832.7 ⑦G832.1 ⑧G838 ⑨G831

781.8 团体操→G837

781.9 游戏＜一般＞.儿童游戏.家庭游戏→G898 参见：384.55；798。

781.95⁺ 引力.跳跃→G898.1

782 田径赛→G82

782.3 ①赛跑.跑步比赛：②短距离跑，③中距离跑，④长距离跑，⑤越野跑，⑥接力跑，⑦马拉松，⑧竞走，⑨越野识图比赛→①G822 ②G822.1 ③G822.2 ④G822.3 ⑤G822.4 ⑥G822.7 ⑦G822.8 ⑧G821 ⑨G826

782.4 ①跳跃竞技：②跳高，③撑杆跳，④跳远，⑤三段跳→①G823 ②G823.1 ③G823.2 ④G823.3 ⑤G823.4

782.5 ①投掷比赛：②掷铅球，③掷铁饼，④掷标枪，⑤掷链球→①G824 ②G824.1 ③G824.2 ④G824.3 ⑤G824.4

782.6 ①混合竞技：②五项运动，③七项运动，④十项运动，⑤近代五项运动，⑥铁人三项运动→①G825 ②G825.3 ③G825.2 ④G825.1 ⑤G888.2 ⑥G888.1

782.8 举重→G884

782.9 ①空中体育：②滑翔伞,悬挂式滑翔，③跳伞→①G875 ②G875.1 ③G875.2
　　 * 热气球竞技参见：538.62。

783 球技→G84 台球参见794。

783.1 篮球→G841

783.2 排球→G842

783.3 手球.躲避球→G844

783.4 足球→G843

783.48 橄榄球→G849.2

783.5 网球→G845

783.57⁺ 壁球→G849.5

783.58 曲棍球→G849.1

783.59 羽毛球→G847

783.6 乒乓球→G846

783.7 棒球→G848.1

783.78 垒球→G848.2

783.79 板球→G849.9

783.8 高尔夫→G849.3

783.87⁺ 门球→G849.9

783.88 ①曲棍球.②槌球戏.马球→①G849.1 ②G849.9

783.9 保龄球→G849.4

784 冬季竞技→①G862(冰上运动) ②G863(雪上运动)

784.3 滑雪→G863.1
　　 * 说明：784.33⁺/.39⁺均入上位类分类号G863.1。

784.6 滑冰竞技→G862

784.63+ 速滑→G862.1

784.65+ 花样滑冰→G862.2

[784.68] 四轮滑冰.滑板→G862.8 参见786.8。

784.7 冰上曲棍球→G862.4

784.8 雪橇竞技→G863.2

784.9+ 冰壶→G862.6

785 水上竞技→G861

　　* 近代五项竞技、铁人三项运动参见782.6。

785.2 游泳→G861.1 参见:558.9。

785.21+ 日本游泳方式→G861.1

785.22+ ①近代游泳方式:②自由泳,③仰泳,④蛙泳,⑤蝶泳→①G861.1 ②G861.11 ③G861.12
　　　　④G861.13 ⑤G861.14

785.23+ ①游泳比赛:自由泳比赛,②接力游泳,个人混合接力→①G861.1 ②G861.16

785.24+ ①跳水:②跳板跳水,跳板竞技→①G861.2 ②G861.21

785.26+ 配乐游泳表演→G861.18

785.28+ 潜水→G861.5

785.3 ①水橇.②冲浪.③帆板运动→①G861.6 ②G861.8 ③G861.7

785.4 水球→G861.3

785.5/.7 划艇比赛.划船比赛.帆船竞赛→G861.4

786 户外娱乐→G89

　　* 说明:生存游戏入此;登山记,地图,指南入290/297。

786.1 登山.青年独步旅行→G881

　　* 说明:786.13+/.18+有关登山装备、登山技术、攀岩和救援均入G881。

786.3 野营→G895

786.4 郊游→G895 参见:374.46。

786.49+ 越野识图比赛→G826

786.5 ①自行车旅行.②自行车竞赛→①G895 ②G872.3

　　* 自行车竞赛参见:788.6。

786.6+ ①汽车旅行.驾车旅行.②卡丁车.摩托车越野障碍赛→①G895 ②G872
　　　　参见:537.8;537.98;汽车摩托比赛参见788.7。

786.8+ ①旱冰.②滑板→①G862.8 ②G888.6 其他法:784.68。

786.9+ ①飞镖.②保龄球→①G898.1 ②G849.4

787 钓鱼.狩猎→G897,水下狩猎入G861.5。

788 ①相扑.拳击.②赛马→①G886 ②G882.1

788.1 相扑→G886.6

788.2 摔跤→G886.2

788.3 拳击→G886.1

788.4 动物比赛·竞走:斗牛,斗鸡,斗狗,赛狗→G899 参见:788.5。

788.5 赛马→G882.1 参见:645.2;788.4;789.6。

788.6 自行车比赛→G872.3 参见：786.5。

788.7+ ①摩托.②汽车比赛→①G872.2 ②G872.1 参见：786.6。

788.8 赛艇→G861.4

789 武术→G85 参见：156；399；756.7。

  *说明：(1)中国武术入 G852 下相关各类，各国武术入 G853/857 下相关各类。

     (2)各种日本武术均入 G853.13。

789.2 柔道.徒手角斗→G886.4

789.23+ 空手道.拳法→G886.5

789.25+ 合气道→G886.7

789.27+ 太极拳→G852.11

789.3 剑道→①G853/857（各国剑道）②G885（击剑）参见：756.6。

789.4 枪术→G852.23

789.43+ 棒术→G852.25

789.45+ 长刀术→G852.22

789.5 射术.射箭术→G887

789.6 马术.马术比赛→G882.1 参见：645.2；788.5。

789.7 射击.射击比赛→G871 参见：559.1。

789.73+ 飞碟射击比赛→G871.3

789.74+ 飞靶射击→G871.4

789.75+ 步枪射击→G871.2

789.76+ 手枪射击→G871.1

789.8 隐遁法→G853.13

789.9 护身术→①G852.4(中国) ②G853/857(各国)

790 各类艺术.娱乐→G89

791 茶道→TS971.21

  *说明：如有需要，可依世界地区表分，并用"（ ）"来标识。

[791.02 参见 791.2]

791.2 ①茶道史.②茶人传→①TS971.21 ②K81 下相关各类

  *说明：参照 280 下说明和取号方法取号。

791.3 材料：茶，水，炭→①S571.1 ②TS272 ③TQ351.27+7

  *说明：原材料茶入 S571.1；茶的制作工作、各种茶、茶谱入 TS272 下相关各类；木炭入
    TQ351.27+7。

[791.4] 茶碗→①J527 ②J537 参见 751.1。

791.5 茶器.茶道具→TS971.21

  *说明：茶具的使用及管理宜入 TS972.23。

791.6 茶室.茶室庭院.茶室内的花→①TS971.21 ②TU238.2 ③TU247 ④J52/53 ⑤TU986
  参见：521.863；629.21。

  *说明：分类号转换时，需根据著作具体内容取号。茶室入 TS971.21；有关茶室室内装饰设计
    入 TU238.2；有关茶室设计入 TU247；有关茶室内部陈设等入 J52/53 室内陈设类下；

有关茶室庭院设计、庭院建筑等入 TU986 下相关各类。

例：日本现代茶室设计入 TU238.2

791.7 点茶方式：点前，点茶，茶会→TS971.21

791.8 怀石→TS971.2 参见：596.8。

792 香道→TQ65

793 花道→①J525.12（中国）②J535.12（各国）

*说明：各国花道如有必要，可依世界地区表分，国家地区号用"（ ）"来标识。

例：花道的艺术：日式花道指南入 J535.12（313）

[793.02 参见 793.2]

793.2 ①花道史．②花道家传→①J525.12；J535.12 ②K81 下相关各类

*说明：参照 280 下说明和取号方法取号。

793.3 花卉→S68 下相关各类 参见：627。

793.5/.9 插花工具．花器．盛花．盆景等→①J525.12（中国）②J535.12（各国）

*说明：793.9 盆景栽培入 S688.1。

794 台球→G893 参见：783。

795 围棋→G891.3

796 将棋→G891

797 赌博类游戏→G89 下相关各类

797.1 花纸牌→G892

797.2 扑克牌→G892.1

797.3 骰子→G89

797.4 多米诺骨牌→G898.2

797.5 麻将→G892.2

797.6 轮盘赌→G899

797.9 老虎机→G899，弹球入 G893。

798 室内娱乐→G89 下相关各类 参见：781.9；911.18。

799 舞蹈→J7 参见：769。

*说明：参照 769 取号。校园舞蹈参见 374.98；爵士舞，体育舞蹈参见 781.4。

799.2 民族舞蹈→①J722.2（中国）②J732.2（各国）

* 民俗舞蹈参见 386.8。

799.3 社交舞→①J722.8（中国）②J732.8（各国） 参见：764.7。

799.4 方形舞蹈→①J722.9（中国）②J732.9（各国）

8 类 (语言)>>>

8 大类为语言类,对应中图法的 H 类。NDC 对各种语言的类目设置相似,下文在进行相应的分类号转换时,以日语(810/818)为样例进行详细转换,其他各语言的中图分类号均可仿 810/818 取号。

800 语言→H

　　商业语言参见 670.9;程序设计语言参见 007.64。

<801/808 总论 >

801 语言学→H0

801.01 语言哲学.语言美学→H0-05

801.019 语言统计学.计算语言学→H087

801.02 语言学史→H0-09

801.03 语言社会学.社会语言学→H0-05

801.04 语言心理学→H0-05

801.09 比较语言学→H0

801.1 ①语音学.音韵论.②文字学→①H01 ②H02 参见:491.368。

801.2 词源学.意义论→H039 参见:007.1。

801.3 辞典编辑法.多语言辞典→H06

　　*说明:三种以上语言组成的辞典入此;两种以上特定语言对照的词典入相关各类。

801.4 词汇学→H03

801.5 语法学→H04

801.6 写作学.文体论.修辞学→①H05 参见:901。

801.7 翻译法.解释法.会话法→H059

　　*说明:机器翻译入 H085,参见 007.636。

801.78⁺ 会话法→H019 参见:809.2。

801.8 方言学.语言地理学→H07

801.9 ①不以语言·文字传达信息:②形体语言,手语,③图画文字→①H026 ②H026.3 ③H02

参见:361.45。

802 ①语言史·事件.②语言政策→①H0-09 ②H002

  * 地理区分

  * **说明:**(1)NDC 将以下几种情况的著作集中入 802 类下:①有关语言史及事件的著作;②印度
    与欧洲各国语言;特定地域的多种或一部分语言(不含具有优势的语言);③有关语言
    政策＜一般＞以及特定地区语言政策(不含具有优势的语言)。

    (2)分类号转换时,总论语言史的著作入 H0-09;总论语言政策及特定地区语言政策的
    著作入 H002;专论某种语言史、语言政策的著作入 H3/95 各语种相关各类。

  例 1:810.9 日语语言政策入 H36-01(=H36 日语 +-01 方针、政策总论复分号)

  例 2:802.345(=802 语言史 +-345 瑞士地区号)瑞士语:瑞士使用四种国语,分别是法语、德语、
    意大利语和拉丁罗曼语,符合 NDC 特定地区的多语言集合这一规则,因此入 802 类下;
    进行中图法分类号转换时,可根据语言入 H32(法语)、H33(德语)、H772(意大利语)、
    H771(拉丁语)等相关各类。

803 参考图书→H-6 下相关各类

804 论文集.评论集.讲演集→H-53

805 连续性出版物→①H-54 ②H-55

806 团体:学会,协会,会议→H-2 下相关各类

807 研究法.指导法.语言教育→①H-3 下相关各类 ②H09

  * **说明:**总论语言教学的一般理论与方法的著作入 H09,专论各种语言教育的著作入相
    关各类。语言教育(小·中·高等学校)参见 375.8;语言教育(幼儿)参见 376.158。

  例:日语教学与研究入 H369

807.9 语言游戏→G898.2

808 ①丛书.②全集.选集→①H-51 ②H-52

809 语言生活→入相关各类

  * 特定语言入此。

809.2+ ①讲话方式:②发音,表情,③身体语言→①H019 ②H01 ③H026.3 参见:801.78。

809.4 演讲法:朗读,致辞,寒暄,演讲→H019 参见:816.7;836.7。

  * 演讲稿写法与文例集参见 8X67。

809.5 会话·座谈法,采访法→H019

809.6 时论·会议法→H019

  * 辩论入此;**其他法:**837.8。

809.7 暗号→H02

809.8 速记→H026.1

809.9 ①打字:个人计算机.文字处理机,②打字机→①TP391 ②TS951.43 参见:582.33。

＜810/890 各类语言＞

  * **说明:**(1)810/890 各类语言,均可采用下面的"语言共同区分"表进行细分。

    (2)分类号转换时,810/890 入 H1/95 相关各类,H32/37 均可仿 H31 分。如有需要,
    H4/95 各外国语可仿 H211/289 下专类复分表分(《中图法》P159)。

  * **取号方法:**NDC 类下有明确语言分类的,在分类号后直接附加语言共同区分号即可,语

族则不附加。

−1 语音,音韵,文字	−6 文章,文体,作文
−2 词源,语义	−7 读本,解释,会话
−3 辞典	−78 会话
−4 语义	−8 方言,地方话
−5 文法,语法	

例1:849.74(=849.7 丹麦语 +−4 语义共同区分号)丹麦语语义入 H762.3(=H762 丹麦语 +3 语义复分号)

例2:893.1 凯尔特语族入 H78

810 日语→H36

810.1 理论.国语学→H36 参见:121.52。

810.12 国语学史→H36−09

810.2 国语史→H360.9 参见:812。

　　*说明:810.23/.29 均入此号。

810.9 国语政策.国语国字问题＜一般＞.国语调查→H36−01 参见:811.9。

811 ①语音.音韵.②文字→①H361 ②H362

811.1 声音.发音.音韵→H361

811.2 文字→H362

811.4/.9 各类文字→H362

812 词源.意义→H363.9 参见:810.2。

813 辞典→①H366 ②相关各类

　　*说明:NDC 将有关词汇的辞典入813,其他辞典入相关各类,如词源辞典入812。在进行分类号转换时,可根据本馆实际情况灵活取号,以辞典集中分则均入 H366,以著作内容分则入相关各类,并用总论复分号"−61"来复分。

　　例:日语词汇词典可入 H366 或 H363−61 两种分类号。

813.1 国语辞典→H363.1−61

813.2 汉和辞典→H366 参见:823。

813.4 故事熟语辞典.惯用语辞典→H363.3−61

813.5 近义词辞典.同义词辞典.反义词辞典→H363.2−61

813.6 古语辞典→H366

813.7 新语辞典.流行语辞典.外来语辞典→H363.5−61

813.9 隐语辞典.俗语辞典→H363.3−61

814 语义→H363 语义相关辞典参见813。

814.3 基本语义→H363.1

814.4 熟语.惯用语→H363.3

814.5 近义语.同义语.反义语.同音语→H363.2

814.6 古语→H363

814.7 ①新语.流行语.外来语.②略语→①H363.5 ②H363.6

814.8 儿童语→H369.31

814.9 隐语.俗语→H363.3

815 文法.语法→H364

815.1 形态论.构成论→H364.1

815.2/.7 各种词类→H364.2

* **说明**：815.2 名词.数词；815.3 代名词；815.4 形容词；815.5 动词；815.6 副词；815.7 助词。各种
词类均不细分，入 H364.2。

815.8 敬语→H364.3

816 文章.文体.写作→H365

* **说明**：816.07/.8 不再细分，均入 H365。

817 ①读物.解释.②会话→①H369.4 ②H369.9

* **说明**：817.5 国文解释参见：375.8；817.7 国语读本参见：375.8。
817.8 会话中有关演说术、说服方法、辩论术等入 H361.9。

818 方言.地方语言→H367

820 汉语→H1

820.9 汉语政策.汉语问题→①H1–01（方针政策）②H102（汉语规范化、标准化及推广）

821 ①语音.音韵.②文字→①H11 ②H12

821.1 ①语音.发音.音韵；②四声→①H11 ②H116.4

821.2 汉字→H12 参见：811.2。

821.27 ①简体字.②异体字.③常用字→①H124.2 ②H124.3 ③H124

821.29 检字法→H124.5

821.3 注音符号→H125

821.8 罗马字表记法→H125.13

822 词源.意义→H139

823 辞典→H16 参见：813.2。

* **说明**：参照 813 下说明。

824 语义→H13

825 语法.文法→H14

825.1 形态论.构成论→H146.1

825.2/.7 各种词类→H146.2

* **说明**：825.2/.7 类目设置参照 815.2/.7。

826 文章.文体.作文→H15

827 ①读本.解释.②会话→①H194 ②H193.2（口语）；H119（演讲术）

* **说明**：类目及取号参照 817。

828 方言.地方话→H17

828.1 北方语言：北京方言→H172

828.2 吴语：上海方言→H173

828.3 闽南语：福州方言.厦门方言→H177.2

* 台湾语言→H177 **其他法**：828.5。

828.4 粤语:广州方言→H178

[828.5] 台湾语言→H177 **其他法**:828.3。

828.6 客家话→H176

829 其他亚洲语言→入相关各类

　　* 汉语参见 820;东洋语言参见 802.2;日语参见 810。

829.1 朝鲜语[韩语]→H55

　　* 语言共同区分

　　例:829.11(=829.1 朝鲜语 +–1 文字共同区分号)朝鲜语文字入 H552(=H55 朝鲜语 +2 文字
　　　专类复分号)

829.2 阿伊努语→H647

829.29⁺ ①古代亚洲诸语[极北语言]:②吉里雅克语,③楚克奇语→①H64 ②H646 ③H641

829.3 西藏·缅甸语→H4 东南亚语参见 802.23。

829.31 喜马拉雅语.西夏语→H429

829.32 西藏语→H214

829.35 缅甸语→H421

829.36 ①侗傣语族:②泰语→①H41 ②H412

829.369 ①老挝语.②掸语.③克伦语.④阿霍姆语.⑤苗瑶语族→①H411 ②H414 ③H413 ④H419
　　　⑤H43

<829.37/.39 南亚语系·亚洲语族 >→H61

829.37 ①孟 – 高棉语族:②越南语[安南语]→①H61 ②H44

829.38 ①高棉语[柬埔寨语].②孟语→①H613 ②H612

829.39⁺ ①扣达语族.②尼科巴语→①H611 ②H619

829.4 太平洋中南部语族→H63

829.41⁺ 高山族语族→H284

829.42 ①马来语.②印度尼西亚语族→①H631.1 ②H631

829.43 ①爪哇语.異他语.②马尔加什语.③帕劳语→①H631.3 ②H631.8 ③H631

829.44 泰加洛语→H631.7

829.45 ①玻里尼西亚语族:②毛利语,③努库罗语→①H634 ②H634.1 ③H634

829.46 美拉尼西亚语族:斐济语→H633

829.47 密克罗尼西亚语族→H632

829.5 阿尔泰语族→H5

　　* 乌拉尔·阿尔泰语族入此。乌拉尔语族参见 893.6;朝鲜语[韩语]参见 829.1。

829.53 通古斯语族:女真语,满洲语→H54

829.55 ①蒙古语族:②蒙古语,③布利亚特语→①H53 ②H531 ③H532

829.57 ①突厥语族:②土耳其语→①H51 ②H512

829.58 ①维吾尔语.②突厥语→①H522 ②H51

829.6 ①德拉维达语族:②泰米尔语,③泰卢固语→①H62 ②H622 ③H621

829.69 ①高加索语族:②格鲁吉亚语→①H65 ②H651.1

829.7 闪族·哈姆族语族→H67

829.71 阿卡德语族：亚述语，巴比伦语→H671.1

829.72 迦南语族．腓尼基语→H671.2

829.73 希伯莱语→H671.3 意第绪语参见 849.9。

829.74 亚拉美克语→H671.4

829.75 古叙利亚语→H671.4

829.76 阿拉伯语→H37

829.78 埃塞俄比亚语：阿比西尼亚语→H671.6

829.8 印度语族→H71 印度的语言参见 802.25。

829.83+ 北印度语→H71

829.85+ ①乌尔都语．②旁遮普语．③阿萨密语→①H713 ②H716 ③H727

 说明：829.83+、829.88/.89 以外的印度语族均入此，分类号转换时，入 H711/729 相关各类。

829.88 梵语．吠陀语→H711

829.89 巴利语．古代印度语→H711

829.9 伊朗语族→H73

829.93+ 波斯语→H733

829.98 ①其他伊朗语族：②阿维斯塔语，③奥赛梯语，④普什图语，⑤库尔德语→①H73 ②H731 ③H739 ④H735 ⑤H737

829.99 ①亚美尼亚语族．②赫特语．③吐火罗语族→①H793 ②H794 ③H795

<830/840 日耳曼语> 日耳曼语族＜一般＞参见 849。

830 英语→H31

 说明：特定领域的英语研究入相关各类。**例**：430.7 化学英语

830.1 ①理伦．英语学．②英语学史→①H31 ②H31–09

830.2 英语史→H310.9 参见：832。

831 ①语音．音韵．②文字→①H311 ②H312

831.1/.4 发音、元音、辅音、重音→H311

831.5 正字法→H312

831.6 ①省略语．②省略语辞典→①H313.6 ②H316

831.7 符号→H31

832 词源．意义→H313.9 参见：830.2。

833 辞典→①H316 ②相关各类

 说明：参照 813 说明进行。辞典类著作各馆可选择均入 H316，不再细分。

834 语义→H313

834.3+ 基本语义→H313.1

834.4+ 熟语．惯用语→H313.3

834.7 外来语→H313.5

835 文法．语法→H314

835.1 形态论．构成论→H314.1

835.2/.6 各种词类→H314.2

 说明：835.2/.6 类目设置参照 815 下各类。

836 文章.文体.作文→H315

837 ①读本.解释.②会话→①H319.4 ②H319.9

　　*说明：837.8 会话中有关演说术、说服方法、辩论术等入 H311.9。

838 方言.地方话→H317

840 德语→H33

　　*840.1/.8：形式区分。**例**：840.12（=84[0]德语 +-012 学史形式区分号）德语学史。

　　*841/848：语言共同区分，参照 810/890 下说明取号。

　　例：846（=84[0]德语 +-6 作文共同区分号）德语写作。

　　注：类号中列出"[0]"，目的是向馆员展示如何取号，实际应用中需要去掉。

841 ①语音.音韵.②文字→①H331 ②H332

842 词源.意义→H333.9

843 辞典→①H336 ②相关各类

844 语义→H333

845 文法.语法→H334

846 文章.文体.作文→H335

847 ①读本.解释.②会话→①H339.4 ②H339.9

848 方言.地方话→H337

849 其他德语语族→H76

　　* 日耳曼语＜一般＞入此。

849.1 低地德语.弗里西亚语→H769

849.2 弗兰德语→H761

849.3 荷兰语→H761

849.39+ 南非语→H769

849.4 北欧语→H769

849.5 冰岛语.古挪威语→H764

849.6 挪威语→H765

849.7 丹麦语→H762

849.8 瑞典语→H763

849.9 意第绪语→H769

849.99+ 哥特语→H769

＜850/870 罗曼语族＞拉丁语参见 892；罗曼语族＜一般＞参见 879。

850 法语→H32

　　*说明：850.1/.8：形式区分；851/858：语言共通区分。取号方法参照 840 进行。

851 ①语音.音韵.②文字→①H321 ②H322

852 词源.意义→H323.9

853 辞典→①H326 ②相关各类

854 语义→H323

855 文法.语法→H324

856 文章.文体.作文→H325

857 ①读本.解释.②会话→①H329.4 ②H329.9

858 方言.地方话→H327

859 普罗旺斯语→H779

859.9 加泰罗尼亚语→H779

860 西班牙语→H34

 说明:860.1/.8:形式区分;861/868:语言共通区分。取号方法参照 840 进行。

861 ①语音.音韵.②文字→①H341 ②H342

862 词源.意义→H343.9

863 辞典→①H346 ②相关各类

864 语义→H343

865 文法.语法→H344

866 文章.文体.作文→H345

867 ①读本.解释.②会话→①H349.4 ②H349.9

868 方言.地方话→H347

869 葡萄牙语→H773

 *巴西语入此。

869.9 加利西亚语→H779

870 意大利语→H772

 说明:870.1/.8:形式区分;871/878:语言共通区分。取号方法参照 840 进行。

871 ①语音.音韵.②文字→①H772.1 ②H772.2

872 词源.意义→H772.3

873 辞典→①H772.6 ②相关各类

874 语义→H772.3

875 文法.语法→H772.4

876 文章.文体.作文→H772.5

877 读本.解释.会话→H772.94

878 方言.地方话→H772.7

879 其他拉丁语系→H77

 *拉丁语系＜一般＞入此。

879.1 罗马尼亚语→H776

879.9 罗曼斯方言→H779

880 俄语→H35

 说明:880.1/.8:形式区分;881/888:语言共通区分。取号方法参照 840 进行。

881 ①语音.音韵.②文字→①H351 ②H352

882 词源.意义→H353.9

883 辞典→①H356 ②相关各类

884 语义→H353

885 文法.语法→H354

886 文章.文体.作文→H355

887 ①读本.解释.②会话→①H359.4 ②H359.9

888 方言.地方话→H357

889 其他斯拉夫语族→H74/75

  * 斯拉夫语族＜一般＞入此。

889.1 ①保加利亚语.②马其顿语→①H746 ②H749

889.2 塞尔维亚 – 克罗地亚语→H747

889.3 斯洛文尼亚语→H748

889.4 乌克兰语→H741

889.5 捷克语→H743

889.6 斯洛伐克语→H744

889.7 索尔布语→H749

889.8 波兰语→H745

889.9 ①波罗的语族:②古普鲁士语,③拉脱维亚语,④立陶宛语→①H75 ②H753 ③H752 ④H751

890 其他语言→H61/95 相关各类

891 希腊语→H791

891.9⁺ 近代希腊语→H791.3

892 拉丁语→H771

  * 罗曼语族参见 850/870。

893 其他欧洲语系→H65/792 相关各类

893.1 凯尔特语族→H78

893.2 ①爱尔兰语.②苏格兰语·盖尔语→①H781 ②H782

893.3 ①布列塔尼语.②威士语.③康沃尔语→①H784 ②H783 ③H789

893.4 阿尔巴尼亚语→H792

893.5 巴斯克语→H659

893.6 乌拉尔语系→H66

  * 阿尔泰语参见 829.5。

893.61 芬兰语→H661.1

   * 芬兰 – 乌戈尔语系→H66

893.62 爱沙尼亚语→H661.3

893.63 萨姆语→H661.2

893.7 ①乌戈尔语族:②匈牙利语→①H662 ②H662.1

893.8 萨莫耶德语→H662.4

894 非洲各语族→H81

  * 非洲语言参见 802.4;闪族,哈姆语(北非语族)参见 829.7;马尔加什语参见 829.43。

894.2 古埃及语.科普特语→H673 哈姆语入此。

894.3 巴巴里语→H673

894.4 库希特语族:索马里语→H674

894.5⁺ 乍得语族:豪萨语→H675

894.6 尼罗 – 撒哈拉语系→①H812 ②H813

894.7 ①尼日尔·科尔多凡语系:②班图语族,斯瓦希利里语→①H815 ②H823

894.8 克瓦桑语族:霍屯督语,布须曼语→H824

895 美洲诸语言→H83

 * 美洲语言参见 802.5/.6。

895.1 爱斯基摩语.阿留申语→H839

  * 古亚洲语族参见 829.29。

895.2 北美印第安语族.南美印第安语族:加勒比语→H831/836 相关各类

897 澳大利亚诸语言→H84

 说明:澳大利亚诸语言如澳大利亚原住民语言,塔斯马尼亚语等,分类号转换时,均入 H84。

     澳大利亚语参见 802.71。

897.9 巴布亚语→H84

899 国际语→H9

899.1⁺ 世界语→H91

899.3⁺ ①伊多语.西方语.诺维亚语.②沃拉布克语→①H9 ②H92

9 类(文学)>>>

NDC 将文学按语言进行分类,文学作品按原著语言分类,然后以文学形式划分,特定语言的文学按时代划分,各语言文学类目设置相同。中图法将文学按世界地区表分类,文学作品按作者国籍分类。本大类进行分类号转换时,多采用文字形式说明转换规则,由各馆编目员按规则相应取号。

一、文学类时代划分比较

NDC 关于文学类时代是按日本时代进行划分,中图法按国际时代表划分,二者在时代划分时有交叉现象,详情可根据表 1 具体的公元纪年进行对比与转换。

表 1:NDC 与中图法文学类时代转换表

NDC			中图法	
			上古	约 170 万年前—约公元前 4000 年
古代	古代前期[上古]	飞鸟时代之前(—6 世纪未)	古代	公元前约 4000 年—公元 475 年
		飞鸟时代(6 世纪未—710)	中世纪 476—1639 年	早期 5—11 世纪(476—1099 年)
		奈良时代(710—794)		
	古代后期[中古]	平安时代(794—1192)		
	中世	镰仓时代(1192—1333)		中期 12—15 世纪(1100—1499 年)
		建武中兴(1334—1336)		
		室町时代(1336—1573)		
	近世	安士桃山时代(1573—1603)		晚期 16—17 世纪上半期(1500—1639 年)
		江户时代(1603—1868)		
近代	明治以后(1868—)	明治时代(1868—1912)	近代	1640—1917 年
		大正时代(1912—1926)	现代	1917 年—
		昭和时代(1926—1989)		
		平成时代(1989—)	21 世纪	2000 年—

二、文学类大类设置比较

NDC 文学类大类设置分别为 90(文学)、91(日本文学)、92(中国文学.其他东洋文学)、93(英美文学)、94(德国文学)、95(法国文学)、96(西班牙文学)、97(意大利文学)、98(俄罗斯文学·苏联文学)、99(其他文学)。中图法文学类下设置 I0(文学理论)、I1(世界文学)、I2(中国文学)、I3/7(各国文学)。

二者是先设置文学理论,再设置本国文学,最后设置各国文学。NDC 对 91(日本文学)和常用的外国文学,如中国文学、英美文学等 5 个外国文学都设置了非常详细的下位类。中图法对外国文学未如此设置,仅设置通用的文学复分表,各国文学均参照此复分表分类。

三、分类体系比较

两种分类法的分类体系相似,均是先设置文学理论,再按国家分,然后按体裁分,如需进一步分类,按时代 / 形式 / 内容 / 品种等不同的分类体系标准进行细分。这种分类体系有利于集中同一国家的文学理论、评论、文学史、同一时代作品等文献,方便读者检索使用。

四、NDC 与中图法文学类转换规则

1. 文学理论

(1)901.01 下有关文艺学及文学思想理论的著作入 I0,专论艺术理论入 J0。

(2)901 中有关文学一般问题,如文学的哲学基础、方法论、创作论等著作入 I0/04 下相关各类。

(3)901.1/.8 各种体裁的文学理论和创作方法入 I05 相关各类,901.9 比较文学入 I0-03。

(4)920/990 专门研究某地区或某国家的文学理论,依著作的内容性质来区分地区和国家,再依中图法的世界地区表归入各地区、各国文学理论之下。

(5)920/990 专门研究某地区或某国家的某一种文学体裁的理论著作,入中图法 I3/7 中该地区或该国家文学类中的"各体文学的评论和研究"下相关各类。

2. 文学史

文学史注重研究文学发展的过程,总结文学发展的规律,包括阐述各种文学内容、文学形式、文学思潮、文学流派产生、发展和演化的历史。NDC 将文学批评史、文学史、文学思想史以及各体裁的文学史和文学思想史等内容集中在 902 下相关各类,按时代和体裁进行分类。各国文学史先按国家分,再按时代分,并将作家个人的综合传记 / 列传 / 研究列入文学史类目下。中图法将各体裁的文学史、文学思想史归类到 I106,文学批评史、不分体裁的文学史和文学思想史、文学流派及其研究归类到 I109。分类号转换参照表 1 时代划分详情,具体规则如下:

(1)文学史转换基本原则:根据语种对应的地区和国家,先依地区、国家分,再依体裁 / 时代分。

(2)902.03/.06 各时代文学史、文学思想史入 I109 下相关各类。

(3)902.1/.7 各种体裁的文学史、文学思想史入 I106 下相关各类。

(4)910/990 专论某地区、某国的文学史、文学思想史,先依世界地区表分归入各国文学史之下,再依时代分。

(5)902.8 不限语种、体裁或时代的作家研究入 I106 下相关各类,作家列传入 K815.6;910/990 限定体裁和时代的作家研究,入 I2/7 各国文学下 07"各体文学的评论与研究"相关各类,作家列传入 K833/837 各国人物传记。如有必要,再依时代分。

(6)902.[9]各地域文学研究入 I2/7 各国文学研究下。不具体的某地区、国家的文学研究转换时取上位类,具体的某地区、国家的文学研究入该地区、国家文学类下。

例:902.93 欧洲文学研究入 I5;940 德国文学研究入 I516。

3. 文学作品与研究

NDC 对文学作品分类:先依原作品的语种分,再依文学体裁分,特定语言文学作品按时代分。中图法先依文学作品的作者所属国籍分,其次依文学体裁分,如有必要,再根据创作作品时所属的时代分。双方转换时遵循的规则如下：

（1）910/990 各语言文学作品转换时，根据作品的原作者所属的国籍，依世界地区表分入 I2/7 各国文学，再依各国文学通用的文学复分表分（参见《中图法》P174—P175）。

（2）9X1/9X9（X 代表语种）限定语种、体裁或时代的文学作品、作品研究，转换时依世界地区分入 I2/7 各国文学下相应各类，如有必要，再依时代分。

（3）908（不限定语种）、9X8（限定语种）作品集：不限定体裁的多国作品集转换时入 I11，作品研究入 I106。908.1/.9 限定体裁的多国作品集转换时入 I12/19 下相关各类，作品研究入 I106 下相关各类。9X8（限定语种）的作品集根据语种对应的国别，入 I3/7 该国作品集之下。

五、NDC 与中图法文学类转换实例

表 2：NDC 文学共同区分表

-1	诗歌	-3	小说、物语	-6	记录、备忘录、报道
-18	儿童诗、童谣	-38	童话	-7	格言、警言、寸言
-2	戏曲	-4	评论、小品文、随笔	-8	作品集：全集、选集
-28	儿童剧童话剧	-5	日记、书信、游记	-88	儿童文学作品集：全集、选集

900 文学

901 文学理论

902 文学史.文学思想史

903/907 转换时依总论复分表分

908 丛书.全集.选集（一般文学研究图书和无主要特定语言的作品集入此）

表 3：901/908 分类号转换对应表

NDC 分类号	中图法分类号	NDC 分类号	中图法分类号	NDC 分类号	中图法分类号
901	I0	902.04	I109.3	905	I-55
901.01	I0	902.05	I109.4/.5	906	I-2 下相关各类
901.1	I052	902.06	I109.9	907	I-3 下相关各类
901.2	I053	902.1	I106.2	908	I-51、I-52、I11
901.27	I053.5	902.2	I106.3	908.1	I12
901.3	I054	902.3	I106.4	908.2	I13
901.4/.5	I056	902.4	I106.6	908.3	I14
901.6	I055	902.5	I106.6	908.4/.5	I16
901.7	H033 H363.3	902.6	I106.5	908.6	I15
901.8	I057	902.7	H033、H363.3	908.7	H033、H363.3
901.9	I0-03	902.8	I106 作家研究 K815.6 作家列传	908.8	I11
902	I106、I109	902.9	I2/7 各国文学研究	908.9	I18
902.03	I109.2/.3	903	I-6 下相关各类	908.18[+]	I18
		904	I-53	908.38[+]	I18

909 儿童文学研究

（1）不限定语种的儿童文学作品集入 908 下相关各类，儿童文学作品相关评论与研究入 909,909.01/.08（形式区分）转换时可依总论复分表分。

（2）909.1/.9（各语言儿童文学）:NDC 分类顺序为先按语言分，再按文学共同区分辅助表分，如有必要再依时代分，特定语言的儿童文学适用于同一语言文学的时代划分。进行中图分类号转换时，先将语种与使用该语种的国家对应起来，依世界地区表分，然后按 I3/7 下专类复分表分入 8"儿童文学"下相关各类。

表 4:909 分类号转换对应表

NDC 分类号	中图法分类号	NDC 分类号		中图法分类号
909.01	I058	909.1	日语	I313.8
909.02	I106.8	909.2	汉语	I28
909.03	I106.8-6 下相关各类	909.3	英语	I561.8（英国）I711.8（加拿大）I712.8（美国）等
909.04	I106.8-53	909.4	德语	I516.8（德国）I563.8(荷兰)I530.8(北欧)I535.8(冰岛)I533.8(挪威)I534.8(丹麦)I532.8(瑞典)等
909.05	I106.8-55	909.5	法语	I565.8(法国)I564.8(比利时)等
909.06	I106.8-2 下相关各类	909.6	西班牙语	I551.8（西班牙）等
909.07	I106.8-3 下相关各类	909.7	意大利语	I546.8（意大利）等
909.08	I106.8-51/-52	909.8	俄罗斯语	I512.8（俄罗斯）等
		909.9	其他语言	使用该语言的各国儿童文学

例 1:909.02 儿童文学史(=909 儿童文学 +-02 文学史)入 I106.8

例 2:909.2 中文儿童文学(=909 儿童文学 +-2 中文)入 I28

例 3:909.638 西班牙童话(=909 儿童文学 +-6 西班牙语 +-38 童话:形式区分)入 I551.88

例 4:909.2387 民国中文童话(=909 儿童文学 +-2 中文 +-38 童话 +7 时代:民国)入 I286

<910/990 各语言文学 >

（1）各语种文学可采用表 2 形式进行分类，日语、英语、法语、西班牙语等特定语种的文学按时代划分。进行中图分类号转换时，将语种与使用该语种的国家对应，再依世界地区表分，最后依 I3/7 下专类复分表分入相关各类。

（2）特定文学 / 文学形式 / 作家 / 相关作品的文体、语法、语义、人物 / 带有特殊主题文学和文学形式作家的综合传记、作家研究入该作品之下。转换时根据具体情况，入该国各文学下相关各类。

例:911.124《萬葉集評釋》入 I313.22

910 日本文学→I313 下相关各类

*说明:（1）不限定文学体裁的作品集入 918,有关日本文学 < 一般 > 相关的研究著作入 I313。

（2）不限定文学体裁的作家研究与评论可参考 910.23/.26 的时代划分入 I313.06 下相关各类。

（3）限定文学体裁的作家研究与评论根据体裁入 I313.07 下相关各类。

910.2 日本文学史→I313.09

910.23 古代：奈良时代之前（古代前期.上代），平安時代（古代后期.中古）→①I313.092 ②I313.093

910.24 中世：镰仓·室町时代→I313.093

910.25 近世：江户时代→①I313.093 ②I313.094

910.26 近代：明治以后→①I313.094 ②I313.095

910.28 作家列传[作家研究]→①K833.135.6 ②入相关各类

910.29 地方文学→I313

> ***说明：**有关日本特定地区一般文学活动入 I313，限定文学体裁研究参见 911/917，作品参见 911/918。

910.8 ①丛书.②全集.选集→①I313-51 ②I313-52

911 诗歌→I313.2

911.1/.6 和歌、连歌、俳谐／俳句、川柳／狂句、诗（新体诗、近代诗、现代诗）和歌谣是日本诗歌的 6 种表现形式，中图法的各国文学对诗歌不进行形式细分，转换时入 I313 下相关各类。具体转换规则为：

(1)诗歌作品入 I313.2 下相关各类，诗人及诗歌作品的评论与研究入 I313.072，某一时代的诗人及诗歌的评论与研究入 I313.06 下相关各类。

(2)各时代的各种形式的诗歌作品综合集入 I313.11，某一时代的各种形式的诗歌综合集入 I313.12/.15，诗人列传入 K833.135.6。

(3)其他诸如现状及发展、辞典、团体、研究方法、丛书等入 I313.2，再依总论复分表分。

表 5：911 分类号转换对应表

NDC 分类号	中图法分类号	NDC 分类号	中图法分类号	NDC 分类号	中图法分类号
911.02	I313.072 K833.135.6	911.106 911.306	I313.2-20/29	911.15	I313.23/.24
911.08/.5 911.18/.19	I313.2	911.107 911.307	I313.2-31/39	911.16 911.36/.38	I313.24/.25
911.101	I052	911.108 911.308	I313.2-51/52	911.201/ .301	I313.072
911.102 911.302	I313.072 K833.135.6	911.11	I313.22	911.31/.35	I313.22/.24
911.104 911.304	I313.2-53	911.12/.14	I313.23	911.58	I313.82
				911.6	I313.72

912 戏曲→I313.3

> ***说明：**日本的戏剧文学按文学形式划分，中图法各国文学专类复分表对戏剧文学不进行形式细分。912.2/.7 下相关各类进行转换时，不论何种戏剧形式均入 I313.3。

912.8 儿童剧→I313.83

913 小说.物语→I313.4

> ***说明：**日本的小说作品先按时代分，再按形式分。中图法对日本小说不进行形式细分，转换时可入 I313.4。

(1)不论何种形式的小说作品均入 I313.4(仿 09 分)。

(2)小说史入 I313.074;某一时代的作家及作品的评论与研究入 I313.06 下相关各类;具体的作家、作品的评论与研究入 I313.074。

(3)各时代作品综合集均入 I313.11,某一时代的作品综合集入 I313.12/.15,作家列传入 K833.135.6。

例 1:913.2 入 I313.42/.43。

例 2:913.3/.4 入 I313.43。竹取物语、大和物语、源氏物语、日本灵异记、荣华物语、大镜、保元物语、平治物语、御伽草子等入此。

例 3:913.5 入 I313.43/.44。假名草子、浮世草子、通俗小说、人情本、滑稽本、读本、草双纸、咄本入此。

914 评论、小品文、随笔→I313.6

914.3/.6→入相关各类

　　*说明:作品入 I313.6;关于作品的历史、相关评论与研究入 I313.076;各时代的评论与研究入 I313.06;作品集入 I313.1 下相关各类;作家列传入 K833.135.6。

　　例 1:《方丈记》《徒然草》《枕草子》入 I313.63　《枕草子の風土》入 I313.076

　　例 2:《寫生文派の研究》入 I313.099　《寫生文集》入 I313.15

915　日记.书信.游记→I313.6

916　记录.备忘录.报道→I313.5

917　格言.警句.寸言→H033、H363.3

918　作品集:全集,选集→I313.1

　　*说明:不限定文学体裁的作品集入此,各时代各体作品综合集入 I313.11。

918.3　古代:平安时代之前→I313.12/.13

918.4　中世:镰仓·室町时代→I313.13

918.5　近世:江户时代→I313.13/.14

918.6　近代:明治以后→I313.14/.16

919　汉诗文.日本汉文学→I313.2

　　*说明:汉诗文是日本人用中文创作的诗词文赋等文学作品,被称为日本的汉文学,分类应归为诗歌类。此类按时代进行分类,919.3/.6 下有关作品与作家的评论与研究,可参照表 1 时代对照表和 911 分类号转换方法进行相应转换,入 I313 下相关各类。

919.02　日本汉文学史→I313.072

919.07　诗文写法→I052

919.3　古代:平安时代之前→I313.22/.23,和汉朗诵集入此

919.4　中世:镰仓·室町时代→I313.23,五山文学入此

919.5　近世:江户时代→I313.23/.24

919.6　近代:明治以后→I313.24/.26

　　例 1:919.02《日本漢文学史》入 I313.072

　　例 2:919.3《和漢朗詠集新釋》入 I313.072　《和漢朗詠集》入 I313.2

　　例 3:919.4《五山文學集》入 I313.23　919.4《五山文學の研究》入 I313.063

920　中国文学→I2 下相关各类

　　*说明:920.1/.8 按形式区分,转换时可按总论复分表转换。

920.2 中国文学史→I209

920.23 先秦→I209.2

920.24 ①秦.汉.魏晋南北朝②隋唐→①I209.3 ②I209.4

920.25 五代.宋.元.明→I209.4

920.26 ①清前期 ②清后期→①I209.49 ②I209.52

920.27 ①近代:民国以后②1949 以后→①I209.6 ②I209.7 ③K825.6(作家传记) ④I206(不限定体裁的作品或作家的评论与研究)

920.28 ①作家列传②作家研究→①K825.6 ②I206/I206.7（各时代作家研究与评论）;I207/I207.999（各体裁文学家的研究与评论）

920.8 ①丛书②全集.选集→①I21-51 ②I21-52

    *说明:研究类型的丛书、全集、选集等作品集入 I21 下相关各类。

921 诗歌.韵律文.诗文→I22

921.3/.6 先秦.秦.汉.魏晋南北朝隋唐.五代.宋.元.明.清→I222

921.7 近代:民国以后→①I226(1912—1949) ②I227(1949—)

921.9 朝鲜人等的汉诗文→入相关各类

    *说明:依世界地区分,再依 I3/7 下专类复分表分,入各国文学诗歌类。

922 戏曲→I22、I23(戏曲时代划分参照 923.4/.7。)

    *例:元曲 922.5 入 I222.9。

923 小说.物语→I24

923.4/.6 秦.汉.魏晋南北朝.隋唐.五代.宋.元.明.清→I242

923.7 近代:民国以后→①I242(1912—1919) ②I246(1919—1949) ③I247(1949 年—)

    *说明:个人单一小说、个人小说集、特定小说的作品入 923.7;小说／作家的评论与研究(特定小说除外)入 920.27 或 920.278。

923.78⁺ 多数作家作品集→I21

924 评论.小品文.随笔→I26

925 日记.书信.游记→I26

    *说明:924/925 时代划分参照 923.4/.7,入 I26 下相关各类。

926 记录.备忘录.报道→I25

927 格言.警言.寸言→①H033 ②H136.3

928 作品集:全集、选集→I21

928.3⁺ 先秦→I212

928.4⁺ ①秦.汉.魏晋南北朝.②隋唐→①I213 ②I214

928.5⁺ 五代.宋.元.明→I214

928.6⁺ 清→①I214.9(清前期) ②I215.2(清后期)

928.7⁺ 近代→I216/217

928.78⁺ 个人全集·选集→I211

929 其他东方文学→I3 下相关各类

    *说明:NDC 分类号获取方法:先参照 829 按语言进行划分(如:.1 朝鲜[韩国]文学;.2 阿伊努文学;.3 西藏文学、缅甸文学;.32 西藏文学;.37 越南文学[安南文学];.57 土耳其文学;.

76 阿拉伯文学;.93 波斯文学），再根据表 2 进行形式划分。中图法分类号转换时：先分析使用此语言所对应的地区和国家，再依世界地区表分确定地区／国家，最后依 I3/7 各国文学下通用的文学复分表分（《中图法》P174—P175）。

例：929.571 土耳其长篇叙事诗 （=929 其他东方文学 +57 土耳其文学 +-1 诗歌）入 I374.2（=I 文学类 +374 土耳其的国别类号 +2 诗歌）

930/990 其他语种文学→I3/7 下相关各类

（1）各语种文学史时代划分如下：

930/950：.24 中世、.25 16—17 世纪、.26 18—19 世纪、.27 20 世纪—

960：.24 中世、.25 15—7 世纪、.26 18—19 世纪、.27 20 世纪—

970/980：24 中世、.25 14—16 世纪、.26 17—19 世纪、.27 20 世纪—

（2）930/990 各语种文学、各体裁文学的 NDC 分类号获取方法及中图法分类号的转换可参照 929 和表 2 进行；只需进行大类转换可参照表 6，中图分类号取上位类即可。

表 6：NDC 与中图法类目对应表

NDC 分类号	9X0	9X1	9X2	9X3	9X4	9X5	9X6	9X7	9X8	9X9
NDC 类目名	各语言文学	诗歌	戏曲	小说物语	评论 小品文 随笔	日记 书信 游记	记录 备忘录 报道	格言 警言 寸言	作品集： 全集 选集	其他
中图法类目名	各国文学	诗歌	戏剧文学	小说	散文 杂著	散文 杂著	报告文学	熟语	作品集	其他

一般辅助表>>>

一、形式区分表(共同细目)

-01 理论.哲学

-012 学史.学说史.思想史

-016 方法论

-019 数学的.统计学的研究

　　* 年度统计参见 -059

-02 历史的.地域的论述

　　* 地理区分

-028 多数人的传记

　　* 人名辞典参见 -033;名簿参见 -035

-029 地理学的论述.布局论

　　* 对特定区域进行限定的情况下使用 -02

-03 参考图书(参考文献.书籍)

　　* 依次发行的参考书使用此号

-031 书志.文献目录.索引.抄录集

-032 年表

-033 辞典.事典.引用语辞典.用语集.用语索引(索引)

　　* 按照五十音顺序等统一的发音顺序排列词条的情况下使用

-034 命名法(命名规则)

-035 名簿(名录).人名录

　　* 团体会员名簿参见 -06;研究调查单位构成人员名簿参见 -076,教育·培训单位构成人员名簿参见 -077

-036 手册.指南.杂记簿

-038 诸表.图鉴.地图.物品目录(目录)

　　* 文献目录参见 -031

-04 论文集.评论集.讲演集.会议录

　　*(1)用于非系统性和非网罗性的;系统性和网罗性的使用 -08,依次刊行的使用 -05;(2)该主题的使用可从与其他主题的关联或特定的概念·主题入手

-049 随笔.杂记

-05 连续性出版物:报纸,杂志,期刊

　　* 依次发行的参考书使用 -03;但依次发行的论文集等使用此号。

-059 年报.年鉴.年度统计.历书

-06 团体:学会,协会,会议

　　* 有关团体的概要、事业报告、会员名簿等使用此号;研究调查单位使用 -076,教育和培训单位使用 -077

　　* 会议录,研究报告参见 -04、-05;纪要参见 -05

-067 企业组织.公司志

-07 研究法.指导法.教育

-075 调查法.审查法.实验法

-076 研究调查机构

　　* 概要,事业报告,成员名单等

　　* 会议录,研究报告参见 -04、-05 纪要参见 -05

-077 教育·培训机构

　　* 概要,事业报告,成员名单等

　　* 会议录,研究报告参见 -04、-05

　　纪要参见 -05

-078 教科书.问题集

-079 入学·审定·资格考试通知·问题集·检定

考试参考书

-08 丛书.全集.选集

　　* 用于系统性或网罗性的，非系统性或非网罗性的使用 -04

　　* 也适用于单本全集等

-088 资料集

二、地理区分表

　　* 说明:此地理区分表为删减版。由于两种分类号进行转换时,中图法的世界地区号只能转换到国家级别, 国家以下的行政区划地区号均入国家地区号,因此国家以下的行政区划地区号均删除。分类号转换时,已注明"依中国地区表分"的,直接附加地区号;未注明"依中国地区表分"的,先附加中国地区号"2",再附加地区号,并用"( )"加以标识。

　　例:-211 朝鲜关北地区(咸镜道、两江道)为朝鲜的一级行政区划,进行中图分类号转换时均入朝鲜地区号 312。

-1 日本→313

-2 亚洲.东洋→3

　　东洋学、东亚、欧洲大陆、丝绸之路整个区域均入此

-21 朝鲜→312

-22 中国→2

-221 华北.黄河流域→2

-2211 ①河北省.②北京市→①22 ②1

-2212 山东省→52

-2213 山西省→25

-2214 河南省→61

-2215 西北地区→4

-2216 陕西省→41

-2217 甘肃省(宁夏回族自治区入 43)→42

-2218 青海省→44

-222 华中.长江流域(华东地区入此)→5/6

-2221 ①江苏省.②上海市→①53 ②51

-2222 浙江省→55

-2223 安徽省→54

-2224 江西省→56

-2225 湖北省→63

-2226 湖南省→64

-223 华南.珠江流域→6

-2231 福建省→57

-2232 ①广东省.②海南→①65 ②66

-2233 广西省.广西壮族自治区→67

-2234 西南地区→7

-2235 四川省→71

-2236 贵州省→73

-2237 云南省→74

-2238 澳门→659

-2239 香港→658

-224 台湾→58

-225 东北地区→3

-2253 黑龙江省→35

-2255 吉林省→34

-2257 辽宁省→31

-226 蒙古.内蒙古自治区→26

-227 蒙古国.蒙古→28

-228 新疆.维吾尔自治区→45

　　天山北路[苏格利亚],天山南路[东土耳其斯坦]

　　* 西域、突厥、丝绸之路入此

-229 西藏→75

<-23/-24 东南亚 >→33

-23 东南亚(中南半岛入此)→33

-231 越南→333

-235 柬埔寨→335

-236 老挝→334

-237 泰国→336

-238 缅甸→337

-239 马拉西亚·马来半岛→338

-2399 新加坡→339

-24 印度尼西亚→342

-2437 文莱→344

-246 小巽他列岛.帝汶岛→346

-248 菲律宾→341

-25 印度(南亚入 35)→351

-257 巴基斯坦→353

-2576 孟加拉→354

-258 ①喜马拉雅地区.②锡金→①35 ②356

-2588 不丹→357

-259 斯里兰卡印度洋诸岛→358

-2597 马尔代夫→359

<-26/-28 西南亚.中东.近东 >→37

[-26]西南亚.中东[近东]参见 -27

[-262]阿富汗参见 -271

[-263]伊朗[波斯]参见 -272

[-266]土耳其参见 -274

[-267]塞浦路斯参见 -2747

-27 西南亚.中东[近东](伊斯兰入此)→37

　　*其他法:-26

<-271/-278 阿拉伯各国 >

　　*其他方式:-28

-271 阿富汗→372

　　*其他法:-262

-272 伊朗[波斯]→373

-273 伊拉克→377

-274 土耳其→374

-2747 塞浦路斯.罗兹岛→375

-275 叙利亚→376

-276 黎巴嫩→378

-277 约旦→379

-278 阿拉伯半岛→381/393

-2781 沙特阿拉伯→384

-2782 科威特→383

-2783 卡塔尔→385

-2784 阿拉伯联合酋长国→387

-2785 阿曼→388

-2786 也门→393

　　* 旧南也门、南阿拉伯联邦入此

-2789 巴林→386

-279 ①以色列.②巴基斯坦→①382 ②381

[-28]阿拉伯各国参见 -27

[-281]伊拉克美索布达米亚] 参见 -273

[-282]叙利亚参见 -275

[-283]黎巴嫩参见 -276

[-284]约旦参见 -277

[-285]以色列参见 -279

[-286]阿拉伯半岛参见 -278

[-2861]沙特阿拉伯参见 -2781

[-2862]科威特参见 -2782

[-2863]卡塔尔阿拉伯联合酋长国参见 -2783/-2784

[-2864]阿曼参见 -2785

[-2865]也门亚丁参见 -2786

[-289]巴林参见 -2789

-29 亚洲.俄罗斯→512

-3 欧洲.西洋→5

-33 英国→561

-34 ①德国.②中欧→①516 ②51

<-345/-349 中欧各国 >

-345 瑞士→522

-346 奥地利→521

-347 匈牙利→515

-348 捷克→524

-3483 斯洛伐克→525

-349 波兰→513

-35 法国→565

-3578 摩纳哥→566

-358 比利时→564

-3589 卢森堡→519

-359 荷兰→563

-36 ①西班牙(②南欧入此)→①551 ②54

-368 安道尔→553

-369 葡萄牙→552

-37 意大利→546

-377 圣马力诺→548

-378 梵蒂冈→547

-379 马耳他→549

-38 俄罗斯[苏维埃社会主义共和国联盟.独立国家共同体]→512

  * 新独立国家群[NIS]入此

-381 欧洲.俄罗斯→512

-385 白俄罗斯→511.4

-386 乌克兰→511.3

-387 摩尔多瓦→511.5

-388 波罗的海国家→511.6/.8

-3882 爱沙尼亚→511.6

-3883 拉脱维亚→511.7

-3884 立陶宛→511.8

-389 北欧→53

-3892 芬兰→531

-3893 瑞典→532

-3894 挪威→533

-3895 丹麦→534

-3897 冰岛→535

-39 ①巴尔干各国(②东欧入此)→①54 ②51

-391 罗马尼亚→542

-392 保加利亚→544

-393 南斯拉夫→543

-3931 塞尔维亚→543

-3932 黑山共和国→555.2

-3933 马其顿→555.6

-3934 波斯尼亚→555.5

-3935 克罗地亚→555.3

-3936 斯洛文尼亚→555.4

-394 阿尔巴尼亚→541

-395 希腊→545

[-396]欧洲.土耳其→374

-4 非洲→4

<-41/-43 中欧各国 >

-41 北非→41

-42 埃及→411

-43 苏丹→412

-431 利比亚→413

-432 突尼斯→414

-433 阿尔及利亚→415

-434 摩洛哥→416

-435 西撒哈拉→432

-436 加纳利群岛→433

-44 西非→43

-441 [旧西班牙领土西非]→43

-4412 尼日尔→436

-4413 布基纳法索→442

-4414 马里→448

-4415 毛里塔尼亚→431

-4416 塞内加尔→434

-4418 佛得角→453

-442 上几内亚→43

-4421 冈比亚→435

-4422 几内亚比绍→452

-4423 几内亚→451

-4424 塞拉利昂→449

-443 利比里亚→447

-4435 科特迪瓦→446

-444 加纳→445

-4445 多哥→444

-4447 贝宁[达荷美]→443

-445 尼日利亚→437

-446 喀麦隆→438

-4469 赤道几内亚→439

-447 [旧法国领土赤道非洲]→46

-4472 乍得→461

-4473 非洲中部[乌班吉沙里]→462

-4474 刚果[旧法国领土刚果]→463

-4475 加蓬→465

-4476 圣多美.普林西比→441

-448 扎伊尔→463

-449 安哥拉→474

-45 东非→42

-451 埃塞俄比亚→421

-4513 厄立特里亚→421.9

-452 吉布提[阿法尔·伊萨]→423

-453 索马里→422

-454 肯尼亚→424

-455 乌干达→426

-4555 卢旺达→427

-4556 布隆迪→428

-456 坦桑尼亚[坦桑尼亚.桑给巴尔]→425

-458 莫桑比克→471

-48 南非→47

-481 马拉维→472

-482 赞比亚→473

-483 津巴布韦→475

-484 博茨瓦纳→476

-486 纳米比亚→477

-487 南非共和国→478

-488 斯威士兰→479

-489 莱索托→481

-49 印度洋的非洲诸岛→48

-491 马达加斯加→482

-492 ①毛里求斯(②留尼汪岛入此)→①484
　　②485

-493 塞舌尔→429

-494 科摩罗→483

<-5/-6 美洲大陆 >→7

-5 北美→71

-51 加拿大→711

-53 美利坚合众国→712

<-55/-68> 拉丁美洲→73

-55 拉丁美洲[中南美]→73

-56 墨西哥→731

-57 中美洲[中美洲各国]→73

-571 危地马拉→741

-572 萨尔瓦多→744

-573 洪都拉斯→742

-574 伯利兹→743

-575 尼加拉瓜→745

-576 哥斯达黎加→746

-578 巴拿马(巴拿马运河入此)→747

-59 西印度诸岛→75

-591 古巴→751

-592 牙买加→754

-593 海地→752

-594 多米尼加共和国→753

-596 波多黎各→755

-5963 巴哈马→768

-597 小安的列斯诸岛→762/769

-5973 安提瓜·巴布达→769.4

-5974 多米尼克国 [旧英国领土多米尼克]→
　　769.2

-5976 圣卢西亚→766

-5977 圣文森特·格林纳丁斯→769.3

-5978 巴巴多斯→762

-598 格林纳达→769.1

-599 特立尼达·多巴哥→767

-6 南美洲→77

-61 北部各国[加勒比沿海各国]→77

-612 圭亚那地区→771

-613 委内瑞拉→774

-614 哥伦比亚→775

-615 厄瓜多尔→776

-62 巴西→777

-63 巴拉圭→781

-64 乌拉圭→782

-65 阿根廷→783

-66 智利→784

-67 玻利维亚→779

-68 秘鲁→778

-7 太平洋.两极地区→6

<-71/-76 太平洋 >→6

-71 澳大利亚→611

-72 新西兰→612

-73 美拉尼西亚→66

-732 所罗门群岛→662

-733 瓦努阿图→663

-734 斐济→661

-735 新喀里多尼亚.洛亚蒂群岛→664

−736 巴布亚新几内亚→613

−74 密克罗尼西亚→65

−741 北马里亚纳群岛→651

−742 关岛→654

−743 密克罗尼西亚联邦→657

−744 帕劳→652

−745 ①马绍尔群岛.②威克岛→①653 ②632

−746 瑙鲁→655

−747 基里巴斯→656

−75 波利尼西亚→63

−76 夏威夷→712

−769 中途岛→631

−77 两极地区→166

−78 ①北极.北极地区(②格陵兰入此)→ ①166.2 ②534

−79 南极.南极地区→166.1

三、海洋区分表

1. 可附加分类符号

标记"＊海洋区分"的分类符号

2. 使用法

在分类符号上直接附加

例:南冰洋的气象 451.248(=451.24+−8)

＊说明:不可和地理区分并用

−1 太平洋

−2 北太平洋

−21 白令海

−22 鄂尔霍次克海

−23 日本海

−24 黄海

−25 东海

−26 南海

−28 加利福尼亚湾

−3 南太平洋

−31 苏禄海

−32 西里伯斯海

−33 爪哇海

−34 班达海

−35 阿拉弗拉海

−36 珊瑚海

−37 塔斯曼海

−4 印度洋

−41 孟加拉海

−42 阿拉伯海

−45 波斯湾

−46 红海

−5 大西洋

−51 北大西洋

−52 北海

−53 波罗的海

−55 哈得孙湾

−56 墨西哥湾.加勒比海

−5 南大西洋:几内亚湾

−6 地中海

−61 利古里亚海

−62 第勒尼安海

−63 爱奥尼亚海

−64 亚德里亚海

−65 爱琴海

−67 黑海

−68 里海

−69 咸海

−7 北极海(北冰洋)

格陵兰海.巴伦支海.白海.喀拉海.巴芬湾

−8 南极海(南冰洋)

四、语言区分表

-1 日语

-2 汉语

-281 北方语言:北京方言

-282 吴语:上海方言

-283 闽南语:福州方言.厦门方言

　　　台湾语言入此(**其他法**:-285)

-284 粤语:广州方言

-285 台湾语言参见 -283

-286 客家语

-29 其他亚洲语言

　　　汉语参见 -2;日语参见 -1

-291 朝鲜语[韩语]

-292 阿伊努语

-2929 古代亚洲诸语[极北语言]:吉里雅克语,

　　　楚克奇语

　　　阿留申语.爱斯基摩语参见 -951

-293 西藏·缅甸语

　　　支那.西藏语入此

-2931 喜马拉雅语.西夏语

-2932 西藏语

-2935 缅甸语

　　　阿萨密语参见 -2985

-2936 侗傣语族:泰语

-29369 老挝语.掸语.克伦语.阿霍姆语.苗瑶语族

<-2937/2939 南亚语系·亚洲语族 >

-2937 孟 – 高棉语族:越南语[安南语]

-2938 高棉语[柬埔寨语].孟语

-2939 扪达语族.尼科巴语

-294 太平洋中南部语族

-2941 高山族语族

-2942 马来语族[马来语].印度尼西亚语族

-2943 爪哇语.帕劳语.巽他语.马尔加什语

-2944 泰加洛语

-2945 玻里尼西亚语族:毛利语,努库罗语

-2946 美拉尼西亚语:斐济语

-2947 密克罗尼西亚语族

-295 阿尔泰语族

　　　乌拉尔·阿尔泰语族入此

　　　乌拉尔语族参见 -936;朝鲜语[韩语]参见

　　　-291

-2953 通古斯语族:女真语,满洲语

-2955 蒙古语族:蒙古语,美国西部蒙古人种语

　　　言,布利亚特语

　　　契丹文字入此

-2957 突厥语族:土耳其语

-2958 维吾尔语.突厥语

-296 德拉维达语族:泰米尔语,泰卢固语

-2969 高加索语族:格鲁吉亚语

-297 闪族·哈姆族语族

　　　闪语族入此

　　　哈姆族语族参见 -942

-2971 阿卡德语族:亚述语,巴比伦语

-2972 迦南语族.腓尼基语

-2973 希伯莱语

　　　意第绪语参见 -499

-2974 亚拉美克语

-2975 古叙利亚语

-2976 阿拉伯语

-2978 埃塞俄比亚语:阿比西尼亚语

-298 印度语族

-2983 北印度语

-2985 乌尔都语.旁遮普语.阿萨密语

　　　 -2983,-2988/-2989 以外的印度语族入此

-2988 梵语.吠陀语

-2989 巴利语.古代印度语

-299 伊朗语

-2993 波斯语

-2998 其他伊朗语族:阿维斯塔语,奥赛悌语,

　　　普什图语,库尔德语

-2999 亚美尼亚语族.赫特语.吐火罗语族

<-3/-4 日耳曼语 >

　　　日耳曼语族 < 一般 > 参见 -49

-3 英语(英式英语入此)

-4 德语

-49 其他德语语族

 日耳曼语＜一般＞收集于此

-491 低地德语.弗里西亚语

-492 弗兰德语

-493 荷兰语

-4939 南非语

-494 北欧

-495 冰岛语.古挪威语

-496 挪威语

-497 丹麦语

-498 瑞典语

-499 意第绪语

-4999 哥特语

<-5/-7 罗曼语族＞

 拉丁语参见 -92；罗曼语族＜一般＞参

 见 -79

-5 法语

-59 普罗旺斯语

-599 加泰罗尼亚语

-6 西班牙语

-69 葡萄牙语

 巴西语入此

-699 加利西亚语

-7 意大利语

-79 其他拉丁语系

 拉丁语系＜一般＞入引

-791 罗马尼亚语

-799 罗曼斯方言

-8 俄语

-89 其他斯拉夫语族

 斯拉夫语族＜一般＞入此

-891 保加利亚语.马其顿语

-892 塞尔维亚－克罗地亚语

-893 斯洛文尼亚语

-894 乌克兰语

-895 捷克语

-896 斯洛伐克语

-897 索尔布语

-898 波兰语

-899 波罗的语族：古普鲁士语，拉脱维亚语，立陶宛语

-9 其他语言

-91 希腊语

-919 近代希腊语

-92 拉丁语

 罗曼语族参见 -5/-7

-93 其他欧洲语系

-931 凯尔特语

-932 爱尔兰语.苏格兰语·盖尔语

-933 布列塔尼语.威尔士语.康沃尔语

-934 阿尔巴尼亚语

-935 巴斯克语

-936 乌拉尔语族

 阿尔泰语参见 -295

-9361 芬兰语

 芬兰－乌戈尔语族入此

-9362 爱沙尼亚语

-9363 萨母语

-937 乌戈尔语族：匈牙利语

-938 萨莫耶德语

-94 非洲各语族

 非洲阿里卡斯语参见 -4939；闪族，闪族·哈姆族（北非语族）参见 -297；马尔加什语参见 -2943

-942 古埃及语.科普特语

 哈姆语入此

-943 巴巴里语

-944 库希特语族：索马里语

-945 乍得语族：豪萨语

-946 尼罗－撒哈拉语系

-947 尼日尔·科尔多凡语系：班图语族，斯瓦希利语

-948 克瓦桑语族：霍屯督语，布须曼语

-95 美洲诸语

-951 爱斯基摩语.阿留申语

 古亚洲语族参见 -2929

-952 北美印第安语族.南美印第安语族：加勒比语

-97 澳大利亚诸语

　　澳大利亚原住民语言,塔斯马尼亚语

-979 巴布亚语

-99 国际语(人工语)

-991 世界语

-993 伊多语.沃拉布克语.西方语.诺维亚语

参考文献

[1]国家图书馆.中国图书馆分类法(第 5 版)[M].北京:国家图书馆出版社,2010.

[2]文学史[EB/OL].[2019-03-10].http://baike.so.com/doc/6192152-6405404.html.

[3]日本图书馆协会分类委员会.日本十进分类法一般辅助表.相关索引编(新订 9 版)[M].东京:日本图书馆协会,1995.

[4]日本图书馆协会分类委员会.日本十进分类法本表编(新订 9 版)[M].东京:日本图书馆协会,1995.

[5]姜化林.《日本十进分类法》与《中国图书馆分类法》(第 5 版)比较与转换研究——以文学类为例[J].图书馆杂志,2020(3):100-106.

[6]国家图书馆《中国图书馆分类法》编辑委员会.《中国图书馆分类法》第五版使用手册[M].北京:国家图书馆出版社,2012.